ADELHEID. FRAU OHNE GRENZEN.

Michael van Orsouw | Judith Stadlin | Monika Imboden

ADELHEID. FRAU OHNE GRENZEN.

Das reiche Leben der Adelheid Page-Schwerzmann

Verlag Neue Zürcher Zeitung

VORWORT

Wie kommt die Gemeinnützige Gesellschaft des Kantons Zug (GGZ) dazu, ein Buch über Adelheid Page herauszugeben? Die Antwort ist einfach: Adelheid Page, diese faszinierende, starke Persönlichkeit mit vielseitigen Talenten und einem aussergewöhnlichen Lebenslauf, war mit der GGZ eng verbunden.

Dazu muss man zuerst mehr wissen über das Wesen der GGZ. Diese besteht seit 1884. Ursprünglich vor allem staatspolitischen Aufgaben, der Unterstützung Kranker und dem Bildungswesen verpflichtet, kamen später andere Hilfs- und Dienstleistungen hinzu, so zum Beispiel im sozialen Bereich und ein Engagement im kulturellen Leben der Region. Die GGZ ist auch seit 1892 Herausgeberin des jährlich erscheinenden «Zuger Neujahrsblattes». Die GGZ ist ein unabhängiger, privatrechtlich organisierter und ehrenamtlich geführter Verein, der von einer breiten Mitglieder- und Gönnerschaft unterstützt und getragen wird. Heute betreibt die GGZ insgesamt fünfzehn verschiedene Institutionen in den Bereichen Gesundheit, Bildung, Soziales, Jugend und Kultur und ist damit das bedeutendste lokale Sozialwerk in der Region Zug. Sie geniesst die Unterstützung des Kantons und der Zuger Gemeinden.

Die Verbundenheit von Adelheid Page mit der GGZ war vielfältig. Frau Page war ab 1905 das erste weibliche Mitglied. 1912 schenkte sie der Gesellschaft ihr Sanatorium Adelheid schlüsselfertig mit dem Auftrag, dieses heilbringend zu nutzen. 90 Jahre später nimmt die Klinik Adelheid als Zentrum für Rehabilitation und Nachbehandlung nach wie vor einen wichtigen Platz in der Spitalversorgung des Kantons Zug ein. Mit der Frauenliga, der heutigen Lungenliga Zug, war Adelheid Page zeitlebens eng verbunden. Später konnte die GGZ auch ihr Anwesen Horbach auf dem Zugerberg von den Erben übernehmen. Seit über 60 Jahren wird dort die Waldschule Horbach betrieben. Adelheid Page hat die Entwicklung der GGZ in der Tat entscheidend geprägt. Ohne ihr grosses Erbe wäre das heutige Wirkungsfeld der Gesellschaft bestimmt weniger vielfältig und im Umfang bescheidener.

Am 20. August 2003 jährte sich der 150. Geburtstag von Adelheid Page. Die GGZ hatte sich zum Ziel gesetzt, auf dieses Datum hin ihre vielseitige Biographie aufarbeiten zu lassen und ihr Wirken durch Text und viel Fotomaterial öffentlich zu würdigen. Das vorliegende Buch schildert aber nicht nur das Leben einer faszinierenden Zugerin, es beschreibt gleichzeitig auch ein spezielles Stück Zuger Sozialgeschichte aus der Zeit um 1900.

Ein solches Werk kann nur entstehen, wenn die verschiedenen Beteiligten sehr unterschiedlicher Disziplinen einander in die Hände spielen. Dies ist beim vorliegenden Buch glücklicherweise so gewesen. Wir danken allen für ihre grosse Unterstützung und das Wohlwollen, welches der Erarbeitung dieses Buches entgegengebracht wurde. Ein spezieller Dank geht an Dr. Michael van Orsouw, den unermüdlichen Redaktor und verantwortlichen Autor, an Judith Stadlin und Dr. Monika Imboden, die Co-Autorinnen, an Claudia Milz und Heiri Scherer, die kreativen Gestalter des Buches, sowie postum an Franz Kaspar Keiser, dessen Legat zugunsten der GGZ dieses Projekt überhaupt möglich machte.

Dr. Ueli Scheidegger   Dr. Beat Wicky
Präsident der GGZ   Projektleitung

PS der Autorinnen und des Autors: Es freut uns, Ihnen nun bereits die dritte Auflage vorlegen zu können. Anschliessend an die Lektüre von «Adelheid. Frau ohne Grenzen.» empfehlen wir Ihnen die Biografie von Adelheids Ehemann: «George Page. Der Milchpionier.», verfasst vom gleichen Team.

Anlässlich ausführlicher Recherchen für das Buch über George Page dies- und jenseits des Atlantiks sind wir auch auf neue Bilder und Dokumente über seine Frau Adelheid Page-Schwerzmann gestossen. So konnten wir die dritte Auflage aktualisieren, die Sie nun in Händen halten. Das Buch über George Page erscheint gleichzeitig wie diese dritte Auflage.

INHALTSVERZEICHNIS

I.	Heidi wird Adelheid	11
	Schwestern, Spott und Strassenpatrouille	16
	Anstand, Althergebrachtes und Affentheater	23
	Weberinnen, Weiterbildung und Wohngemeinschaft	26
II.	Von Sidler zum Siedler	31
	Ball, Bart und Blechmusik	34
	Illinois, Indianer und Industriemilch	36
	Knochen, Kirche und Kurbäder	38
III.	Das andere Milchmädchen	43
	Chefetage, Cognac und Connecticut	46
	Dörfliches, Dampfzüge und Duschen	55
IV.	Die Gestalterin der Familie	61
	Haltung, Hinweise und Heiratspläne	63
	Spucke, Schwesternzwist und Sündenböcke	68
V.	Fröhlich Grenzen überschreiten	73
	Kohle, Kutschen und Katastrophen	76
	Marquisen, Mäuse und Missverständnisse	82
VI.	Die Neue Welt	89
	Atlantik, Agenten und Abschied	91
	Wolkenkratzer, Waldpark und Wahlheimat	98
VII.	Dolce Vita	103
	Glühbirnen, Grand Café und Garten Eden	106
	Lehnstuhl, Licht und Leidenschaft	111
VIII.	Königinnen und kleine Könige	115
	Brahmas, Brombeeren und Blutlaus	121
	Hunde, Holzer und Hochsitz	125

IX.......	**Die 36. Überfahrt**	131
	Behörden, Bischof und Brecheisen	134
	Erben, Emanzipation und Einzelaktionärin	136
	Nestlé, Neuigkeiten und Nationalbildhauer	139
X.........	**Adeliger Wohnsitz**	145
	Strohmann, Schwager und Schiffshütte	147
	Geburtstag, Gartenarchitekt und Golflöcher	151
	Elektrizität, Engel und Ewigkeit	159
XI........	**Glück mit Folgen**	165
	Tuberkulose, Tod und Türmchen	167
	Krankenzimmer, Korbflechter und Kampfansage	171
	Minimaltarif, Mikroskop und Märchenhaftes	177
XII.......	**Konsequent bis zum Ende**	181
	Kunst, Klosterfrau und Klassenkampf	184
	Möbel, Methoden und Madonna	186
	Gebrechen, Gebieterisches und Gruft	191
Anhang...	Stammbaum Adelheid Page	198
	Eckdaten Adelheid Page	199
	Literatur	200
	Personen- und Ortsregister	204
	Bildnachweis	207
	Dank	208
	Impressum	208

Heidi Schwerzmann, ca. 1865

Adelheid Page-Schwerzmann, ca. 1921

I. Heidi wird Adelheid

Zug, Neugasse

I. Heidi wird Adelheid

STERNSTUNDE BEI KARL KASPAR UND AGATHA SCHWERZMANN: NESTHÄKCHEN ADELHEID WIRD GEBOREN. DIE ERZIEHUNG DER KLEINEN HEIDI LIEGT IN FRAUENHAND, ZUHAUSE IN DER VON MUTTER UND ÄLTESTER SCHWESTER, IN DER SCHULE IN DER VON KLOSTERFRAUEN.

Es hatte sich bereits herumgesprochen bei den Mädchen Keiser und Luthiger am Schweinemarkt in Zug: Die Storchentante war kürzlich zu ihren Nachbarn, den Schwerzmanns, an die Neugasse 12 gekommen. Die Kinder wussten, dass das Auftauchen der «Storchentante», wie die Hebammen auch genannt wurden, Familienzuwachs bedeutete. Der Storch musste ihr die Säuglinge gebracht haben, die sie in ihrem geheimnisvollen Köfferchen irgendwie verpackte, um sie zu gegebener Zeit hervorzuholen und der Mutter in den Arm und an die Brust zu legen.

Letztmals war die Zuger Hebemutter vor drei Jahren vom «Lüssi» herunter an die Neugasse geeilt. Einige Stunden darauf war bei Schwerzmanns die kleine Josephine angekommen. Und auch die anderen drei Schwerzmanntöchter hatte Klara Luthiger wohl damals hervorgezaubert aus ihrem Köfferchen, die zwölfjährige Friedericke, die zehnjährige Karolina, die fünfjährige Elise. Und eben, vor drei Jahren Josephine. Es war vielleicht heiss an jenem Samstag, dem 20. August 1853, in der kleinen Stadt Zug. Die zahlreichen Kinder des Quartiers St. Antonsgasse, die draussen spielten, suchten die schattige Nähe der Häuser oder den Schatten der verwinkelten kleinen Gässchen, die Mägde, die zum Kronenbrunnen auf den Hirschenplatz gekommen waren, um Wasser zu holen, kühlten sich die Stirn und tauchten die Unterarme ins Becken. Vielleicht herrschte gerade grosser Betrieb auf dem Postplatz (der damals noch Schweinemarkt, Schanzenplatz oder Theaterplatz hiess), weil der fünfspännige Postwagen aus Zürich oder Luzern angekommen war. Die zahlreichen Passagiere wurden von den Hotelportiers in den «Hirschen», «Löwen» oder «Ochsen» geführt, und die Touristen, die angereist waren, um auf dem seit erst einem Jahr fahrenden Dampfschiff «Rigi» zu reisen, begaben sich, geführt von den eifrigen Fremdenführern, zum See. Nachdem der Postillion dann in sein Horn geblasen hatte, kehrte wieder Ruhe ein, und Posthalter Hotz, der einzige Briefträger der Stadt, konnte in aller Ruhe seine Briefe ordnen.

Klara Luthiger war rechtzeitig gekommen, als bei der 39-jährigen vierfachen Mutter Agatha Schwerzmann die ersten Wehen einsetzten. Ruhig

Adelheid Schwerzmann, wie sie damals noch hiess, als junges Mädchen: Sie war ein offenes und aufgewecktes Kind.

schickte sie die Kinder aus dem Zimmer, beauftragte Karl Kaspar Schwerzmann, heisses Wasser zu kochen, untersuchte die Frau, um den Stand der Wehen festzustellen, verabreichte ein Klistier und gab womöglich eine Dosis Mutterkorn, um die Wehen zu beschleunigen.

Vielleicht war es aber auch eine heisse Sommernacht, in der Adelheid Schwerzmann 1853 an der Neugasse 12 in Zug geboren wurde. Abends hatte man noch lange, wie es damals namentlich an der Neugasse üblich war, auf den Bänken vor den Häusern gesessen und geredet. Über die Gründung der städtischen Musikschule, die in dieses Jahr fiel, über die erste Telegraphenstation, welche gerade ihren Betrieb aufnahm, über den neuen Dampfschiffbetrieb auf dem Zugersee, über das Wetter und seine Auswirkungen auf die Gerüche in der Stadt, über das Erdbeben, das kürzlich in Solothurn Kamine von den Dächern geschleudert hatte, oder über die Politik. Karl Kaspar Schwerzmann wurde nach der Hebamme geschickt. Um 23.00 Uhr rief der Nachtwächter: «Losid, was ich will sage, Glogge hed elfi gschlage, elfi gschlage», und mahnte zum Aufbruch ins Haus und zum rechtzeitigen Ablöschen der Kerzen und Öllampen zur Vermeidung von Bränden. Bald würde es dunkel und ruhig werden in der

So hat die kleine Adelheid den Zuger Postplatz erlebt: mit Kutschen und Menschen, mit dem Baarertor links und dem Theater Bellevue rechts.

Eine romantische Sicht vom «Guggi»: Adelheid wuchs in der kleinen, behüteten Welt der damaligen Kleinstadt Zug auf.

Stadt, lediglich die zwei Öllaternen, die mitten in der Gasse hingen, dienten dann noch als Beleuchtung. Auch sonst war wenig Leben zu spüren in der kleinen Stadt Zug, als die Hebamme vom «Lüssi» herunter in die Neugasse eilte. Bei Agatha Schwerzmann wurden die Wehen stärker. Noch bevor der Nachtwächter die zwölfte Stunde rief, wurde an der Neugasse 12 Kraftbrühe gekocht, um die Mutter vor der bevorstehenden anstrengenden Geburt zu stärken. Als die um Mitternacht von Zürich nach Luzern fahrende Post die nächtliche Ruhe unterbrach, legte die 48-jährige erfahrene Hebamme warme Wickel und massierte die Gebärende mit Ölen, um die Haut geschmeidig zu machen. Der Nachtwächter rief vielleicht die letzte Stunde der Nacht, vier Uhr morgens, und ein erfrischendes Lüftchen wehte vom See her ins Schlafzimmer, als Klara Luthiger das Fenster öffnete, um der Mutter und dem neugeborenen Adelheidchen frische Luft ins Zimmer zu lassen.

SCHWESTERN, SPOTT UND STRASSENPATROUILLE

Adelheid Page wurde mit Sicherheit zuhause geboren. Ebenso ihre vier Schwestern und die insgesamt neun Nachbarstöchter von Coiffeur Keiser und Spezereihändler Luthiger. Die Möglichkeit, im Gebärhaus oder im Spital zu gebären, bestand zwar seit 1800, wurde aber im Europa jener Zeit von bürgerlichen verheirateten Frauen normalerweise nicht in Anspruch genommen. Nur mittellose und ledige Mütter brachten ihre Kinder im Spital zur Welt. Zum einen, weil sie dort kostenlos gebären, essen und sich pflegen lassen konnten, zum anderen, weil sie dort von der Unzuchtstrafe und der Kirchenbusse verschont blieben. Die ehrbare Bürgerin des 19. Jahrhunderts, wie Agatha Schwerzmann, geborene Weiss, eine war, gebar ihre Kinder zuhause im Ehebett, in Adelheids Geburtsjahr wahrscheinlich schon auf einer Matratze, unter Umständen gefertigt von Sattlermeister Brandenberg in der Vorstadt, denn damals begannen Matratzen die Laubsäcke zu verdrängen. Sie gebar liegend, unter Obhut einer Hebamme und gegebenenfalls in Anwesenheit einiger helfender Frauen.
Adelheids Eltern waren Zuger Korporationsbürger, sie hiessen Schwerzmann und Weiss. Die Mutter war das Kind wohlhabender Leute, der «Weiss ab Berg», deren Vorfahren eines der grössten Bauerngüter, den «Grossmatthof», am Zugerberg besessen hatten. Adelheids Geburtshaus an der Neugasse, deren nördlicher Teil auch «St. Antonsgasse» oder «Schweinemarkt» genannt wurde und in dem heute ein Buchladen ist,

Zuger unter sich

1853, im Geburtsjahr von Heidi Schwerzmann, wie sie wohl damals genannt wurde, war man in Zug unter sich. Der Ausländeranteil in der Bevölkerung war verschwindend klein. Drei Viertel der Bewohner und Bewohnerinnen waren Stadtzuger Bürger, die nebst anderen gängigen Zuger Namen Keiser, Landtwing, Weiss, Brandenberg, Speck oder Schwerzmann hiessen. Laut der Volkszählung von 1850 gab es in der Stadt Zug 274 Menschen namens Keiser und 79 mit dem Namen Schwerzmann, nur 41 Leute hiessen damals Müller, 19 Meier und lediglich 1 Person hiess Huber. Die Stadt reichte vom heutigen Postplatz bis zum Oberwilertor – erst seit 18 Jahren wurden das Baarer- und das Oberwilertor nachts nicht mehr abgeschlossen. Stattdessen kontrollierte nun ein Nachtwächter die Stadt, indem er auf der Strasse patrouillierte. Die Vorstadt war noch nicht im See versunken – bis zu diesem einschneidenden, katastrophalen Ereignis sollten noch 34 Jahre ins Land gehen –, sie gehörte zwar zur Stadt, lag aber ausserhalb der Stadtmauern. Es gab in Zug weder Elektrizität noch fliessendes Wasser in den Häusern, und geheizt wurde mit Holzfeuern.

Am Tag von Adelheids Geburt wurde aber nicht geheizt. Viel lieber dürfte man sich in der Kühle der Häuser von der sengenden Sommerhitze erholt haben. Im Zentrum der Stadt spendeten nicht mehr Bäume Schatten als heute. Adelheid Schwerzmann wurde 1853 in ein Städtchen hineingeboren, welches im Ganzen ungefähr 3300 Menschen beherbergte, bei der Volkszählung, drei Jahre vor ihrer Geburt, waren es 1744 weibliche und 1557 männliche gewesen. Die Stadt war voll von steinernen Brunnen und reich an bemalten und mit Skulpturen geschmückten Häusern. Viele Häuser waren mit Freskomalereien verziert. Der See war sehr fischreich und schon weit herum als ausserordentlich reizvoll bekannt, Zug war 1853 bereits für zahlreiche Reisende Ausgangspunkt für Ausflüge auf die Rigi, an den Vierwaldstättersee und auf den Pilatus.

Schweinegequieke und Marktgeschrei: Auf dem Postplatz fanden die Märkte statt – nahe bei Adelheids Elternhaus.

*Treffpunkt Wasserstelle:
Hier beim Hirschenbrunnen,
gegenüber dem Wohnhaus,
musste Adelheid das Wasser
für den Haushalt holen.*

I. Heidi wird Adelheid

hatte Karl Kaspar Schwerzmann 1842 für sich und seine Familie gekauft. Die Neugasse war – nach der Vorstadt, wo über 450 Leute wohnten – das am stärksten besiedelte Quartier der Stadt. Es lebten dort etwa gleich viele Leute wie im Geviert «Dorf», nämlich ungefähr 315. Die Neugasse hatte noch keine Trottoirs, war mit holprigen Steinen gepflästert und wurde einmal pro Jahr, vor Fronleichnam, gejätet! Barbara Menteler, genannt «Babi», zupfte dann die Gräser einzeln zwischen den Pflastersteinen heraus. Gegenüber Schwerzmanns Haus, an der Ecke bei Damian Bossard, sassen täglich die «Zwölfistündeler», eine Anzahl währschafter Bürger, Handwerker und Krämer, und diskutierten eingehend die Neuigkeiten von Stadt und Land. Möglicherweise ist das damals gängige Sprichwort ihnen zu verdanken, laut dem man Gott danken könne, wenn man «durch d'Vorstadt ohne Kind», «durch d'Oswaldsgass ohne Wind» und «durch d'Nügass ohne Spott» gelange. In Schwerzmanns Haus wohnten, als Adelheid zur Welt kam, noch eine Magd, zwei Gesellen und ein Schreiner, alle bei ihnen in der Wohnung. In einer anderen Wohnung im Haus waren sechs weitere Personen eingemietet. Als Agatha und Karl Kaspar Schwerzmanns Nesthäkchen zur Welt kam, war ihre älteste Tochter bereits 13, die anderen 10, 5 und 3 Jahre alt.

Agatha selber war eine sehr grosse, sehr schlanke, gescheite und äusserst energische und tatkräftige Frau. Ihrem ältesten Enkelkind Frida blieb sie als «Ideal einer Mutter und Grossmutter» in Erinnerung, als eine Frau von «beispielloser Güte und Liebe», die sie auf jedermann ausdehnte. Sie war verlässlich und hilfsbereit, ja das Helfen war bei ihr so ausgeprägt, dass Frida meinte, Helfen sei in den Familien all ihrer Töchter dann geradezu zur «Tradition» geworden. Agatha Schwerzmann soll eine grosse Geborgenheit ausgestrahlt haben, obwohl sie keineswegs nachsichtig war – sie war sogar, so Frida, «in gewisser Hinsicht recht streng». Diese Frau kümmerte sich, möglicherweise zusammen mit der Magd Franziska Fassbind, um den Haushalt und um die Kindererziehung.

Adelheids Vater Karl Kaspar Schwerzmann war zum Zeitpunkt ihrer Geburt bereits 48 Jahre alt und ein gestandener, tüchtiger Geschäftsmann, rundlich, von untersetzter Erscheinung. Im selben Haus betrieb er seine Glashandlung. Er beschäftigte sich mit dem Engroshandel von Gläsern, hauptsächlich von Medizinfläschchen, Hotelgläsern und vor allem Fensterglas, wovon er ein grosses Lager hatte. Schwerzmann war als gewiefter Handelsmann oft geschäftlich unterwegs, zum Transport seiner zerbrechlichen Glaswaren hielt er sich eine grössere Anzahl Maultiere.

Die Mutter: Agatha Schwerzmann-Weiss war eine tatkräftige Frau, welche als Witwe sich und die fünf Töchter durchbrachte.

Der Vater: Karl Kaspar Schwerzmann war Glashändler und Fremdenführer – und starb, als Adelheid erst vierjährig war.

Seine Routine, sein weiter Horizont und seine Liebe zum Reisen brachten es mit sich, dass er auch als Reiseleiter und Fremdenführer tätig war. So wie man sich heute zur Organisation grösserer Reisen an ein Reisebüro hält, so wandte man sich damals an die Reiseführer, welche brevetiert und staatlich überwacht waren und Reisejournale führen mussten. Seit 1830 kamen oft Engländer in die Schweiz, um die berühmten Alpen zu besteigen. Karl Kaspar Schwerzmann war ihr einheimischer Führer, und überdies stand er der sechsköpfigen Zuger Führergesellschaft vor. Aber auch auf Auslandsreisen begleitete er die Touristen, ob sie nun Englisch, Deutsch oder Französisch sprachen. 1836 hatte er sogar den Kronprinzen von Bayern nach Mailand begleitet und von ihm ein vorzügliches Zeugnis erhalten. Adelheids Vater wurde geschätzt wegen seiner Sprachengewandtheit, seiner grossen Kenntnis von Land und Leuten und seiner fairen Preise wegen. Geschäftlich reiste er nach Böhmen, Belgien, Italien, und er beherrschte mehrere Sprachen – beides war damals keine Selbstverständlichkeit. Auch seine politische Gesinnung war für das damalige Zug aussergewöhnlich liberal, so aussergewöhnlich, dass sie für seine Familie eine ständige Bedrohung darstellte. In der Zeit des Sonderbundskrieges von 1847 war die Stimmung zwischen den Liberalen und den Konservativen so gereizt, dass sie im Bürgerkrieg eskalierte.

Obwohl die Liberalen gesamtschweizerisch die Mehrheit darstellten, war die vorherrschende Gesinnung im Kanton Zug konservativ. In einer Kleinstadt, wo die soziale Kontrolle gross ist, weil jeder jeden kennt, war es keine Kleinigkeit, in politischen Dingen nicht mit dem Strom zu schwimmen. Während des Sonderbundskriegs selber lebte seine Frau Agatha sogar in der ständigen Angst, die Zuger würden ihr, ihres Gatten gegnerischen Gesinnung wegen, eines Nachts das Haus über dem Kopf anzünden. Deshalb hielt sie alle Wertsachen in einem «Nachtsack», einer Handtasche, verpackt neben ihrem Bett, um im Notfall mit ihren Kindern unverzüglich fliehen zu können.

Da Adelheids Vater viel unterwegs war, ist es durchaus möglich, dass er bei ihrer Geburt nicht in Zug war. Es ist ihnen allerdings zu wünschen, dass der Vater und seine Tochter nicht lange warten mussten, bis sie sich zum ersten Mal sahen. Es sollte ihnen ja schliesslich nicht viel gemeinsame Lebenszeit bleiben. Adelheids Vater starb, erst 52-jährig, an einem Herzschlag – das Kind war gerade erst vier Jahre alt. Ob sich Adelheid real an ihren Vater erinnern konnte, ist nicht herauszufinden. Wahrscheinlich ist

Allgemeiner Anzeiger

Kunst- und Affentheater
auf dem Postplatz in Zug
während dem Freischießen.

Erste Abtheilung. Es werden vierfüßige Künstler auftreten, sich in den mannigfaltigsten Kunstproduktionen auszeichnen, welche die erheiterndste Unterhaltung darbieten, und wird das possirliche Treiben dieser in bester Dressur vorgeführten Künstler gewiß Jedermann erfreuen.

Zweite Abtheilung. 1) Produktion einer jungen Dame, welche sich als die merkwürdigste Naturseltenheit vorstellt. Sie besitzt ein schönes, weißes Gesicht, weiße Arme, wo sich aber von dem Hals an am ganzen Oberkörper eine schwarze Haut gebildet, welche mit dunkelgrünen Haaren bewachsen ist und von allen Akademien Europa's als das einzig lebende Wunder-Phantom der Erde befunden wurde. 2) Medium americain oder Charlatanerie der Wissenschaft gegenüber, ausgeführt von Fräulein Alma.

Dritte Abtheilung.

Volino Volisiano,
der berühmte Indianer ist auch da!

Derselbe wird ein hochverehrliches Publikum durch Erstaunen erregende gigantische Kraft-Produktionen überraschen, ausgeführt mittelst einer schweren Eisenstange. Ferner produzirt er sich in seiner Nationaltracht, in Waffenübungen, Keulen- und Kugeltanz.

Da ich mir schmeicheln darf, daß mein reichhaltig konstruirtes Theater noch allerorts mit Beifall bewundert wurde, so halte auch hier mich zahlreichem Besuche empfohlen.

1. Platz 80 Rp., 2. Platz 50 Rp., 3. Platz 20 Rp. Kinder bezahlen auf dem 1. und 2. Platz die Hälfte.

Am Sonntag den 17. d. ist die erste Vorstellung um 4 Uhr, die zweite um 6 Uhr, die dritte um 8 Uhr.

Es ladet ergebenst ein

jedoch, dass sie ein eher idealisiertes Bild von ihrem Vater mit sich herumtrug, wie das meistens der Fall ist, wenn man eine so wichtige Person vor allem aus den Erzählungen derer kennen lernt, die diese Person liebten.

ANSTAND, ALTHERGEBRACHTES UND AFFENTHEATER

Agatha Schwerzmann wurde also mit 43 Jahren Witwe, alleinerziehende Mutter von fünf Kindern zwischen 17 und 4 Jahren, Hausbesitzerin und Erbin einer Glashandlung. Da kam es ihr zugute, dass sie über grosses Organisationstalent, Voraussicht und tüchtige Töchter verfügte. Ihre älteste Tochter Friedericke war ihr eine grosse Hilfe. Die 17-Jährige kam aus dem Welschland zurück, um ihrer Mutter in Haus und Geschäft zur Hand zu gehen und die Geschwister mit zu erziehen. Jung, wie sie war, nahm sie sich nach und nach des Engros-Glashandels des verstorbenen Vaters an, allerdings ohne dessen ausgedehnte Reisetätigkeit fortzuführen. Die beiden Frauen mussten die Geschäfte auf Zürich beschränken. Agatha Schwerzmann reiste zu diesem Zweck ab und zu, manchmal auch zu Fuss, über Sihlbrugg und den Albis nach Zürich oder auch durch den Sihlwald. Klar, dass die älteste Tochter währenddessen zu Hause die Leitung übernehmen musste! Sie gewöhnte sich früh daran, dass man ihr gehorchte. Die Schwestern akzeptierten sie als Autorität. Auch später blieb sie das Oberhaupt der Familie: Niemand wagte es, ihr zu widersprechen – ausser ihre jüngste Schwester Adelheid! Diese sah nun schon sehr früh, wie gut ein Familienschiff mit tüchtigen Frauen am Steuer funktionieren konnte. Ihre Mutter lernte in Hergiswil NW neben der Familienarbeit und den genannten Aufgaben fürs Geschäft auch noch das Glasschleifen. Weil die Flaschen signiert und mit Massangaben versehen werden mussten, übernahm nun Agatha Schwerzmann diese Arbeit, die besonderes Geschick erforderte.

Als die kleine Heidi das Alter erreichte, in dem sie die Primarschule besuchen konnte, ging sie, wie alle anderen Zuger Mädchen auch, an die Mädchenschule im Kloster Maria Opferung. Auch dort führten Frauen das Regiment. Die Knabenschule befand sich damals im Proviserhaus in der Unteraltstadt. Während die Knabenschule weltlich geführt war, wurden die Mädchen von strengen Franziskanerinnen unterrichtet. Diese Nonnen wurden «Lehrfrauen» genannt, trugen eine braune Kutte, einen steifen schwarzen Schleier über einer weissen Haube und einen fein gefältelten Tellerkragen um den Hals. Genauso steif und unnahbar, wie

Vierfussige Wesen, eine Dame mit Haaren am ganzen Körper, ein berühmter Indianer: Auf dem Postplatz erlebte Adelheid Einflüsse von aussen – Inserat von 1864.

sie darin aussahen, unterrichteten sie auch. Adelheids Nichte Frida, die ihre Schulzeit 13 Jahre später auch in dieser einzigen Mädchenschule Zugs verbrachte, schreibt: «Sie waren sicher dazumal keine grossen Pädagogen, erteilten den Unterricht in einer seit Jahrzehnten gewohnten Schablonenhaftigkeit, eintönig und langweilig für ein aufgewecktes Kind. Diese ‹Lehrfrauen› waren auch immer von einer klösterlichen Unnahbarkeit, schauten nicht links und rechts, hatten selten ein Lächeln auf dem Gesicht, waren auch gänzlich ohne Humor und ohne jede Empfänglichkeit für ein frohes Kindergemüt, oder gar für einen Kinderstreich. Sie liebten nur die ganz Braven, Stillen, Frommen» ..., und zu denen gehörte Heidi Schwerzmann wahrscheinlich nicht. Sie war ein aufgewecktes und neugieriges Kind. So lernbegierig sie war, das Stillsitzen wurde ihr bestimmt sauer. Dazu kam, dass die Mädchen keinen Sport treiben durften (das Turnen war ihnen sogar streng verboten) und nicht einmal am Samstagnachmittag frei hatten. Während die gleichaltrigen Knaben auf dem öffentlichen Turnplatz klettern und Ball spielen durften, mussten die Mädchen die Schule putzen. Das war damals die für Mädchen legitime Art, sich körperlich zu betätigen. Vor der Schule hatten sie täglich die Schulmesse zu besuchen, und auch dort mussten sie selbstverständlich still sitzen. Nach der Betglockenzeit durfte sich kein Kind mehr auf der Strasse aufhalten. Die Sitten waren nicht nur an der Klosterschule ausserordentlich rigid, sondern die Schule und die Geistlichkeit im Allgemeinen griffen auch direkt und indirekt in die Familie ein. Die Bevölkerung fügte sich, sie war in diesem Geist erzogen. Die Familie Schwerzmann war zwar eine aufgeschlossene Familie, aber auch Adelheid und ihre Schwestern mussten der Kirche, der Obrigkeit und den Eltern unbedingt gehorchen. Sie durften auch nie richtig ausgelassen und wild sein, schon gar nicht einen Schabernack treiben. Wen wundert's, dass ein aufgewecktes und energiegeladenes Mädchen wie Heidi einmal, als es am helllichten Tag – möglicherweise in Färber Utingers Scheune in der Vorstadt, an der heutigen Bahnhofstrasse – brannte, begeistert rief: «Juhui, es brännt!» Endlich lief etwas, endlich wurde der Alltagstrott durchbrochen!
Ein anderer Farbtupfer in Heidis Kinderzeit war wahrscheinlich der grosse Dienstagsmarkt. Auf dem nahen Schanzenplatz ging damals nämlich buchstäblich die Post ab, und dort wurde auch der grosse wöchentliche Schweinemarkt abgehalten. Weit herum hörte man die Schweinchen quieken, welche die Bauern aus dem zürcherischen «Säuliamt» zum Verkauf anboten. Vielleicht schlich sich Heidi, vom Geschrei der Tiere

Bildung für alle?

Adelheid Schwerzmann war ein aufgewecktes Mädchen. Bevor sie sich Gedanken über ihre Zukunft machen konnte, musste sie die Elementarschule durchlaufen. Diese dauerte sechs Jahre und konnte unentgeltlich besucht werden, falls die Eltern sich für eine öffentliche Schule entschieden hatten.

Wo es aufgrund organisatorischer Überlegungen möglich war, wurden Mädchen und Knaben im Kanton Zug getrennt unterrichtet. Die öffentliche Mädchenschule der Stadt lag in den Händen der Klosterfrauen von Maria Opferung. Die Knaben wurden in der Volksschule von weltlichen Lehrern unterrichtet.

Für Mädchen keinesfalls in Frage kam zur Zeit von Adelheids Geburt ein Studium an einer Universität. Zwar liessen manche Universitäten Frauen als Hörerinnen zu, doch sollte es noch eine Weile dauern, bis 1867 die erste Studentin im deutschsprachigen Raum ihr Studium an der Universität Zürich mit einer Promotion abschloss und bis ihr weitere Frauen nachfolgten. Zu diesen Exotinnen in der Bildungslandschaft gehörte Adelheid Schwerzmann nicht. Das Nächstliegende, was sich ihr anbot, war eine weitere Ausbildung in Handarbeits- und Haushaltsfächern, Privatunterricht zuhause oder der Besuch einer höheren Töchterschule, zum Beispiel in Zürich, Lausanne oder Yverdon. Das Industriegymnasium sowie das humanistische Gymnasium waren den Knaben vorbehalten.

1848 wurde die allgemeine Schulpflicht in die Verfassung aufgenommen. Von gleichen Bildungschancen für Mädchen und Knaben war man aber noch weit entfernt. Es ist denn auch kein Zufall, dass sich die frühe bürgerliche Frauenbewegung europaweit in erster Linie für eine bessere Mädchenbildung einsetzte.

Kloster Maria Opferung in Zug: Hier besuchte Adelheid die Mädchenschule.

Höhere Töchterschule in Vevey: Bildung war in der Familie Schwerzmann wichtig, deshalb konnte Adelheid diese Schule besuchen.

neugierig geworden, in den einzigen Ferien, die zwei Sommermonate dauerten, ab und zu auf den Schweinemarkt und beobachtete die Handelnden beim Markten und Feilschen. Hin und wieder produzierte sich sogar eine Seiltänzertruppe, ein Panorama oder ein Zirkus auf diesem grossen Markt. Man kann sich vorstellen, wie die insgesamt 14 Mädchen der Neugasse-Häuser 10, 12 und 14 um die fremdartigen Wagen herumgingen und ihre Neugierde befriedigten. Die Knaben der Stadt schlugen sich derweil mit denen der Vorstadt, oder sie übten das Rudern, während der Fährmann Znünipause machte. Mädchen und Knaben trafen sich dann am Lebküchleinstand, wo sie für fünf Rappen ein «Bireweggli» kaufen konnten.

In der Vorstadt gab es Schreiner Johann Stadler, welcher ein eigenes Karussell gebaut hatte, mit dem er Märkte und «Kilbis» besuchte. Gewiss stellte er seine «Rössliriti» auch auf dem Schweinemarkt auf und somit den Zuger Schulkindern zur Verfügung. Eine Fahrt kostete zwei Rappen. Ein anderes Ereignis, das Adelheid Schwerzmanns Kindheit prägte, waren die ersten Züge, die nach Zürich und Luzern fuhren, als sie elf Jahre alt war. Auch Heidi wird mit ihren Eltern und Schwestern dabei gewesen sein, alle durften an diesem Tag gratis mitfahren, alle präsentierten sich im Festkleid. Ebenso festlich waren die Kinder jeweils im Mai: Die Geistlichkeit zog dann, zusammen mit allen Schulkindern, durch die Stadt und die Vorstadt zur Allmend hinaus (heutige Schützenmatt), wo jeder Korporationsbürger einen «Pflanzblätz», ein Stück Ackerland, hatte, um Korn und Kartoffeln anzupflanzen. Mit Hilfe dieser «Bittgänge» wurden die Felder gesegnet. Eben dorthin zogen im Frühling ganze Familien mit dem Handwagen und allem, was man zum Pflanzen brauchte, picknickten und tranken Most, was nicht nur Adelheid bestimmt als willkommene Abwechslung im Alltag schätzte.

WEBERINNEN, WEITERBILDUNG UND WOHNGEMEINSCHAFT

Nach Abschluss der Primarschule besuchte Adelheid Schwerzmann in Zug eine Privatschule, bevor sie mit 16 Jahren an eine höhere Töchterschule nach Vevey ging. In Zug gab es nämlich keine höhere Mädchenschule. Als sie zurückkam, stellte sich die Frage nach einer Ausbildung im heutigen Sinne nicht. Die Frauenberufe in der Mitte des 19. Jahrhunderts waren Tätigkeiten, die die Mädchen ohnehin schon geübt hatten: Handarbeiten und Haushalt führen. Die Rolle der Frauen war hauptsäch-

Trautes Heim

Wohnformen, die über ein Zusammensein von Eltern mit ihren unmündigen Kindern hinausgehen, sind nicht erst eine Idee der 1968er-Generation. Im Gegenteil: Sie entsprachen über lange Zeit der gelebten Wirklichkeit. In der vorindustriellen Gesellschaft waren weder die Sphären von Arbeit und Wohnen klar getrennt, noch galt die Kernfamilie als Ort, wo man sich körperlich und geistig von den Strapazen der Arbeit erholen konnte. Auch im 19. Jahrhundert waren viele Haushalte noch bunt zusammengewürfelt. Gründe dafür gab es verschiedene. In den Städten gaben nicht selten wirtschaftliche Motive den Ausschlag, zusätzliche Bewohnerinnen und Bewohner oder ganze Familien in die Wohnung aufzunehmen. Eine verstärkte Zuwanderung in die Städte ab der zweiten Hälfte des 19. Jahrhunderts und das Absinken der Kindersterblichkeit liessen die Bevölkerung anwachsen. Wohnraum wurde knapp und – an zentralen Lagen – teuer. Arbeiterfamilien konnten ihre Mietkosten senken, indem sie sogenannte «Schlafgänger» beherbergten. Diese teilten sich zu mehreren ein Zimmer oder gar ein Bett. Es konnte vorkommen, dass die Kinder der untervermietenden Familie mit einer fremden Person im Bett schlafen mussten. Solche Formen des Zusammenlebens wurden seitens der Behörden und privater Vereinigungen ungern gesehen. Nicht nur die teilweise prekären hygienischen und räumlichen Verhältnisse machten deren Vertreterinnen und Vertretern Sorgen, sie sahen im Schlafgängertum auch eine Ursache für einen fortschreitenden Sittenzerfall. Als besonders gefährdet erachtete man Kinder und junge, unverheiratete Arbeiterinnen, die von auswärts kamen und eine günstige Unterkunft nahe ihrer Arbeitsstelle brauchten.

Auch in begüterteren Verhältnissen lebten nicht einfach die Eltern mit ihren Kindern in einem Haushalt, sondern auch noch die Dienstboten. Adelheid Schwerzmann lebte bis zu ihrer Heirat im selben Haus wie ihre Mutter und zwei ihrer Schwestern. Diese Wohnform war eine übliche und gesellschaftlich akzeptierte Möglichkeit, um die Zeit bis zur Heirat zu überbrücken.

lich auf die der Gattin, Mutter und Hausfrau beschränkt. Die 39 Prozent Frauen, die überhaupt in der Stadt Zug erwerbstätig waren, arbeiteten als Magd oder in der Textil-, Fell- und Lederbranche, etwa als Schneiderin, Weissnäherin, Hutmacherin, Spinnerin, Weberin und Wäscherin. Oder sie waren Landwirtin, Kellnerin, Klosterfrau. Da ging Adelheid Schwerzmann einen eigenen Weg, unterstützt von ihrer Mutter, die grosse Stücke auf geistige Bildung und regelmässiges Lesen hielt und immer stark Anteil an dem nahm, was in der Welt vorging. Autodidaktisch bildete sich Adelheid in Fremdsprachen, Philosophie und Kunstgeschichte weiter. Sie las Bücher und interessierte sich als junges Mädchen dafür weniger für Handarbeiten und Kochen. Währenddessen führten ihre Mutter und ihre Schwestern Friedericke und Karolina das Glasgeschäft weiter. Später, nach Friederickes Heirat und Auszug, als nur noch Mutter Schwerzmann mit ihren anderen Töchtern an der Neugasse wohnte, hatte das Geschäft in Frauenhand so gut floriert, dass lediglich zwei Stockwerke von ihnen bewohnt wurden. Ihr Faktotum, Michel Keiser, ein gelernter Schreiner und Glaser, hatte seine Werkstatt dort. Alle anderen Räume, auch Keller und Estrich, dienten als Lager für das Geschäft.

1865 oder 1866, mit etwa 52 Jahren, verkaufte Agatha Schwerzmann die Glas- und Porzellanhandlung, zu der sie inzwischen erweitert worden war, an Xaver Anzenhuber aus München. Drei Jahre später – Josephine war unterdessen in Winterthur verheiratet – verkaufte sie dann auch das Haus. Mit den beiden noch ledigen Töchtern Elise und Adelheid wohnte sie zuerst für kurze Zeit in der Vorstadt, bevor sie an der St. Oswaldsgasse (heute Nr. 17) bei Sidlers, der Familie von Friedericke, den zweiten Stock bezog. Der Arzt Franz Sidler, Friederickes Ehemann, hatte das Haus gekauft und für seine eigene Familie, für die Schwiegermutter und für die Schwägerinnen herrichten lassen. Es war eine fröhliche und angeregte Wohngemeinschaft, hier im «Doktorhaus». Im grossen und sonnigen Garten hinter dem Haus blühten Feigenbäume, Oleander und Aprikosen. Der Feigenbaum trug sogar jährlich ein paar süsse Früchte.

In der Küche im zweiten Stock ging es lebhaft zu. Seit je hatte die Familie Schwerzmann auf gutes Essen geachtet. Nachdem die kleine Frida, die zum Einkaufen geschickt worden war, lauter ausgesuchte Zutaten nach Hause gebracht hatte, die über das selbst Angepflanzte hinausgingen, bereiteten die Schwerzmanntöchter das Essen zu, oft zusammen mit der Mutter. Manchmal kochten auch alle Hausbewohner und Hausbewohnerinnen zusammen. Dann stand sogar der vielbeschäf-

Schwester Josephine und ihr Mann Joseph Krzymowsky: Der polnische Mathematiker hatte in Zug unterrichtet und zog bald mit Adelheids Schwester nach Winterthur.

tigte Doktor Franz Sidler in der Küche bei den Schwägerinnen: Gemeinsam präparierten sie Schnecken, bereiteten «Schneckenanke» (Kräuterbutter) zu, Hasen wurden abgezogen und Hühner und Fische ausgenommen. Kunstgerecht bereiteten sie die Füllung für die Krapfen, den Apfelkuchen oder die «Bireweggli» zu. Ein preisgünstiges und häufiges Menu bei Schwerzmanns und Sidlers waren Zugerrötel an Rotweinsauce, angerichtet auf gerösteten Brotschnitten. Ab und zu ass man den Fisch, der damals nur zehn bis zwölf Rappen kostete, auch mit grüner Kräutersauce. Aber Elises und vor allem Adelheids kulinarisches Interesse ging dahin, den landläufigen Rahmen zu sprengen und Neues auszuprobieren. Adelheid, die damals dem Haushalten im Allgemeinen wenig abgewinnen konnte und sich lieber mit Büchern beschäftigte, wurde die gängige Kochkultur bald zu eng. Es reizte ihren Ehrgeiz, den landläufigen Speisezettel mit neuen, aussergewöhnlichen Rezepten zu bereichern. Da es neuerdings

Damals das bevölkerungsreichste Quartier der Stadt Zug: die Vorstadt — hier noch vor der Katastrophe mit dem Ufereinsturz von 1887.

viele Schweizer Kochbücher gab, stiess die neugierige junge Frau beim Schmökern bestimmt auf neue Rezepte, die sie ausprobieren wollte. Zum Beispiel auf eine Zürcher «Wähe» mit Zwiebeln, Käse und Spinat. Oder sie kochte ein Fondue, was sie von ihrem Welschlandaufenthalt her bereits kannte. Wer weiss, vielleicht war Adelheid eine der Pionierinnen, die in Luthigers Spezereihandlung an der Neugasse Makkaroni erstand und ein neues Rezept mit den eben erst in Mode kommenden Teigwaren kreierte. «Maccaroni alla casa del dottore» zum Beispiel ...

Der junge Gottfried Keller war damals der Meinung, jeder Fortschritt in der Esskultur hänge immer auch mit einem Fortschritt der allgemeinen Kultur zusammen. Gut möglich, dass Adelheid Schwerzmann gleicher Meinung war.

II. Von Sidler zum Siedler

George Ham Page 1877

ADELHEID SCHWERZMANN TRIFFT AN EINEM BALL DEN AMERIKANER GEORGE HAM PAGE. ES IST DIE BEGEGNUNG ZWEIER WELTEN, DIE SICH GEGENSEITIG FASZINIEREN. DIE BEIDEN HEIRATEN IN EINER UNGEWÖHNLICHEN KIRCHE. ZWEI JAHRE DARAUF BRINGT ADELHEID PAGE DEN GEMEINSAMEN SOHN FRED ZUR WELT.

1875. Adelheid Schwerzmann lebt an der St. Oswaldsgasse in Zug und bewohnt dort, zusammen mit ihrer Mutter und ihrer Schwester Elise, den zweiten Stock im «Doktorhaus». Es ist das Haus, wo ihre älteste Schwester Friedericke mit ihrem Mann, dem Arzt Franz Sidler, und ihren beiden Kindern Frida und Ernst wohnt. Adelheid teilt mit ihrer Mutter und der Schwester Elise einen «ausserordentlich netten, gepflegten, friedlichen Haushalt», wie die Nichte Frida berichtet. Die beiden jungen Frauen besorgen abwechslungsweise den Haushalt, wobei Elise mehr für den Haushalt zuständig ist, denn sie ist, laut Fridas Bericht, die «hausfraulichere».

Adelheid hat andere Interessen. Während Elise gern kocht und handarbeitet, interessiert sich Adelheid eher für Kunst und Kultur. Sie hat stark das Bedürfnis, aus dem festgefügten Rahmen des Alltags auszubrechen, interessiert sich für Fremdsprachen, Erziehung und Bildung. Gerne gibt sie deshalb diese Werte auch an ihre Nichte Frida weiter, die im gleichen Haus wohnt und sich sehr häufig bei Grossmutter und den Tanten im oberen Stock aufhält. Die Frauen stehen früh auf und werken vom Morgen bis zur hereinbrechenden Dämmerung. Wenn sie nicht im Haushalt beschäftigt sind, heisst es in der Regel still sitzen und flicken und schneidern und häkeln und sticken und spinnen und stricken.

Aber Adelheid kann dem Haushalten wenig Reiz abgewinnen. Sie strebt nach Höherem, und wenn sie schon still sitzen muss, liest sie lieber und lernt Fremdsprachen, statt irgendwelche Handarbeiten zu machen. Spazieren unter der Woche, Schwimmen, Schlittschuhlaufen und andere sportliche Aktivitäten sind noch nicht üblich. Einzig die Zeit zwischen Tag und Nacht, bevor die Lampen angezündet werden, benützen die Schwestern gerne, um dem Alltag zu entwischen. Denn tagsüber wäre es unmöglich, vom Haus und von der Arbeit wegzugehen. Der Tag ist zu sehr strukturiert. Gesellige Anlässe beschränken sich für die jungen Leute auf Familienzusammenkünfte und einen bis zwei Bälle an der Fasnacht.

Die Fasnachtszeit muss also für die junge, freiheitsliebende und abenteuerlustige Adelheid Schwerzmann jeweils eine herzlich willkommene

Adelheid als junge Frau: Sie hat andere Interessen als Kochen und Handarbeiten; Fremdsprachen, Kunst und Kultur waren ihre Leidenschaft.

Spezielle Wohngemeinschaft: Adelheid wohnte bis zu ihrer Heirat im Haus ihrer verheirateten Schwester an der St. Oswaldsgasse in Zug.

und gute Zeit gewesen sein. Denn die Fasnacht ist die Zeit der Ausnahme, die Zeit der Ausgelassenheit, des Zusammenkommens von dem, was im Alltag nicht so leicht zusammenkommt. Es ist auch die Zeit der Bälle, an denen man, in fremder Verkleidung, erst recht sich selber sein und Neues ausprobieren kann: hinter der Maske die sein, die man ist, die bekannten (und manchmal beengenden) Definitionen von sich loslassen.

Höchstwahrscheinlich besuchte die lebensfreudige 22-jährige Adelheid Schwerzmann an der Fasnacht 1875 also nicht nur einen der zahlreichen Bälle in oder um Zug. Denn die Auswahl war beträchtlich: Bereits am 27. Januar hatte sie, allein schon in Zug, die Wahl zwischen dem «Kantonalen Scharfschützenball» im «Hirschen», verschiedenen Freitanz- und Maskenball-Veranstaltungen in diversen Wirtshäusern und dem «Infanterieball» im «Löwen». Dort ging's selbstredend ziemlich zackig zu. So wurde man morgens um 4.30 Uhr mit militärischem Trommelschlag geweckt, danach war Pause bis Mittag, da – so wurde es in der Zeitung vorangekündigt – das «Toilettemachen der Frauenzimmer» stattzufinden hatte, während sich die Infanteristen «en grande tenue» stürzten. Dies dauerte immerhin bis 16.00 Uhr, als die Ball-Musik zur Sammlung blies. Die Damen wurden um 17.15 Uhr per Droschke abgeholt, um 18.00 Uhr begann der Ball mit einem Essen, um 19.30 Uhr gab's ein Feuerwerk und «Illumination» auf dem Löwenplatz und erst zwischen 20.30 Uhr und 22.30 Uhr erschienen die Masken. Punkt Mitternacht gaben die Männer ein Theater mit militärischem Inhalt zum Besten, nämlich den «Tessiner-Rückzug auf Hospiz St. Gotthard». Es ist wahrscheinlich, dass diese Darbietung eher sketchartig als ernst daherkam. Nicht mehr ganz lupenrein dürfte es auch getönt haben, als die Militärmusik um 6.15 Uhr auf dem Ochsenplatz und anschliessend auf dem Postplatz einen Abschiedsmarsch bzw. einen Festmarsch blies ... guggenmusikalisch eben. Jedenfalls wurde man um 6.30 Uhr dann aufgefordert, sich freundschaftlich zu verabschieden und die «Rückkehr zum häuslichen Herde» vorzunehmen. Was wohl für die meisten Rückzug ins häusliche Bett bedeutete. Doch vielleicht war dieser militärische Ball nicht nach dem Geschmack der jungen Adelheid.

Dann war sie vielleicht zwei Wochen früher im «Hirschen» gewesen. Dort hatte ein «Frauen- und Maskenball» stattgefunden. Möglicherweise waren dort die Frauen ebenfalls unmaskiert, genau wie die Männer. Oder sie mussten nicht zwingend maskiert sein, um Einlass zu finden. Zu jener Zeit waren an katholischen Orten nämlich nur die Mädchen und

Friedericke, Franz, Ernst und Frida Sidler-Schwerzmann: Zur Familie ihrer Schwester hatte Adelheid eine enge Beziehung, weil diese im gleichen Haus wohnte.

Fasnacht war die Zeit des Ausbruchs aus dem Korsett von Kontrolle und Alltag: Adelheid lernte George Ham Page 1875 an einem Ball kennen.

die Frauen maskiert, Herrenmasken waren sehr selten und ungern gesehen. Ein anständiges Mädchen durfte auch auf keinen Fall mit einem maskierten Herrn tanzen. Weniger zackig als am Militärball, weniger gefährlich als am Scharfschützenball und vielleicht weniger lokal als an den Freitanzveranstaltungen ging's wahrscheinlich am Theaterball in Zug zu. Möglicherweise auch etwas gediegener. Falls es die Damen aber eher in die nahe Ferne zog, hatten sie auch sonst viele Möglichkeiten, das Tanzbein zu schwingen und Leute zu treffen. Tanzanlässe und Maskenbälle fanden mehrere statt, nicht nur in Zug, sondern auch in Baar, Hagendorn, Ägeri, Walchwil und Cham. Dort dürfte es dagegen eher locker und fidel zugegangen sein. Wo sie in der Zeitung angekündigt wurden, hiess es etwa: «Lust und Freude gratis. Speise und Getränk billig, Bedienung umsonst ...»

Ob Adelheid Schwerzmann es eher zackig, gediegen, lokal oder fidel mochte, wissen wir nicht. Aber auf jeden Fall sollte eine dieser Tanzveranstaltungen für die junge Frau schicksalsträchtig werden.

BALL, BART UND BLECHMUSIK

In Cham gab's seit 1867 die Milchsiederei. Dort fand sogar ein hauseigener Ball statt. War sie wohl dorthin eingeladen? Nehmen wir einfach einmal an, dass Adelheid, vielleicht zusammen mit ihrer Schwester Elise, im Zweispänner nach Cham fuhr, sorgfältig verkleidet und maskiert mit einem Kostüm aus Balthasar Peyers Fundus. In der «Fischerstube» in Zug hatte dieser nämlich seine «Masken-Garderobe en gros et en détail», und er empfahl in der Tagespresse seine «schöne Auswahl Masken, sowie seine reichhaltige Maskengarderobe zur gefälligen Abnahme». Vielleicht waren die jungen Damen Schwerzmann so gefällig, ihm je eine tolle Kostümierung abzunehmen? Vielleicht kleidete sich die hübsche Elise ins geheimnisvolle Kleid eines Dominos und die schöne Adelheid kokett ins Kleid einer verwegenen Lady aus dem Wilden Westen. Ob es so gewesen ist, und ob sie, etwa am Dienstag, dem 9. Februar, in der «Brauerei zum Schlüssel» in Cham bei sechsköpfiger «ausgezeichneter Blechmusik» oder vielleicht am «Milchsüdi-Ball» den Direktor der Milchsiederei, George Ham Page, getroffen hat, wissen wir nicht. Dass Adelheid ihn aber 1875 an einem solchen Ball kennen gelernt hat, ist eine Tatsache.

An welchem Ball und in welchem Tanzsaal es auch gewesen sein mag, George Ham Page muss hingerissen gewesen sein ob Adelheids jugendlich-

Das Profil einer jungen, schönen Frau: Adelheid in einem Schattenbild.

<u>Heiratsmarkt oder</u>
<u>wo die Liebe hingelenkt wird</u>
Es ist nicht verwegen, im 18. und im 19. Jahrhundert von einem Heiratsmarkt zu sprechen, wenn es um die Verehelichung von Söhnen und Töchtern der guten Gesellschaft ging. Im Spiel von Angebot und Nachfrage galt es verschiedene Kriterien abzuwägen: die wirtschaftlichen Verhältnisse und beruflichen Aussichten des zukünftigen Ehemannes ebenso wie die Aussteuer (und Bildung) der potenziellen Gattin, die Gesundheit, damit das Paar schon bald mit gesunden Kindern gesegnet würde, und – nicht zu vergessen – Sympathie, besser noch Zuneigung, Liebe, vielleicht sogar Leidenschaft. Die emotionale Seite war aber vor allem an den Besitz, die soziale Stellung und die familiäre Herkunft der Heiratswilligen – kurz: an die Vernunft – gebunden.

Bis zur Mitte des 19. Jahrhunderts war der Heiratsmarkt noch stark regional bestimmt. Die zunehmende Mobilität gegen Ende des 19. Jahrhunderts bewirkte allmählich eine räumliche und soziale Ausdehnung des Marktes. Dies erhöhte die Chancen für eine Liebesheirat.

Wo aber fand dieser Markt statt, und bei welcher Gelegenheit konnten junge Frauen und Männer Ausschau halten nach einer guten Partie? Das Leben bis zum heiratsfähigen Alter verlief in mehr oder weniger geregelten Bahnen. Die Schulen durchliefen Mädchen und Knaben getrennt und boten deshalb keinen Rahmen, um zarte Liebesbande zu knüpfen. Tanzschulen und Kinderbälle, bei denen eine auserwählte Kinderschar einen Vorgeschmack auf die späteren Rituale des Werbens und Umworbenwerdens erhielt, sollten hier Abhilfe schaffen. Öffentliche oder private Bälle blieben auch nach der Pubertät ein wichtiger Ort, um sich mit heiratsmässigen Absichten kennen zu lernen. Oftmals halfen bei der Eheanbahnung auch die Eltern tüchtig nach, schliesslich ging es darum, zwei Familien durch verwandtschaftliche Beziehungen zu vereinen. Etwas ungezwungener als bei solch arrangierten Einladungen dürfte die Atmosphäre bei studentischen Anlässen, Schlittenfahrten oder auf dem Eisfeld gewesen sein.

Den aktiven Part der Werbung übernahm der Mann. Er hielt auch bei den Eltern seiner Auserwählten um die Hand der Tochter an. Dies war eine delikate Angelegenheit, besonders, wenn der Jüngling in der Folge einen Korb erhielt. Offiziell wurde eine Verbindung deshalb erst mit der Verlobung. In der bis zur Hochzeit verbleibenden Zeit, normalerweise etwa zwei bis sechs Monate, machten sich die beiden Familien gegenseitig ihre Aufwartung. Vieles drehte sich dabei um die Aussteuer und das bevorstehende Fest. Eine gut arrangierte Tischordnung am Hochzeitsfest verhalf dann vielleicht auch schon bald einem weiteren jungen Paar zum Eheglück.

lebensfroher Ausstrahlung. Sie war schön, gross und schlank und wusste sich sofort einer Situation anzupassen. Ausserdem hatte sie ein absolut sicheres Auftreten, war gescheit, belesen und sprach Englisch. Die Faszination war gegenseitig. Der Amerikaner George Ham Page, gross, wahrscheinlich schon damals mit imposantem Rauschebart, mit auffallend hellen, blauen Augen, 39 Jahre alt, muss ihr schon aufgefallen sein, bevor sie wusste, wer er war. Der Amerikaner und Direktor eines lukrativen Unternehmens, erfolgreich und reich, wild entschlossen zu handeln, also ganz der Anpacker, wenn auch etwas roh, strahlte vermutlich Männlichkeit und Aktivität aus. Zudem war er Amerikaner, die ganze Atmosphäre um ihn hatte etwas Fremdes und Aussergewöhnliches, und er sprach Englisch, was Adelheid erst recht faszinierte. Nun konnte sie ihre in stundenlangem Studium erworbenen Sprachkenntnisse anwenden. Wenn Adelheid maskiert war, wie es ja damals für Frauen üblich war, dann wusste sie ihrerseits gewiss durch angeregtes Gespräch die Neugierde des dynamischen, 17 Jahre älteren Mannes zu wecken. Später dann, bei der Demaskierung, fand er sie bestimmt nicht minder attraktiv.

ILLINOIS, INDIANER UND INDUSTRIEMILCH

Der Amerikaner George Ham Page war der Sohn von Julia Maria Page, geborene Fellows, und von John Page, einem Mann englischer Abstammung aus New Hampshire, der einst den Urwald durchwanderte bis an die Stelle, an der heute die Stadt Dixon, Lee County im Staate Illinois, steht. Im Frühling, es war um das Jahr 1834, vielleicht auch ein oder zwei Jahre früher, zog John Page mit Knechten, Mägden, Pferden, Wagen, Lebensmitteln, Werkzeugen und Saatgut zu ebendieser Stelle zurück und rodete in sechs Monate dauernder Arbeit den Wald, baute Blockhäuser für sich und seine Angestellten, bestellte das Land und ging auf die Jagd nach wilden Tieren. Als es auf den Winter zuging und die erste Ernte eingebracht war, liess er alles in die selbstgebauten Wagen verpacken und diese von bewaffneten und berittenen Knechten begleiten, um sie vor den gefürchteten indianischen Angriffen zu schützen. Die neu erbauten Blockhütten wurden vorübergehend geräumt und verlassen. Aber als sie im nächsten Frühling zurückkamen, hatten die feindlich gesinnten Indianer die gesamte Siedlung in Brand gesteckt. Page, und mit ihm nun noch andere Männer, fingen jedoch unentwegt wieder mit dem Aufbau und dem Anbau an. So ging es Jahr für Jahr. Das Vieh und die Waren setzte man an der Herbstmesse in Chicago zu hohen Preisen ab. Mit der Zeit

So wuchsen die Page-Brüder auf: in einfachen Blockhütten in der Wildnis von Illinois.

George und Charles Page: Sie kamen aus dem Wilden Westen und brachten das Projekt «Kondensmilchfabrik» nach Cham.

wurde es dann möglich, sogar während des Winters in der Siedlung zu bleiben, es kamen auch immer neue Leute dazu. So gelang es den weissen Siedlern nach und nach, die Indianer in Schach zu halten, und es entstand Schritt für Schritt, Bauwerk für Bauwerk, die heutige Stadt Dixon.

In dieser Siedlung, Palmyra Township, umgeben von Indianern, Urwald und wilden Tieren, wurde am 16. Mai 1836 George Ham Page als erstes weisses Kind geboren. Er war der erste Sohn von Julia und John: Später folgten drei weitere Söhne und eine Tochter. Seine Mutter lehrte ihn eigenhändig lesen und schreiben, sein Vater brachte ihm das Jagen bei und bildete ihn zum praktisch tätigen Landwirt aus, der auch kaufmännisch denken konnte. Erst als Jüngling kam George Page in einem von einem Onkel gegründeten College zu einer eigentlichen Schulbildung. Er machte sich selbständig, betrieb eine Zeitlang in Illinois seine eigene Landwirtschaft und konnte Erfahrungen sammeln. Für die Politik interessierte er sich ebenfalls. Der Ausbruch des Sezessionskrieges bewog George, seine berufliche Tätigkeit zu wechseln. Er zog ins Sekretariat des Kriegsdepartements nach Washington. Sein Bruder Charles amtete zu dieser Zeit als Kriegsberichterstatter der «New York Times» an der Front. Nach Ende des grossen Bürgerkrieges wurde dieser dann zum Handels-Vizekonsul in Zürich ernannt und beschloss, in der Schweiz eine Milchindustrie zu gründen, wie es Gail Borden in seiner Heimat getan hatte. 1866, als 30-Jähriger, folgte George seinem Bruder nach Europa. Gemeinsam nahmen von nun an die beiden Brüder das Projekt «Kondensmilchfabrik in Cham» an die Hand. Mit fast fanatischem Eifer, unermüdlich und pionierhaft, ganz wie ihre Eltern, rodeten George und Charles Page, unterstützt von Bruder David, in Cham den «Urwald» des dörflichen Lebens mit seiner mangelhaften Infrastruktur, erbauten ihre «Blockhütten» und Lagerschuppen, trotzten den Widerständen gegen industrielle Unternehmen und bezogen – anders, als ihre Eltern es mit den Indianern gehalten hatten – die «Eingeborenen» in ihr Projekt mit ein. Die Amerikaner liessen in Cham nicht nur neuartige Bäume und Früchte erstehen, sondern auch Fabrikhallen samt Büchsen mit Kondensmilch. Von der kühnen Idee bis zur Fabrikation dauerte es kaum ein Jahr. Und selbst ernsthaften Differenzen im Verwaltungsrat 1868 trotzten die Pages erfolgreich. Nach und nach, Schritt für Schritt, Bauwerk für Bauwerk und Büchse für Büchse, entstand so dieses äusserst lukrative Geschäft mit Industriemilch, die Milchsiederei in Cham.

KNOCHEN, KIRCHE UND KURBÄDER

Als Adelheid Schwerzmann und George Page sich kennen lernten, war George der erfolgreiche und angesehene Direktor der Firma. Er hatte den Ruf eines eigensinnigen und äusserst autonomiebedürftigen Mannes mit einem Hang zur Sturheit, galt als aussergewöhnlich tatkräftig und erfolgreich. Er war der Selfmademan schlechthin, aber nicht der joviale Typ, mit dem man sofort warm wurde. Obwohl er seit sechs Jahren in der Schweiz lebte, sprach er kein Schweizerdeutsch. (Eine Eigenheit, die er auch später beibehielt. Seine Zuger Verwandtschaft sprach zeit seines Lebens Hochdeutsch mit ihm und redete ihn überdies immer mit «Sie» an.) Die harte Schale um George Ham Page, damals 39 Jahre alt, war nicht so leicht zu knacken. Welche Herausforderung für die gewandte Adelheid, die neugierige und gebildete Tochter des unternehmungslustigen Glashändlers und Reiseleiters!

Wie es auch gewesen sein mag: Überliefert ist, dass Adelheid Schwerzmann und George Ham Page sich ineinander verliebten und kurz darauf heirateten. Das erste Geschenk, das George seiner Braut machte, zeigt, als wie fein und edel George sie empfand. Er schenkte ihr ein schmuckes kleines, mit beigem Changeant-Stoff augelegtes Holzkästchen. Darin lag, mit einer speziellen Fixiervorrichtung befestigt, eine pincettenartige Zange aus Elfenbein oder Knochen. Daneben ein zartes Paar glänzender, weisser Lederhandschuhe aus Ziegen- oder Lammleder: echte, feine Glacéhand-

Die anglikanische Kirche zwischen Luzern und Meggen: Vielleicht waren Adelheid und George Page die Ersten, die hier heirateten.

Illustriert, wie fein und edel er sie empfand: Pages erstes Geschenk an Adelheid.

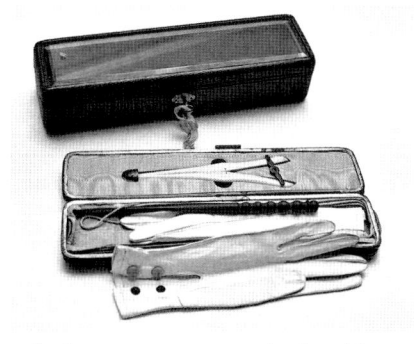

schuhe mit einer originalen Zange zum vorsichtigen Dehnen der feinen Handschuhfinger. Dieses äusserst zarte und gewiss kostbare Geschenk lässt erahnen, wie sehr George seine Braut auf Händen trug. Dass sie ihrerseits es so sorgfältig aufbewahrte, dass es bis heute kaum gebraucht aussieht, zeigt, wie sehr sie dieses Geschenk zu schätzen wusste.

Die Hochzeit fand am 10. Juni 1875 in der anglikanischen Kirche von Luzern statt – wahrscheinlich nicht in besonders bescheidenem Rahmen. Die kleine Kirche, an lauschiger Stelle auf dem Hügel Kreuzbuch eingangs Meggen stehend, war erst kürzlich erbaut worden und eigentlich die Kapelle des englischen Friedhofs. Da die Parzelle Allmendland erst im September 1874, also nur ein gutes halbes Jahr vor der Hochzeit von Adelheid und George, an die «Colonial Continental Church Society» übergeben worden war, befand sich wahrscheinlich überall dort, wo heute die Gräber liegen, noch Park- und Grünfläche. Obwohl die Kapelle selbst nicht besonders gross ist, wirkt sie, dank ihrer imposanten Architektur, dank den wunderschönen Bäumen im Park und der herrlichen, aussichtsreichen Lage, sehr beeindruckend und geschmackvoll. Wer weiss, vielleicht waren die Pages ja sogar das erste Paar, das dort heiratete.

Adelheids Mutter hatte zuerst die Hände über dem Kopf zusammengeschlagen über diese Beziehung. Der zukünftige Schwiegersohn war ja fast 20 Jahre älter als ihre jüngste Tochter, er war Ausländer, starker Raucher, und die ganze Atmosphäre um ihn herum war fremd und aussergewöhnlich. Aber was ihre Mutter erschreckte, war gerade das, was Adelheid faszinierte.

Es war in der Tat für die Zuger nicht einfach, George Ham Pages Persönlichkeit und seine Einstellung zum Leben zu verstehen. Zwar hatte er reges Interesse an der einheimischen Landwirtschaft und an der Schweizer Volkswirtschaft. Zum Volk selber hingegen fand er den Zugang weniger. Die Chamer konnten nicht einmal seinen englischen Namen richtig aussprechen: Sie betonten ihn französisch nach dem Pagen, dem uniformierten Diener eines Hotels, und nannten die Pages «Paasch». Wenn George auch im Geschäft erfolgreich und durchaus zum Wohl seiner Angestellten engagiert war, so gab's im Kontakt mit der Chamer Bevölkerung oft Differenzen. Zum Beispiel, wenn er mit der Zuger Regierung oder mit den einheimischen Bauern über Landkäufe oder Wegrechte verhandeln musste. Als Kind des riesigen Amerika, wo es Platz zum Verschwenden gab, und als Sohn amerikanischer Farmer und Pioniere, die jeden Baum des Urwaldes selber gefällt hatten, bevor

Liebe in Zahlen

Adelheid Schwerzmanns Ehe mit George Ham Page mag auf den ersten Blick recht ungewöhnlich erscheinen. Aus statistischer Sicht war sie aber normaler, als man vielleicht zunächst vermuten würde. Ehen zwischen Schweizerinnen und Ausländern oder zwischen Schweizern und Ausländerinnen wurden in den 1880er- und 1890er-Jahren nämlich ungefähr in einem von zehn Fällen geschlossen. Dabei war die Anzahl von Ausländern, welche eine Schweizerin heirateten, stets ein wenig grösser als die Anzahl von Schweizern, die eine Ehe mit einer Ausländerin eingingen.
In späteren Jahren erhöhte sich der prozentuale Anteil der gemischten Ehen. Im Jahr 1900 betrug er bereits rund 13,2 Prozent, im Jahr 1905 13,5 Prozent.
In den allermeisten Fällen fiel die Wahl auf einen Bürger oder eine Bürgerin eines Nachbarlandes, allen voran Deutschland, gefolgt von Frankreich, Italien und Österreich.

Andere ausländische eheliche Verbindungen, also auch jene des Amerikaners George Ham Page mit der Schweizerin Adelheid Schwerzmann, waren hingegen selten. (In den Jahren 1886–1890 waren es durchschnittlich 2,2 Prozent.) Alles andere als ungewöhnlich war die Tatsache, dass die Männer zum Zeitpunkt der Heirat älter waren als die Frauen. Frauen verheirateten sich statistisch gesehen am häufigsten, wenn sie um die 20 Jahre alt waren. Zu diesem Zeitpunkt waren sie vielleicht gerade von ihrem Pensionatsaufenthalt in der Romandie zurückgekehrt oder waren bereits ein paar Jahre einem Erwerb nachgegangen. Adelheid Schwerzmann gehörte mit ihren 22 Jahren durchaus noch in diese Kategorie. George Ham Page hingegen lag mit seinen knapp 40 Jahren schon nicht mehr im statistischen Mittelfeld. Aber immerhin war mit ihm noch durchschnittlich jeder zehnte Mann, der zwischen 1871 und 1880 heiratete, zwischen 40 und 49 Jahre alt.

Die Visitenkarte des jungen Paars:
Es war damals üblich, dass nur der Vorname des Mannes erwähnt wurde.

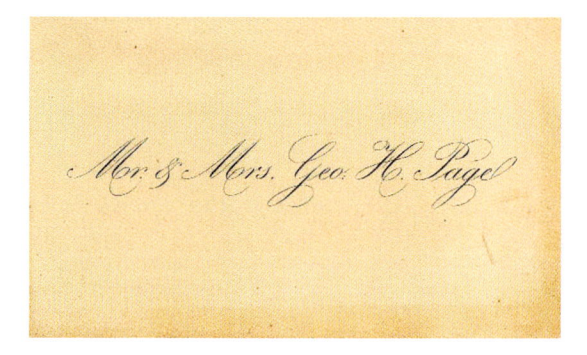

*Die Familie bekam einen neuen Mittelpunkt:
1877 brachte Adelheid Page ihr einziges Kind Fred zu Welt*

sie ihre Blockhütte aufbauen konnten, war ihm das europäische Denken und Raumempfinden verständlicherweise eher fremd. Fremd blieb ihm auch die Schweizer Politik, vielmehr lag ihm die amerikanische am Herzen. Zur Illustration dessen, dass George sein Leben lang bewusst Amerikaner blieb, folgende Anmerkung: Als später, im Jahr 1886, die Gemeinde Cham ihm und seinem Bruder David das Chamer Ehrenbürgerrecht schenken wollte, lehnten beide es ab, damit sie nicht auf das nordamerikanische verzichten mussten.

Hätte Adelheid Schwerzmann ebenso eigensinnig gedacht und ihr Bürgerrecht nicht verlieren wollen, so hätte sie ihren Amerikaner nicht heiraten können. Mit ihrer Ehe verlor sie nämlich ihr Zuger Bürgerrecht, wurde selber auch Amerikanerin und musste alle drei Jahre ihr Bürgerrecht erneuern lassen. Sie hatte aber, zu Georges Glück, eine grosse Anpassungsfähigkeit und ein ausgeprägtes Gespür dafür, wie sie ihren Mann nehmen musste, und unterstützte ihn von Anfang an lebhaft in seinen Plänen. So schaffte sie es, diesem eher etwas reservierten Mann, der sich gar nicht leicht dreinreden liess, der weder fügsam noch leicht zu verstehen war, eine ebenbürtige Partnerin und Beraterin zu werden.

Nach ihrer Heirat wohnte das Ehepaar Page-Schwerzmann vorerst in einer kleinen Wohnung an der Luzernerstrasse in Cham, gegenüber dem Schulhaus, im sogenannten «Ritterhaus». Es stand dort, wo heute, im Neubau zwischen Strasse und Dorfplatz, Reisen und Hochzeitskleider verkauft werden. Dort brachte Adelheid Page dann bald darauf, nämlich am 23. Januar 1877, ihren Sohn Fred zur Welt. Die Geburt dürfte eher schwierig gewesen sein. Genaueres dazu ist nicht überliefert. Ebenso wenig, warum sich die junge Mutter kurz nach Freds Geburt einer schweren Operation an der Gebärmutter unterziehen musste und ziemlich lang rekonvaleszent war. Die drei mussten nämlich in der ersten Zeit nach der Operation oft zu Kurbädern reisen.

Mit dem kleinen Fred, einem hübschen, zwar insgesamt gesunden, aber eher zur Schwächlichkeit neigenden Baby, der das einzige Kind des Ehepaares Page bleiben sollte, hatte das eben erst begonnene Familienleben von Adelheid und George Page-Schwerzmann einen neuen Mittelpunkt bekommen.

Der erste Wohnort der jungen Familie Page-Schwerzmann: das «Ritterhaus» an der Luzernerstrasse in Cham — dahinter ist der Fabrikkamin der «Milchsüdi» zu erkennen.

III. Das andere Milchmädchen

Cham, «Milchsüdi»

ADELHEID PAGE ERLEBT AN DER SEITE IHRES GATTEN GEORGE DEN AUSBAU DER «MILCHSÜDI CHAM» ZUM WELTKONZERN ANGLO-SWISS. IHR HAUSHALT WIRD DIE DREHSCHEIBE DER FIRMA.

Die Familie hatte einen neuen Mittelpunkt, und die «Milchsüdi» hatte eine neue Zentrale. Und was für eine. Zwischen den Fabrikhallen und der Zugerstrasse hatte sie 1875–76 den repräsentativen Backsteinbau im Stil der Neurenaissance errichten lassen, gesäumt von zwei griechisch wirkenden Leuchterdamen aus Bronze. Eine bemerkenswerte Selbstdarstellung für einen Milchverarbeiter!

Im Innern spürte man den hohen Anspruch auf Schritt und Tritt: edle Holzverkleidungen, teure Uhren, feine Wandverzierungen, stimmungsvolle Stuckaturen, ja sogar die Toilettenschüssel trug verspielte Malereien – jegliche Spuren eines einfachen Unternehmens oder bäuerlicher Produkte waren getilgt. Im ersten Stock war, vorbei an Wänden mit hellblauen und mit Blumen verzierten Filets, der Saal für die Sitzungen von Verwaltungsrat und Direktion. Sechzehn Stühle standen um den grossen Tisch, der Blick zog auf zwei Gegenstände wie das Magnet auf Eisen: auf das Porträt des Firmenchefs George Ham Page, sauber eingemittet als Blickfang des Zimmers, sowie auf den Panzerschrank in der Ecke: In einem verzierten Schrank befand sich der dicktürige Tresor mit der handgemalten Aufschrift «Anglo Swiss Milk & Co.». Nach den Entscheiden über Milchpreise, Kondensierkessel, Fabrikaufkäufe, Werbemassnahmen und Neuanstellungen, die in diesem Saal gefällt wurden, wollten die Geschäftsherren, die zum Teil von weither kamen, Hunger und Durst stillen. Doch wohin? «Krone», «Schlüssel», «Neudorf» waren die Treffpunkte der Arbeiter der «Milchsüdi» für ein Bier oder zwei, deren Gesellschaft man für derlei Anlässe nicht suchte. Im «Ritter» an der Luzernerstrasse, im Volksmund «das Blech» genannt, sassen jeweils die alten Chamer, die gerne politisierten. David Page, der Bruder von Firmenleiter George und ebenfalls Verwaltungsrat und Direktionsmitglied, wäre wohl am liebsten im «Raben» eingekehrt, der seinen Schwiegereltern gehörte, war dies doch der Treffpunkt der Theaterfreunde und Musikanten.

So zogen die Herren den kurzen Weg vor bis zu den Kolonialstilhäusern. Zu den Häusern, die noch heute aufgrund ihrer fremdartigen Architektursprache auffallen. Damals waren die beiden Häuser zwischen Luzernerstrasse und Bahnhof Cham im amerikanischen Country-House-Stil ein

Auch in der Firma ihres Mannes prägend: Adelheids Sinn für Gestaltung drückte bei der Repräsentation, aber auch bei Geschäftsentscheidungen durch.

Ein Hauch Wilder Westen in Cham: Adelheid, George und Fred Page wohnten ganz rechts in den Kolonialstilhäusern in Cham.

Stilbruch wie Country-Stiefel im Jodelchörli. Die Anglo-Swiss hatte 1876 den Bau der Häuser beschlossen, «einfache Wohngebäude für den Director und seinen Stellvertreter» wurden sie im Geschäftsbericht genannt. Man ging dort nicht zu Georges Bruder David, der mit seiner Frau Martha Page-Stutz das westliche der beiden Häuser bewohnte, sondern ins östliche, zu Adelheid und George Page-Schwerzmann.

Die Einrichtung beider Häuser unterschied sich so sehr, wie die beiden Ehepaare voneinander verschieden waren: David war jovial und gerne in Gesellschaft, er spielte Geige und Theater, sprach Schweizerdeutsch und erlaubte sich gelegentlich einen Scherz; George dagegen war der distanzierte Typ, liess kaum jemanden an sich heran und sprach kein Schweizerdeutsch, er wollte und konnte sich nicht mit den schweizerischen Eigenheiten anfreunden. Martha Page-Stutz wiederum war die Tochter des Wirte- und Posthalterehepaars und deshalb mit dem Chamer Dorfleben vertraut und integriert; Adelheid dagegen hatte sich für ein anderes, welthaltigeres Leben entschieden, das sich nicht an Cham orientierte.

Das Treppenhaus als Verbindung zweier Welten: Im Erdgeschoss war der öffentliche Bereich, in dem der Besuch empfangen wurde; oben und unten der private Bereich mit Schlafzimmern.

Aufgrund dieser Charaktere und Werthaltungen waren die beiden von aussen praktisch identischen Kolonialstilhäuser im Innern komplett verschieden. Adelheid Page hatte, wie es ihre Art war, alles gestaltet, der Haushalt war ausgeklügelt, jedes Eckchen war ausgenützt, die Wirtschaftsräume waren optimal auf die Abläufe ausgelegt, wenn Besuch kam.

Zum Beispiel die Verwaltungsräte der Anglo-Swiss um 1880, VR-Präsident Paul F. Wild aus Zürich, VR-Sekretär Carl Fierz-Landis, ein Bankier aus Zürich, die VR-Mitglieder Anton Haas-Imbach aus Luzern, Henry Grann, der Aktionärsvertreter aus Aylesbury (GB), sowie die Brüder George und David Page aus Cham. Durch den mit Laubsägearbeiten verzierten Windfang kamen sie zur Türe. Die Türfalle war zu einer Damenfigur gegossen, die Eingangshalle mit marmorierter Maltechnik geschmückt. Der lange Gang hatte die Raumhöhe von 3,5 Metern – wie die übrigen Zimmer auch, was dem Haus Grosszügigkeit verlieh. Zunächst waren die Gäste wahrscheinlich im Esszimmer, das auf die Luzernerstrasse orientiert und nur dezent mit Stuck verziert war. Danach verlegte die Gesellschaft das Geschehen in die Stube und den Salon, die mit Stuck an der Decke verschnörkelt und gegen Süden auf den Bahnhof und See gerichtet waren.

CHEFETAGE, COGNAC UND CONNECTICUT

Zwischen mehrgängigem Menu, Cognac und Zigarren dürften die Herren über die Höhe der auszuzahlenden Dividende diskutiert haben, immerhin betrug diese 1880 20 Prozent und 1881 sogar 29 Prozent! Sie sprachen vielleicht über den wiederum gestiegenen Reingewinn, der 1 632 932 Franken betrug. Zu reden gab bestimmt auch die erneut gesteigerte Produktion: Eine halbe Million Büchsen mehr verliessen die Fabriken der Anglo-Swiss, in der Schweiz 11,6 Millionen, insgesamt 19,4 Millionen Stück! Die Firma wuchs und wuchs und hatte ein Aktienkapital von 10 Millionen Franken – und dürfte damit eine der grössten Schweizer Firmen dieser Zeit gewesen sein. Alles schien möglich, alles strebte nach oben. In der Schweiz errichtete man eine Musterkäserei, produzierte auch Malzextrakt, rein und mit Medikamenten vermischt, in England noch Kaffee mit Milch sowie Schokolade mit Milch. «Functional» oder «Convenience Food» würde man das heute nennen und wäre damit modern.

Schmuckvolles Haus mit vielen bemerkenswerten Details: Ob Eingangsbereich mit den verspielten Holzarbeiten, Salon mit Stuckdecke oder Türfalle – alles in den Kolonialstilhäusern ist kunstvoll gestaltet

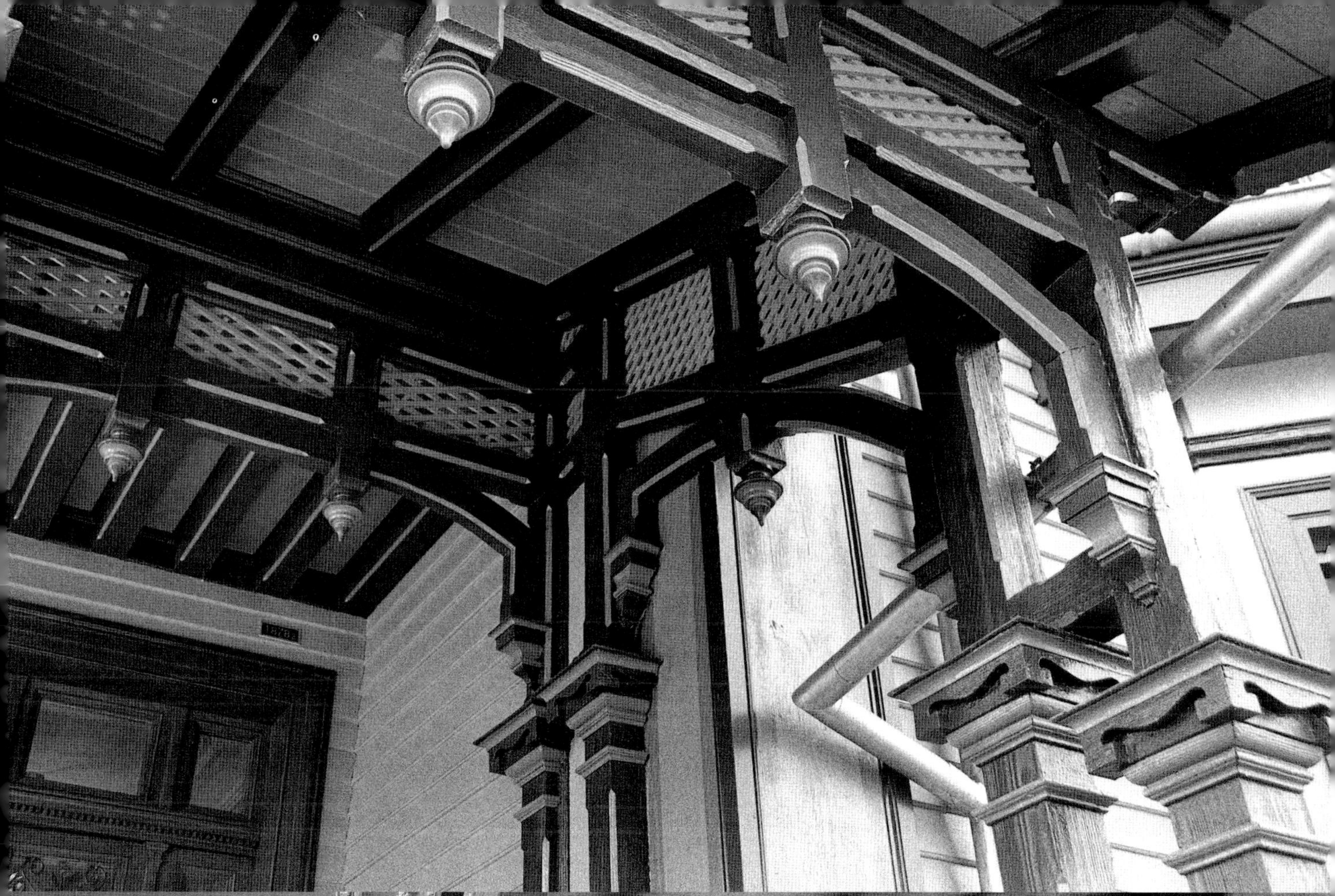

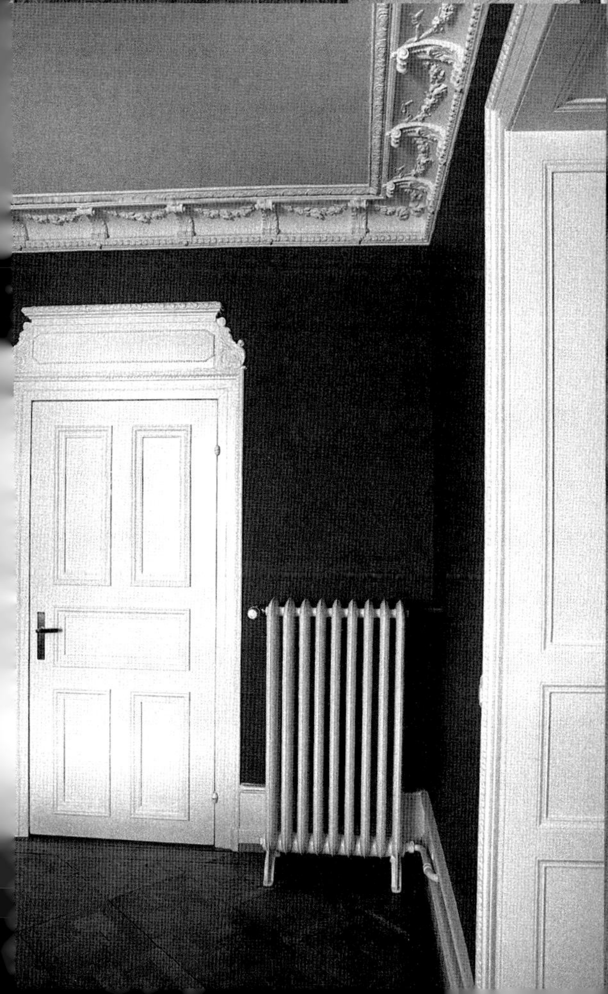

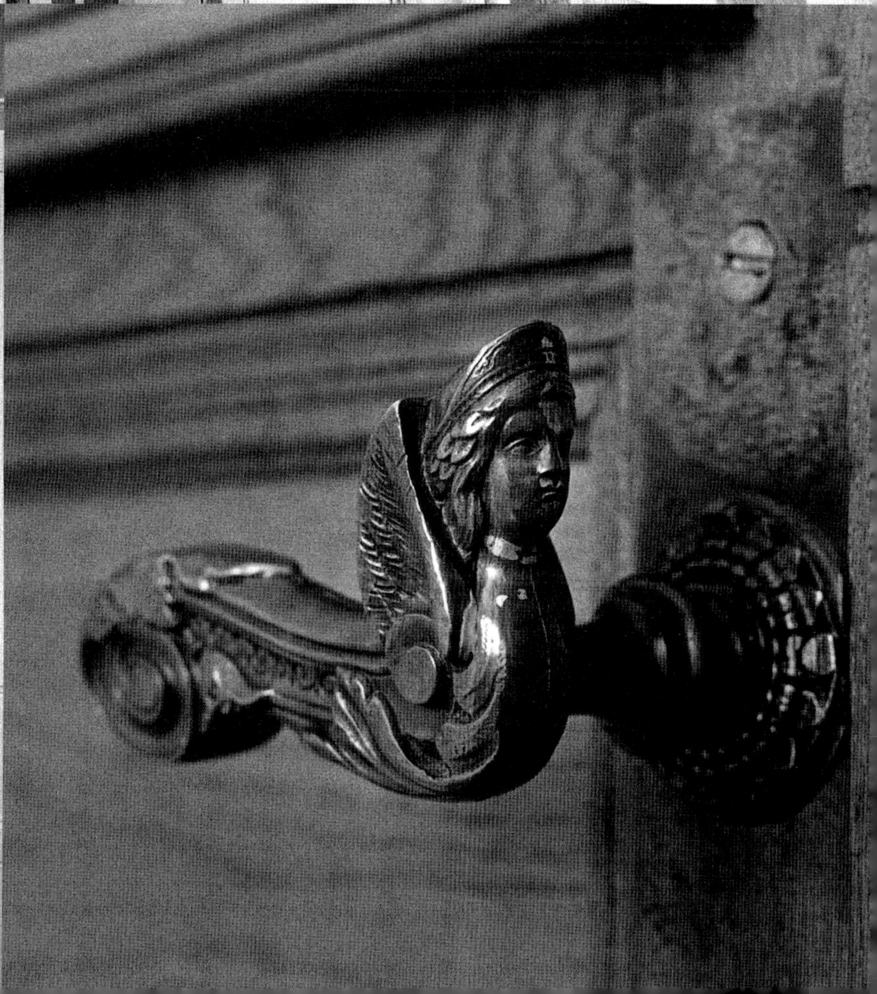

Milch – mehr als ein Getränk

Die Gründer der ersten europäischen Kondensmilchfabrik machten sich in den 1860er-Jahren den grossen Nachteil von Rohmilch zunutze: deren überaus schlechte Haltbarkeit. Das älteste Produkt zur Haltbarmachung von Milch in flüssiger Form ist die eingedickte und gezuckerte Kondensmilch. Um Kondensmilch herzustellen, wurde zunächst Frischmilch erhitzt. Der heissen Milch wurde raffinierter Kristallzucker zugegeben. Darauf wurde das Gemisch im Vakuumkessel bei niedrigen Temperaturen kondensiert, bis sich das Volumen viermal verringerte. Einmal abgekühlt, füllten Arbeiterinnen die Kondensmilch in Dosen und verlöteten diese. Vor dem Gebrauch sollte die Milch wieder mit so viel Wasser verdünnt werden, wie ihr in der Kondensmilchfabrikation entzogen worden war. Dieses Produkt, das die Firma als ideales Nahrungsmittel für Haushaltungen, Hospitäler, für Auswanderer, Kinder und Säuglinge anpries, fand reissenden Absatz.

Unterstützung, auch wenn vielleicht nicht immer beabsichtigter Natur, erhielt die Firma durch die Wissenschaft. Milch wurde von Wissenschaftern als Teil einer «rationellen» Volksernährung propagiert. Die «rationelle» Volksernährung zielte darauf, der Bevölkerung Anleitungen zu geben, wie mit beschränkter Kaufkraft ein Optimum an Nährwerten zusammengestellt werden konnte. Dieses bestmögliche Kosten-Nutzen-Verhältnis drückte sich in sogenannten «Geldnährwerten» aus. Bezüglich tierischer Eiweisse wies Milch einen merklich höheren «Geldnährwert» auf als Fleisch oder Käse.

Kondens- und Pulvermilch, beide industriell hergestellt, stiessen indes auch auf Kritik, beispielsweise von Ärzten. Sie bemängelten, dass viele Mütter aufgrund solcher Surrogate zu früh mit dem Stillen aufhörten. Mit gross angelegten Stillkampagnen wurde die Muttermilch in der Folge als gesündeste und beste Säuglingsnahrung propagiert – doch das schien der Anglo-Swiss nicht zu schaden. Sie erlebte in den 1890er-Jahren nach Jahren der Krise einen erneuten Aufschwung.

Das «Milchmädchen» wurde zum Markenzeichen der Anglo-Swiss: Die Kondensmilch wurde auch von Wissenschaftern empfohlen.

Möglicherweise sprachen die Geschäftsherren auch über die Vorteile des neu geschützten Markenzeichens «Milchmädchen». Zwar prägte von nun an die junge Frau mit dem hölzernen Milchkübel auf dem Kopf den visuellen Auftritt der Anglo-Swiss: Dennoch hatten Mädchen oder Frauen in der Chefetage der Anglo-Swiss nichts zu suchen. Mit einer Ausnahme: Adelheid Page. Auch wenn sie damals mit ihren 27 Jahren eine junge Frau war, hatte sie mit den Milchmädchen nichts gemein, die nichts zu sagen wagten und auch nichts zu sagen hatten. Bei solchen Essen mit Verwaltungsräten war sie stets zugegen, die Küchenarbeiten und den Service übernahmen die Bediensteten. Ihr wurde attestiert, dass sie das Geschäft «durch und durch» kannte. Sie begnügte sich nicht mit der Rolle als Gastgeberin und Hausfrau: Sie war ihrem Mann erste Beraterin und Helferin. Geschäftliche Belange wurden allesamt daheim besprochen.

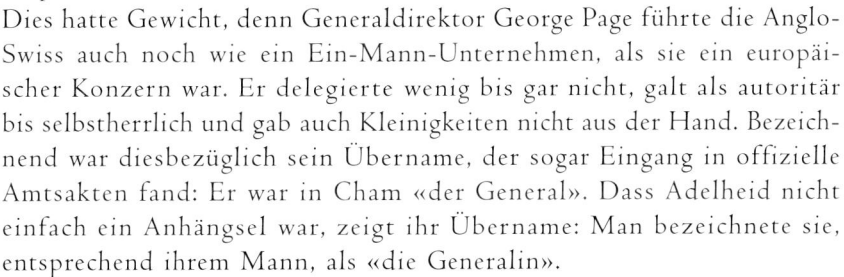

George Page bekam den Übernamen «General»: Er liess sich von niemandem dreinreden und hörte nur auf eine aussenstehende Person – auf seine Frau Adelheid.

Dies hatte Gewicht, denn Generaldirektor George Page führte die Anglo-Swiss auch noch wie ein Ein-Mann-Unternehmen, als sie ein europäischer Konzern war. Er delegierte wenig bis gar nicht, galt als autoritär bis selbstherrlich und gab auch Kleinigkeiten nicht aus der Hand. Bezeichnend war diesbezüglich sein Übername, der sogar Eingang in offizielle Amtsakten fand: Er war in Cham «der General». Dass Adelheid nicht einfach ein Anhängsel war, zeigt ihr Übername: Man bezeichnete sie, entsprechend ihrem Mann, als «die Generalin».

So ist es auf Adelheid Pages Einfluss zurückzuführen, wie der 1880 verwaiste Direktorenposten in Paris besetzt wurde. Ihre Schwester Elise hatte eben Alois Bossard geheiratet. Adelheid hielt grosse Stücke auf ihren neuen Schwager, auch wenn dieser bereits 39-jährig war und einige biographische Brüche aufwies: In jungen Jahren war er zum Stadtschreiber von Zug gewählt worden. Als er sich jedoch in einem Kriminalfall dermassen engagierte, war dies mit dem ehrenvollen Amt des Stadtschreibers unvereinbar, so dass er aus dem Amt schied. Für die «Milchsüdi» war dies kein Hindernis, ihn zum Direktor ihrer Niederlassung in Paris zu machen. Vielleicht war nach den Diskussionen um Personelles im Kolonialstilhaus einer der Verwaltungsräte auf die Veranda im Laubsägestil hinausgetreten, um die frische Luft und die Aussicht auf See und Voralpen zu geniessen. Dabei fiel sein Blick auf zwei Geleise vor dem Haus: Das eine diente als Verbindung zum Lagerhaus westlich der Kolonialstilhäuser; das andere war die Linie zwischen Zürich, Zug und Luzern. Diese hatte den Ausschlag gegeben, das Abenteuer Anglo-Swiss in Cham zu wagen.

Bemerkenswert prunkvoll und edel für einen Verarbeiter bäuerlicher Produkte: Das Verwaltungsgebäude der Anglo-Swiss in Cham mit griechischer Leuchterfigur, Verwaltungssaal und Tresor repräsentiert noch heute im Äusseren wie im Innern.

Das war 1866. Charles Page, ehemaliger Journalist der «New York Tribune», prüfte als amerikanischer Handels-Vizekonsul in Zürich Investitionsmöglichkeiten für amerikanisches Kapital und Know-how. In der Schweiz hatte er viele Kühe und satte Wiesen angetroffen, aber keine industriellen Verwertungen der landwirtschaftlichen Produkte. In Amerika kondensierte Gail Borden seit 1856 Milch mit grossem Erfolg.

So kam es, dass Charles Page die Gründung der ersten Kondensmilchfabrik Europas vorantrieb. Als Standort erhielt Cham den Zuschlag, weil hier genügend Milch, Arbeiter, Industriegelände und gute Transportmöglichkeiten mit der Bahn zur Verfügung standen. Nun fehlte noch der operative Leiter. Charles Page erinnerte sich an seinen älteren Bruder George, einen zupackenden Machertypen, der in der Administration des Kriegsdepartementes in Washington darbte. Er schrieb ihm: «Wir werden zufrieden sein mit allem, was Du tust, aber tue Dein Bestes und sei gar nicht nervös aus Angst, wenn Du nicht alles machen kannst, was wir von Dir erwarten. Wenn Du einmal Erfolg haben wirst im Fabrizieren guter Kondensmilch, dann bist Du tatsächlich ein gemachter Mann.»

Er sollte es werden. Zunächst absolvierte George Page zur Vorbereitung eine zehntägige Lehre bei Bordens Milchfabrik in Connecticut – dann kam er in die Schweiz. Auf der Badmatte in Cham, zwischen Lorze und Zugerstrasse, wurde ein einfacher Schuppen erstellt. «Du bist der Wichtigste von uns allen», schrieb Charles seinem Bruder George und motivierte ihn: «Mach vorwärts und tue Dein verflucht Bestes!» Er tat es, bestellte die Maschinen, richtete die Betriebsstätte ein und pröbelte herum. Bereits am 12. Januar 1867 gelang der erste Sud.

Von nun an war die Chamer Milchkondensierfabrik auf Erfolg geeicht. Der etwas umständliche Name Anglo-Swiss Condensed Milk Company wurde gewählt, um auf dem britischen Markt akzeptiert zu werden. Mit Erfolg. Kondensmilch traf im damals noch kühlschranklosen Zeitalter die Bedürfnisse der Zeit: Die aufgezuckerte Kondensmilch war lagerfähig. Zu den wichtigsten Grosskunden zählten Armeen, Kinderheime und Spitäler im In- und Ausland. Bereits im ersten Produktionsjahr 1867 wurden 136 800 Büchsen Kondensmilch gefertigt und abgefüllt, dazu lieferten täglich 43 Bauern die Milch von 263 Kühen in Cham ab.

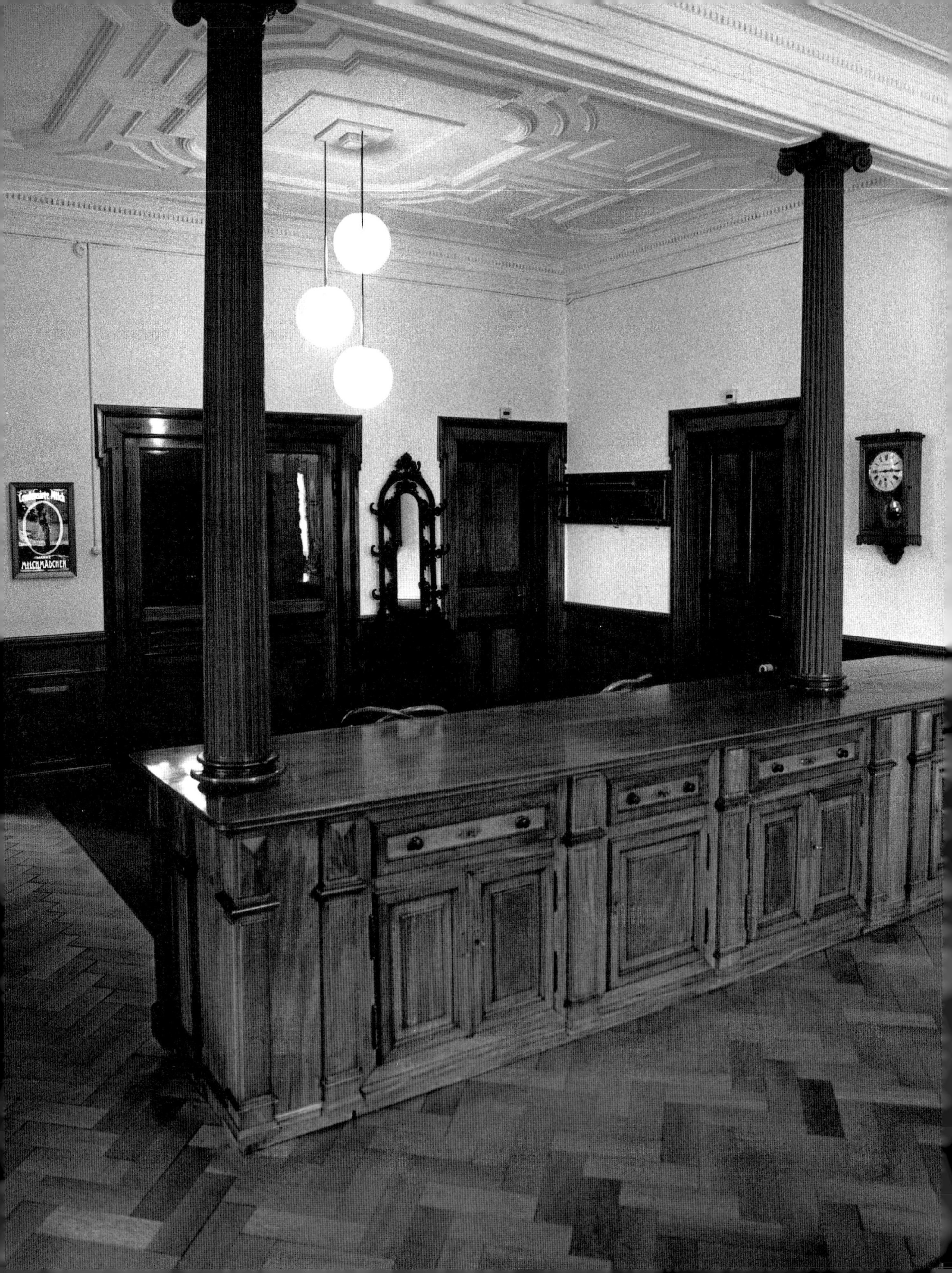
MILCHMADCHEN

Grosszügiges Entrée der Weltfirma in Cham: Während Cham noch ein kleines Dorf war, unterhielt Pages Anglo-Swiss in ganz Europa und in den USA Geschäftsbeziehungen.

Zwanzig Jahre später waren es bereits 1200 Bauern, 8000 Kühe und 16 Millionen Büchsen, in der Fabrik arbeiteten 250 Personen. Die Landwirtschaft weit über Cham hinaus hatte aufgrund der hohen Nachfrage der «Milchsüdi» voll auf Milchwirtschaft umgestellt. Fuhrwerk um Fuhrwerk, schwer beladen mit 60 Milchkannen zu je 30 Litern, ratterte durch die engen Strassen Chams, bog beim neuen Verwaltungsgebäude in das Gelände der Milchfabrik ein, um genau dort entladen zu werden, wo sich heute die «Wirtschaft zur Milchsüdi» befindet. Die Milch stammte nicht nur aus Cham. Bauern aus dem ganzen Kanton Zug, aber auch darüber hinaus, aus dem Säuliamt, dem Freiamt und dem Gebiet um das Michelskreuz, lieferten täglich die Milch nach Cham.

Cham war der Hauptsitz der Anglo-Swiss, doch waren im Verlauf der Jahre weitere Fabrikationsstätten in der Schweiz, in Deutschland und England dazugekommen. Weder der Deutsch-Französische Krieg 1870–71 noch die Wirtschaftskrise ab 1873 stoppten die Erfolgsstory der Anglo-Swiss: Geschickt wurden die Produktionen je nach politischer Situation gesteigert oder gedrosselt. Allfällige Milchüberschüsse wurden in eigenen Käse- und Butterfabriken verarbeitet.

Sogar das stille wurde zum schmucken Örtchen: die Toilette im Verwaltungsgebäude der Anglo-Swiss.

George Page – und mit ihm Adelheid – hatte aus der kleinen «Milchsüdi» die grosse Anglo-Swiss geschaffen, sie hatte viele Auszeichnungen an internationalen Ausstellungen zwischen Le Havre und Moskau, zwischen Hamburg und Lyon gewonnen – was selbstverständlich auf den Druckschriften der Anglo-Swiss vermerkt wurde. Pages Position als Alleinherrscher der Firma war nicht unumstritten. Machtkämpfe konnte er allerdings stets für sich entscheiden, kritische Verwaltungsräte wurden jeweils durch freundlich Gesinnte ersetzt. Auch aufmüpfige Aktionäre wurden kleinlaut, solange die Gewinne hoch waren.

Der erfreuliche Geschäftsgang wurde auch ausserhalb von Cham wahrgenommen. In dieser Phase des Aufbaus schweizerischer Grossunternehmen wie Maggi, Maschinenfabrik Oerlikon, Kreditanstalt, Volksbank, Rentenanstalt und so weiter überzog eine Welle von nie gekannter Lust an Börsenspekulation das Land. Der Kapitalismus wurde popularisiert, das Investieren in Aktien wurde zum Gesellschaftsspiel. Wer nicht daran teilnahm, galt als rückständig. Waren es zuerst die Industriellen gewesen, die daran verdient hatten, investierten nun Handwerker, Wirte, Ärzte, Angestellte, ja sogar Pfarrherren in zukunftsträchtige Titel. Man wollte das Reichwerden nicht den neureichen Industriellen überlassen.

Steiler Aufstieg: Was in der Holzhütte auf der Badmatt in Cham seinen Anfang nahm, entwickelte sich unter den Pages rasch zum Weltkonzern.

<u>Expansion der Anglo-Swiss</u>

Bauten in Cham

1866 Holzschuppen Badmatt
1872 Gashaus
1873 Gasometer
1874 Kosthalle, Schweinestallungen
1875 Pferdestallungen
1876 Bürogebäude, Kistenfabrik
1878 Käsefabrik mit Eisproduktion
1879 Kindermehlfabrik
1879 Holzschuppen
1901 Kesselhaus mit Hochkamin
1904 Erweiterung Bürogebäude
1906 Portierhaus

<u>Fabriken weltweit</u>

1866 Cham
1872 Düdingen FR, Gossau SG
1874 Lindau (D), Chippenham (GB)
1875 Middlewich (GB), Aylesbury GB)
1877 Flamatt
1882 Middletown (NY-USA)
1889 Dixon (IL-USA)
1896 Hamar (N), Sandesund (N)
1897 Staverton (GB)
1899 Monroe (USA)
1900 Walton (USA)
1902 Egnach

In der Region Zug nährten zwei Firmen die Phantasien der Anleger, welche sich beide mit Milch befassten: die Anglo-Swiss in Cham mit Kondensmilch und das Grandhotel Schönfels auf dem Zugerberg mit Molkenkuren. Damals waren Diskussionen um Aktientitel alltäglich. Auch Adelheid Page hatte als junge Frau im Haushalt der Sidlers die Diskussionen mitbekommen, als die Herren über die «Milchsüdi»-Aktien debattierten, sich – was häufig vorkam – über «Haussen» freuten und – seltener – nach Gründen für die «Baissen» suchten. Geschickte Anglo-Anleger konnten schnell reich werden. Wer dagegen in die Kuranstalt investiert hatte, musste mitansehen, wie die Papiere bald wertlos waren – es machte damals einen grossen Unterschied, ob das Produkt Kondensmilch oder Molke war.

So also sah die Anglo-Swiss aus, als Adelheid Page 1875 durch die Heirat ins Leben von George Page getreten war und damit mitten in die Erfolgsfirma. Fortan bestimmte der Geschäftsgang der Anglo-Swiss einen Teil ihres Lebens. Und umgekehrt.

DÖRFLICHES, DAMPFZÜGE UND DUSCHEN

Nachdem Adelheid George Page kennen gelernt hatte, beschloss die Anglo-Swiss den Bau des repräsentativen Verwaltungsgebäudes. Zuvor waren die Büros in überzähligen Zimmern des Asyls in Cham untergebracht gewesen. Der Umzug vom Armenhaus in den prestigeträchtigen Neubau machte den Aufstieg der Firma augenscheinlich.

So wie der geschäftliche Erfolg sichtbar wurde, dürfte es Adelheid Page gewesen sein, welche zum standesgemässen Wohnen drängte. So kam es zum Bau der Kolonialstilhäuser durch die Anglo-Swiss.

Das Private und das Geschäftliche vermischten sich auch in anderen Gebieten. Als Adelheid Page 1876 schwanger war, begann die Anglo-Swiss mit der Produktion von Kindermehl. Zuvor war dies die Domäne von Henri Nestlé gewesen. Die Konkurrenzierung durch die Anglo-Swiss veranlasste Nestlé zum Gegenschlag: 1878 begann seine Firma mit der Produktion von Kondensmilch. Damit hatten die privaten Veränderungen in der Familie Page den jahrzehntelangen Konkurrenzkampf zwischen Anglo-Swiss und Nestlé entfacht, der schliesslich in die Fusion mündete. Vielleicht führte die Beschäftigung mit eigenen Erziehungsfragen bei Adelheid Page 1883 zur Gründung der fabrikeigenen Kleinkinderschule für Arbeiterkinder. Ihr war diese pädagogische Einrichtung ein besonderes

Geschäft und Privates vermischten sich: Als Adelheid schwanger war, begann die Anglo-Swiss mit der Produktion von Kindermehl.

Dominiert von der Milchkondensierfabrik Anglo-Swiss: Cham bekam den treffenden Übernamen «Milchopolis», Hauptstadt der Milchverarbeitung.

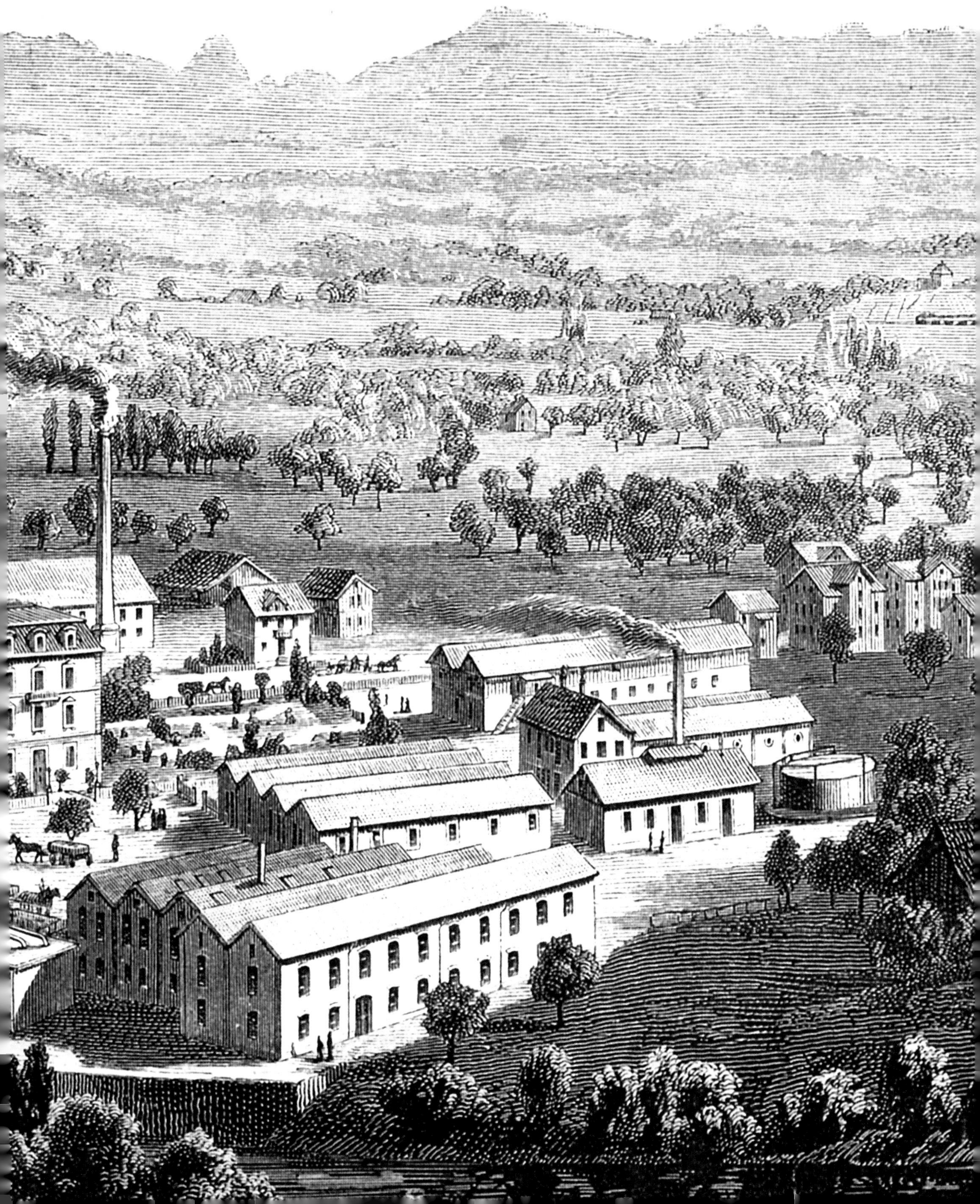

Die Elefanten kommen

Von der zweiten Hälfte des 19. Jahrhunderts bis zum Ersten Weltkrieg konnten sich in der Schweiz insgesamt 33 multinationale Konzerne etablieren, allein neun davon in der Nahrungsmittel- und Genussmittelindustrie. Multis besassen mindestens zwei Produktionsstätten in zwei ausländischen Staaten oder aber drei Produktionsstätten in einem ausländischen Staat.

Die Anglo-Swiss der Pages war einer der ersten Schweizer Multis – und bis zum Ersten Weltkrieg blieb sie auch der einzige im Raum Zug. Ihre Fusion mit dem Multi Nestlé 1905 brachte die beiden Giganten der Milchverarbeitung zusammen. Führend in der Herstellung von Konserven mit festen Lebensmitteln waren die Conservenfabrik Lenzburg, vielleicht besser bekannt unter dem Namen Hero, sowie die Société Générale de Conserves Alimentaires in Saxon.

«Suchard», welche ihre erste Fabrik in Serrières bei Neuenburg eröffnet hatte, und «Peter, Cailler, Kohler, Chocolats Suisses, S.A.» setzten auf die süsse Verführungskraft der Schweizer Schokolade, während «Dr. A. Wander» mit Ovomaltine sowie «Maggi» in Kemptthal mit ihren Fertigsuppen und Würze andere Meilensteine in der Nahrungsmittelindustrie zu legen wussten. Hinzu kam noch die «Gesellschaft für Malzfabrikation» mit Sitz in Basel. Mehr Multis als die Nahrungsmittelindustrie, nämlich elf, verzeichnete nur die Textilindustrie. Die meisten von ihnen, beispielsweise die «Gesellschaft für Bandfabrikation» oder «Naef», waren in der Seidenherstellung tätig. «Schiesser» und Sastig («Schweizerisch-Amerikanische Stickerei-Industrie-Gesellschaft») waren die einzigen Textilmultis in der Baumwollverarbeitung.

Weitere starke Pfeiler der Schweizer Wirtschaft waren die elektrotechnische und die chemische Industrie sowie die Maschinenindustrie. Für sie stehen Firmen wie Brown, Boveri & Cie, CIBA oder Escher-Wyss – Namen, die im Zeitalter der Fusionen in dieser Form nicht mehr existieren.

Von Adelheid eingeführt: Die Kleinkinderschule der Fabrik folgte einer ganzheitlichen Pädagogik – Adelheid selber schrieb das Reglement für die Lehrerin.

Anliegen. Sie übergab die Leitung nicht wie gewöhnlich Ordensschwestern, sondern zwei weltlichen Lehrerinnen, die nach dem Modell des Reformpädagogen Friedrich Froebel unterrichteten. Dies war typisch für Adelheid Page. Sie begnügte sich nicht mit dem Machbaren, sondern verlangte das Wünschbare, in diesem Fall eine neuartige Pädagogik, die auf ganzheitlichem Denken gründete und damals in keiner Schule weit und breit Anwendung fand. An den Weihnachtsfeiern war Adelheid Page jeweils in der Fabrikschule anwesend und beschenkte die Kinder reichlich.

Die «Milchsüdi» galt in Cham als soziale Arbeitgeberin: Sie wurde in Abgrenzung zu den Fabriken «Geschäft» genannt. Seit 1866 besass sie einen Kranken- und Unfallfonds, geäufnet ohne Beiträge der Arbeitnehmer, sondern mit fünf Prozent des Jahresgewinns. Bis zu 80 Tage lang bekamen die Arbeiter die Hälfte ihres Lohnes – für damalige Verhältnisse eine grosszügige Lösung. Damit die Arbeiter genügend assen, wurde 1874 die Kosthalle gebaut, welche drei Mahlzeiten anbot. Ihr angegliedert wurden die Schweineställungen, so dass man wusste, was man zu essen bekam. Damit die Arbeiter sich waschen konnten, folgte 1891 der Bau von fabrikeigenen Badeeinrichtungen: In kaum einer Arbeiterwohnung gab's damals Duschen oder Badewannen. Schliesslich hatte die Fabrik auch eigene Wohnungen – nicht nur damit stellte sie das beschauliche Chamer Dorfleben ziemlich auf den Kopf.

Bild aus der Produktion der Anglo-Swiss in Cham: Die Fabrik galt dank Kleinkinderschule, Kranken- und Unfallfonds als soziale Arbeitgeberin.

Wenn Adelheid Page 1880 auf die Strasse trat, traf sie deutlich mehr Menschen unterwegs an als 20 Jahre zuvor, denn die Bevölkerung Chams hatte sich in diesem Zeitraum fast verdoppelt. Der Zuwachs gründete auf dem Zuzug von Arbeiterinnen und Arbeitern der «Milchsüdi», aber auch weiterer Betriebe entlang der Lorze, welche das Klima der Boomregion anregend und geschäftsfördernd fanden. War Cham einst in die Quartiere Kirchbüel und Städtli getrennt gewesen, wuchsen nun die beiden Siedlungskerne durch die Fabrik mit ihren vielen Bauten zusammen.

Wenn Adelheid Page abends mit der Kutsche von Besuchen in Zug heimkam, brannten in den Strassen Chams die Gaslaternen – dank der «Milchsüdi», welche eigenes Gas produzierte und mit den Überschüssen für Helle sorgte. Fussgänger konnten auf Trottoirs gehen, welche die Anglo-Swiss spendiert hatte. Falls sie ihrer Schwester in Paris von den Besuchen berichten und ein Telegramm schicken wollte, konnte sie das – wiederum, weil die «Milchsüdi» sich dafür eingesetzt hatte.

Wieder zuhause, konnte Adelheid Page im Kolonialstilhaus die Wasserhahnen drehen, um den Strassenstaub abzuwaschen – George Page hatte dafür gesorgt, dass ein Leitungsnetz gezogen wurde und damit zuerst gereinigtes Lorzenwasser und dann Wasser aus Zug in den Häusern sprudelte. Wenn sie dann zum Fenster hinausschaute, sah sie die Dampfzüge rangieren – wegen des regen Güterverkehrs hatte die «Milchsüdi» bereits 1878 einen direkten Bahnanschluss für das Lagerhaus erhalten, das seither über eine Bahndrehscheibe erreicht werden konnte.

Cham, das einst verschlafene Bauerndorf, hatte aufgrund der vielfachen Prägung durch die «Milchsüdi» den treffenden Spitznamen «Milchopolis» erhalten, quasi als Hauptstadt der Milchverarbeitung. Auch die Bahndrehscheibe vor dem Kolonialstilhaus hatte eine Entsprechung im Hause Page-Schwerzmann gefunden: Der Haushalt von George und Adelheid Page war zur Drehscheibe des Grossunternehmens geworden.

IV. Die Gestalterin der Familie

Zug. Stechpalme

IV. Die Gestalterin der Familie

ADELHEID PAGE IST EINE CHARISMATISCHE PERSON MIT AUSSERGEWÖHNLICHER SCHÖPFERISCHER ENERGIE, GROSSER WILLENSKRAFT UND HOHEM DURCHSETZUNGSVERMÖGEN. SIE HILFT, WO SIE NUR KANN. SICH IHREN VORSTELLUNGEN ZU ENTZIEHEN, IST IN DER FAMILIE UNÜBLICH.

Sonntag, alte Fasnacht 1883, die 17-jährige Frida deckt im Doktorhaus an der St. Oswaldsgasse in Zug summend den Tisch. Den Refrain kann sie auswendig: «Giigeschpiel, Lauteklang tönde de Schtross entlang, Chröpfelimeh, Chröpfelimeh heisst üse Gsang.» Bei den Strophen muss sie summen. Den Text weiss sie nicht. Aber heute Abend wird sie ganz genau zuhören und sich dann auch endlich die ganzen Strophen einprägen. Damit sie nächstes Jahr vielleicht auch dabei sein kann und den frisch Verliebten, die sich an der Fasnacht kennen gelernt haben, unter deren Fenstern allerlei Schabernack treiben und das «Chröpfelimeh» singen. Aufregend wird das heute Abend sein, mit der Freundin Louise Hofstetter Arm in Arm in den Strassen der Altstadt und der Vorstadt zu spazieren. Dem vielstimmigen Gesang der verkleideten «Chröpfelimeh»-Gruppen zuhören, die Gesichter der Pärchen am Fenster ansehen, sich vorstellen, wie aufgeregt sie sein müssen beim ersten gemeinsamen Essen. Vielleicht wird sie den einen oder andern scheuen Blick mit dem gleichaltrigen Fritz Brandenberg wechseln, der ja in der Nähe wohnt und vielleicht auch auf die Gasse kommt. Werweissen, was im Korb drin ist, der den Sängern und Sängerinnen auf die dunkle, nur von brennenden Papierstössen erleuchtete Gasse heruntergelassen wird. Bestimmt sind es Krapfen und vielleicht Weinflaschen, um ja die närrischen Störenfriede beim trauten Tête-à-tête bald wieder loszuwerden. Von der St. Oswaldsgasse unten hört man lautes Pferdegetrappel, hört die Stimme eines Kutschers und einen Wagen anhalten. Frida legt die letzten Teller und Gabeln auf den Tisch und beeilt sich, ans Fenster zu kommen. Bestimmt ruft wieder ein Patient, der ihren Vater, den Doktor, genau zur Essenszeit braucht. Wo der Vater doch sonst schon zu wenig an sich selber denkt und kaum jemals eine Viertelstunde in Ruhe essen kann! Doch Frida Sidler täuscht sich. Es ist kein Patient, der nach dem Doktor verlangt. Es ist wieder Tante Adelheid, die nach ihr verlangt. Die ihren Zweispänner schickt, um sie abzuholen. Der Kutscher übergibt ihr einen Zettel, darauf steht, kurz und bündig: «Sofort kommen!» Gewohnt, Tante Adelheids Befehlen nachzukommen, begibt sich Frida sofort nach

Adelheid Page 1883: Sie formte die Umwelt so, wie sie sie gerne haben wollte.

Frida Sidler, später Haab-Sidler: Sie war die Nichte von Adelheid Page, stand stark unter ihrem Einfluss und wurde von ihr erzogen.

dem Mittagessen mit der Kutsche, die auf sie gewartet hat, ins Haus der Pages nach Cham. Deckt auch dort den Tisch, schmückt die Tafel für die amerikanischen Geschäftsfreunde von George und Adelheid Page-Schwerzmann. Geht da und dort zur Hand und grollt der Tante insgeheim, dass sie es wie gewöhnlich geschafft hat, sie vom gesellschaftlichen Leben in Zug abzuhalten.

Es ist nämlich keineswegs so, dass es im Hause Page keine Bedienung gegeben hätte, ganz im Gegenteil: Adelheid Page beschäftigte eine Köchin, ein Zimmermädchen, einen Kutscher, mehrere Gärtner, einen Schreiner, der gleichzeitig ihr Faktotum war, und eine Hilfsnäherin. Diese Angestellten waren weder unfähig oder faul, noch mussten sie in ihrer Arbeit unterstützt werden. Adelheid Page ertrug nämlich keine unfähigen Angestellten. Sie hatte auch das Gespür, so mit den Leuten umzugehen, dass sie ihrer Chefin treu blieben. Theresli Müller war schon im Alter von 11 Jahren wegen einer Tuberkulose ein Bein amputiert worden, und zwar von Adelheids Schwager Franz Sidler. Daraufhin nahm sich Adelheid Page des Mädchens an und liess es den Beruf einer Weissnäherin erlernen. Theresli blieb bei ihrer Wohltäterin, ein Leben lang.

Wer blieb, der hatte es gut. Frau Page brauchte einen ganzen Tross von Männern und Frauen um sich herum, die sie formte und knetete, bis sie so waren, wie sie sie haben wollte. Wer es aber mit ihr verspielt hatte, der hatte es verspielt. Und dies konnte sehr unangenehm werden. Denn ihrer Abneigung standen dann gewürzte Worte zu Gebote.

HALTUNG, HINWEISE UND HEIRATSPLÄNE

Adelheid Page hatte eine Art und die Begabung, ihre Leute nach ihrer Vorstellung heranzubilden. Und auch im und um das Haus blieb nichts dem Zufall überlassen. Frau Page gestaltete, ordnete an, kontrollierte, entschied. Aber sie ging fair mit ihren Angestellten um und zahlte ihnen einen guten Lohn. Wenn einer Angestellten etwas fehlte, setzte sie sich für sie ein und half. Manchmal half sie auch, bevor etwas fehlte. Dass Frida den Abend des «Chröpfelimeh» in Cham verbringen musste, hatte durchaus System. Das ahnte diese zwar, aber bestätigt wurde es ihr erst später. Als sie merkte, dass Tante Adelheid für sie Besseres vorgesehen hatte, als im engen Zug verheiratet zu sein ...

Frida wurde, mit dem Einverständnis ihrer Mutter, von ihrer jüngsten Tante erzogen, in die Kur genommen und gebildet. Diese schickte sie

Fred Page als kleiner Bub: Adelheid liess es an nichts fehlen und brachte ihm Kunst, Kunstgeschichte und fremde Kulturen näher.

IV. Die Gestalterin der Familie

nach der Rückkehr von der Schule im Welschland in Französisch-, Italienisch- und Englischlektionen zu einer Bekannten und organisierte für sie Weiterbildungen in Literatur und Kunstgeschichte. Abende lang musste sie ihrer Tante Adelheid aus Lübkes Kunstgeschichte langatmige Exkurse vorlesen! Weil sie es bisweilen langweilig fand, knickte ihre Haltung dabei in sich zusammen, was die Tante gar nicht schätzte. Einmal band sie ihr tatsächlich einen grossen Bund Stechpalmen unters Kinn, damit sie lerne, Haltung zu bewahren. Was ihre Nichte als ausgesprochene Tortur empfand.

Oder Adelheid Page lehrte Frida zu gehen, ohne dabei plump mit den Armen zu schlenkern. Es lohnte sich anscheinend für Frida, solches über sich ergehen zu lassen. Später durfte sie alleine mit Tante auf Reisen, auf welchen ihr das gute Benehmen sehr hilfreich war. Aus ihr und ihrem Sohn Fred machte Frau Page richtige kleine Weltbürger. Auf den ausgedehnten Reisen nach Italien und Paris schleppte sie die beiden in Museen, ins Theater sowie zu Architekturdenkmälern und lehrte sie dabei schon früh, ihren Geschmack und ein Auge für gute Formen und klassische Ästhetik zu entwickeln.

Adelheid Pages formende Begabung erstreckte sich nicht nur auf ihre Nichte, ihren Sohn und ihre Hausangestellten. Und auch nicht nur auf Menschen. Ebenso geschickt und stilsicher nahm sie die Gestaltung des Gartens, die Ausstattung des Hauses, die Feste für Fred oder die feudalen Tischrunden in ihrem Chamer Kolonialstilhaus – samt originellem Menu mit ausgesuchten Zutaten – in die Hand.

Auch beim Verkuppeln und Verheiraten hatte Adelheid Page eine glückliche und auch entschlossene Hand. Ernst, der Sohn von Adelheids ältester Schwester Friedericke Sidler und drei Jahre jüngere Bruder von Frida, besuchte die Primarschule in Zug. Nach dem Tode ihres Mannes wollte seine Mutter sich nicht mehr von der lokalen Geistlichkeit in Ernsts Erziehung dreinreden lassen. Sie schickte ihren Sohn dann nach Winterthur ins Gymnasium. Aber erst nach Absprache mit der Frau, von der sich die ziemlich bestimmende und dominante Familienmanagerin überhaupt etwas sagen liess: ihrer Schwester Adelheid. In Winterthur konnte Ernst dann auch bei einem Bekannten von Adelheid wohnen. Jahre später, nach Abschluss des Staatsexamens, geriet er aber mit seiner Mutter in die Haare.

Ernst war zwar bereits 26, als er sich mit Lisy Huguenin, der Tochter eines berühmten Psychiaters und Lungenspezialisten, verlobte und sie

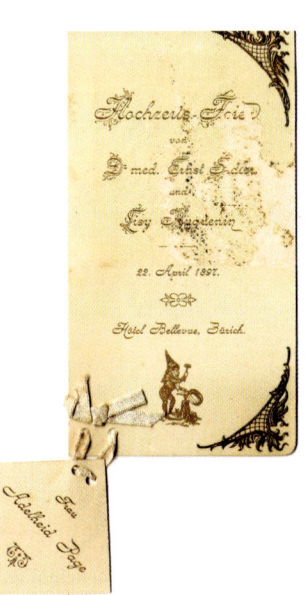

Adelheid förderte die Verbindung von Ernst Sidler und Lisy Huguenin: Mit dieser Karte wurde sie zur Hochzeit eingeladen.

64

Im Dachgeschoss des Kolonialstilhauses: Hier wohnten die Angestellten, ohne Schnörkel, Schmuck oder Überflüssiges wie Heizung oder fliessendes Wasser.

heiraten wollte. Seine Mutter aber war der Meinung, es sei noch zu früh für ihn, da er beruflich noch zu wenig Boden unter den Füssen habe. Auch hier sollte Adelheid es richten. Erst nachdem sie eingegriffen und ihre Schwester überzeugt hatte, heiratete Ernst seine Lisy.

Auch Ernsts Schwester Frida begegnete ihrem Zukünftigen via Tante Adelheid. Von Liebe auf den ersten Blick konnte dabei nicht die Rede sein. Erst nach diversen deutlichen Hinweisen und Initiativen Adelheids fanden die beiden zueinander, heirateten und wurden auch tatsächlich miteinander glücklich. Der Auserwählte war übrigens Otto Haab, Freds Zürcher Augenarzt, den Adelheid Page sehr schätzte.

Auch bei der Brautwahl ihres Sohnes Fred war Adelheid Page nicht unbeteiligt. Aber vorerst genoss Fred eine ausgesprochen gute Bildung. Zuerst mit Hauslehrern und Hauslehrerinnen. Später in den Zuger Schulen, um mit anderen Kindern zusammenzukommen. 1890, als er 13 Jahre alt war, gaben Adelheid und George Page sogar den Chamer Haushalt auf und zogen extra nach New York, damit Fred die amerikanischen Schulen besuchen konnte. Nach Abschluss derselben wurde beschlossen, dass Fred nicht ins Geschäft der Eltern einsteigen, sondern Architektur studieren sollte. Und dies an der Pariser Ecole des Beaux-arts! Damit seine Mutter sich nicht von ihm trennen musste, richtete sie sich in Paris kurzerhand eine ausgesprochen hübsche und behagliche Wohnung mit grossem Atelier ein.

In Paris lernte Fred die Familie Diez kennen, sehr gute Bekannte von Adelheids Schwester Elise und deren Mann Alois. Die Familie Diez war zwar nicht reich, aber von guter Herkunft, durch und durch Pariser

Lisina und Fred Page-Martinelli: Nachdem Adelheid Pages Ansprüche die erste Liaison ihres Sohnes platzen liessen, verlobte und vermählte sich Fred mit Lisina, die einer besseren florentinischen Familie entstammte.

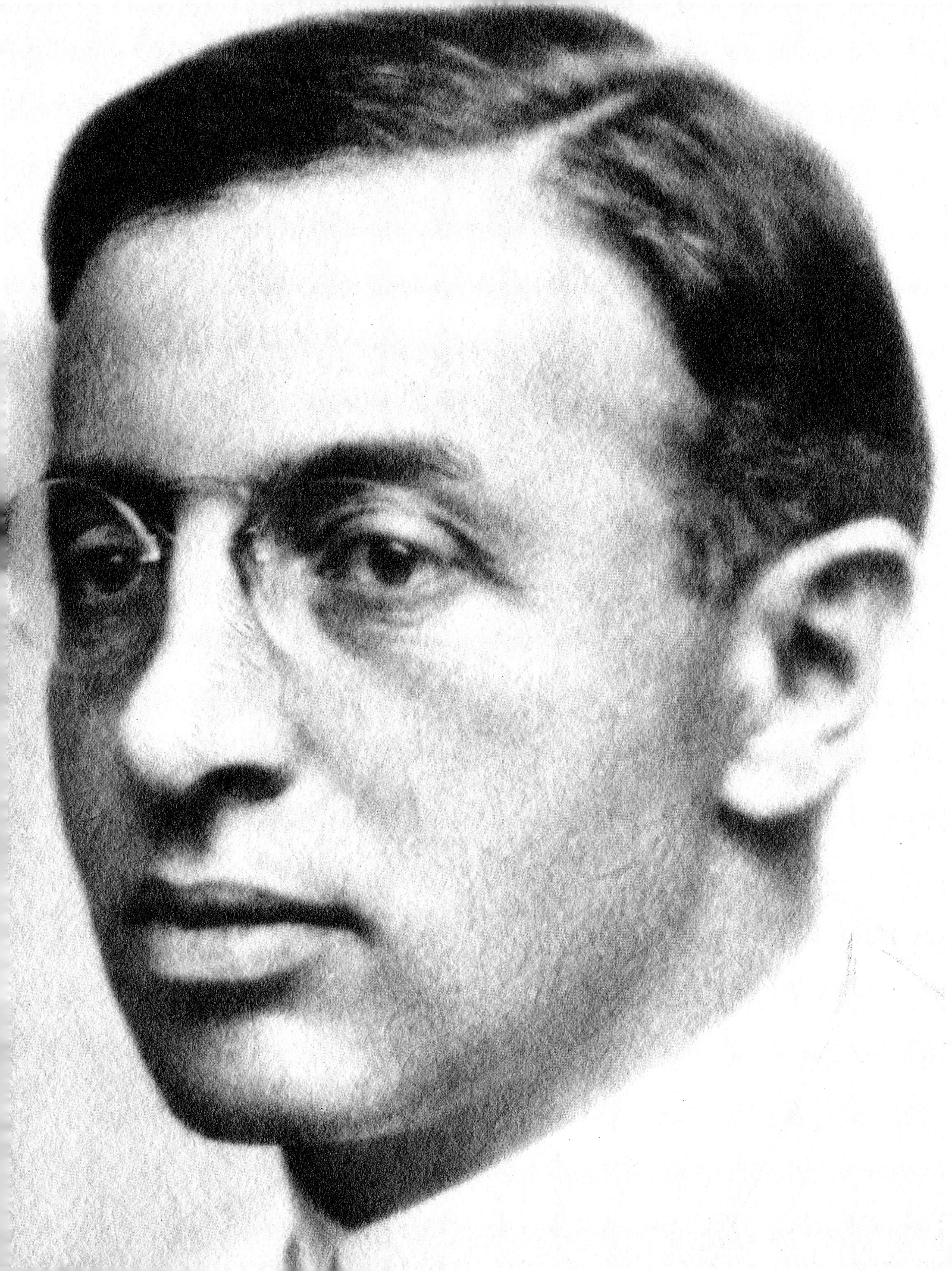

IV. Die Gestalterin der Familie

Bourgeoisie. Auch die beiden Töchter, Emilie und Berte, waren nett. Berte war zwar einige Jahre älter als Fred und grösser als er, nicht hübsch, aber sehr liebenswürdig und vor allem tüchtig. Adelheid befürwortete eine Verlobung der beiden vorerst sehr.

Unterdessen hatte Fred seine Ausbildung in Paris abgeschlossen, sein Vater war verstorben, und er gedachte, sich im neu erworbenen Schloss St. Andreas in Cham niederzulassen. Als Berte dies erfuhr, weigerte sie sich, Paris als Wohnsitz aufzugeben, und fand, Fred müsse sein Domizil in Paris nehmen.

Adelheid Page empfand das als sehr unangenehm, und da sie sich nicht von ihrem Sohn trennen wollte – schliesslich hatte er genau das nötige Know-how für den geplanten Umbau von St. Andreas –, setzte sie alle Hebel in Bewegung, um die Verlobung aufzulösen. Es gab am Anfang grosse Kämpfe zwischen den beiden Pages. Aber schliesslich siegte Adelheid Page über ihren Sohn, und die Verlobung wurde für nichtig erklärt. Bei der zweiten Verlobten und späteren Frau Freds lief es reibungsloser. Seine Cousine Emma Bossard lernte 1905 in England eine Italienerin kennen, die dort Lehrerin war und die sie dann in den Sommerferien als Gast nach Cham mitbrachte.

In ebendiesem Sommer lud Adelheid Page fast die ganze Familie auf die Lenk ein. Mit dabei war auch die Florentinerin Lisina Martinelli, wo sie und Fred einander kennen lernten und sich noch im gleichen Jahr verlobten. Adelheid war also diesmal nur indirekt, durch ihre grosszügige Gastfreundschaft, am Beginn dieser Beziehung beteiligt. Da Lisina einer sehr alten italienischen Familie entstammte, einer ihrer Vorfahren gar als Architekt beim Bau des Wiener Lichtenstein-Palastes massgeblich mitgewirkt hatte und da Lisina selbst früher Hofdame bei Margueritta di Savoya, der Königin von Italien, gewesen war, passte sie Adelheid als Schwiegertochter. Das wurde sie dann auch schon im darauf folgenden Januar 1906.

SPUCKE, SCHWESTERNZWIST UND SÜNDENBÖCKE

Als George Ham Page in die Schweiz kam, zehn Jahre bevor er Adelheid Schwerzmann heiratete, war er ein richtiger Naturbursche und sprach nur Englisch. Er war zwar gescheit und hatte einen soliden Charakter und strenge Grundsätze. Aber er verhielt sich für hiesige Begriffe unkultiviert, ja unzivilisiert. Er rauchte, spuckte aus, stand, an die Illinoiser

Als George Page in die Schweiz kam, war er unkultiviert: Adelheid lehrte ihn die hiesigen Sitten und Verhaltensweisen.

Verhältnisse und Umgebung gewohnt, nackt am Fenster, streckte im Theater sogar die Beine auf die vordere Sitzreihe! Er galt als herrisch, rechthaberisch und stur. Der jungen Adelheid gelang es, zuerst durch geschicktes Sichanpassen und lebhaftes Eingehen auf seine grossen Pläne, nachher durch ihr sicheres, positives Auftreten und eigenes Wissen und Bildung, grossen Einfluss auf ihn auszuüben und ihn zu kultivieren. Nach der Heirat nahm sie das Steuer in die Hand, und nichts geschah ohne ihr Einverständnis. Frida Haab, die ihre Tante sehr schätzte, sagte: «Tante Adelheid verdanke ich alles das, was im Leben aus mir geworden ist», nennt sie aber einen «kleinen Despoten, da sie durch die glänzenden Verhältnisse sich nie einschränken musste und all ihre Ambitionen vollauf befriedigen konnte.»

Doch selbst George, eigensinnig und weder fügsam noch leicht zu nehmen, ertrug von ihr alles mit Humor und liess sie grossen Einfluss nehmen. Neben ihm brauchte es eben kein stilles Mauerblümchen und Hausmütterchen, sondern eine selbstsichere Frau, wie Adelheid eine war.

Selbstsicher war Adelheid Page durchaus auch in ihrem Urteil über den Lebensstil ihrer Verwandtschaft. Ihr Schwager Carl Stocklin, der Mann ihrer zweitältesten Schwester Karolina, war Grosshändler mit Fleisch und Vieh. Er machte grosse Geschäfte mit Zürich und lieferte sogar nach Paris. Dazu war er Anglo-Swiss-Aktionär. Er unterstützte auch das Kapuziner-Kloster in Zug und hatte die Mittel, den Bau der neuen St.-Michaels-Kirche voranzutreiben. Stocklin hatte also keinen Grund, selber so ausserordentlich bescheiden zu leben, wie er und seine Familie es taten. Das fand jedenfalls seine Schwägerin Adelheid. Sie mäkelte wiederholt deswegen und hätte es gern gesehen, dass Stocklin seinen Lebensstil geändert und seinem Reichtum angepasst hätte. Carl Stocklin war aber genauso hartnäckig wie seine Schwägerin und wich keinen Fingerbreit von seinen althergebrachten Gewohnheiten ab.

Auch wenn es um Kindererziehung ging, hatten er und Adelheid Page das Heu gar nicht auf der gleichen Bühne. Einmal gerieten die beiden dermassen aneinander, dass Adelheid nachher nie mehr auch nur einen Fuss in Stocklins Haus setzte. Ihre Schwester Karolina, Carls Frau, sah sie deswegen jahrelang nicht mehr.

Auch schon früher waren Carl und Adelheid nicht immer gleicher Meinung gewesen. Und für einmal hatte Adelheid auch ihre Schwester Friedericke und deren Mann gegen sich. Bisher hatten die beiden Schwestern nämlich immer in schönster Harmonie mit ihrer ältesten Schwester gelebt.

Karolina und Carl Stocklin-Schwerzmann, Schwester und Schwager Adelheids: Sie widersetzten sich den Forderungen Adelheids und verkrachten sich deshalb mit ihr.

IV. Die Gestalterin der Familie

Nun gab es in der Familie plötzlich eine nie gekannte Aufregung. Kaum hatte sich Adelheid nämlich mit George Page verheiratet, wollte Elise nachziehen und den Mann heiraten, mit dem sie schon seit längerem inoffiziell verlobt war, Alois Bossard. «Das überspannte Adelheidchen» sei allein für das Zustandekommen dieser Ehe verantwortlich und habe die Grossmutter Schwerzmann schliesslich zum Ja-Sagen überredet, schimpfte namentlich Stocklin. Und mindestens widersprach ihm diesmal niemand.

Ob Adelheid jedoch tatsächlich entscheidend in dieser Sache mitgeredet hatte oder ob sie diesmal einfach als Sündenbock herhalten musste, bleibt offen. Der Streit gipfelte darin, dass Elise und ihre Mutter aus Sidlers Haus an der St. Oswaldsgasse auszogen und in Cham bei Adelheid und George Ham Page einzogen. Später heiratete Elise ihren Alois dann doch und zog mit ihm nach Paris, weil dieser Direktor der dortigen neuen Anglo-Swiss-Niederlassung wurde.

Adelheid Page hatte in Sachen Einrichtung und Gestaltung grosses Talent und einen entschiedenen Geschmack. Sie verstand es, allen Orten ein

Nichte Frida Sidler (rechts) heiratete den Zürcher Augenarzt Otto Haab; die Kinder hiessen wiederum Frida und Otto.

Sag mir, wie du wohnst ...
Wer im 19. Jahrhundert ausreichend Zeit und Geld hatte, konnte mit der Wahl von Art und Ort seines Wohnens gewisse Zeichen setzen. Allein schon die Wohnlage, vielmehr aber noch die Architektur und das äussere Erscheinungsbild sowie die Einrichtung eines Hauses konnten Aufschluss geben über die sozialen Verhältnisse der Bewohnerinnen und Bewohner eines Gebäudes. Wohnen war ein inszenierter Akt der bürgerlichen Selbstdarstellung.

In der ersten Hälfte des 19. Jahrhunderts wurden die Stadtmauern in vielen Schweizer Städten abgetragen. Wer es sich leisten konnte, baute sich an sonniger Lage ausserhalb der ehemaligen Stadtbefestigung eine Villa mit Parkanlage oder richtete sich in der grosszügigen «Beletage» eines alten Stadthauses an prestigeträchtiger Lage ein. Das Innere des Hauses oder der Wohnung war in einen repräsentativen und einen privaten Bereich unterteilt. Repräsentativen Zwecken dienten die Eingangshalle, der Salon mit Klavier oder Flügel, das separate Esszimmer, das sogenannte «Herrenzimmer» (zugleich Arbeitsraum des Hausherrn und Raucherzimmer) sowie die Veranda oder der Wintergarten. Diese Räume wurden, ausser wenn Gäste zugegen waren, wenig genutzt. Der private Bereich befand sich in der Villa im ersten und zweiten Stockwerk, in der Wohnung hingegen war er nach hinten ausgerichtet. Hier, im Wohnzimmer und im eigenen Zimmer, spielte sich das tägliche Leben ab. Die Dienstboten hatten eine Schlafgelegenheit neben der Küche oder in Mansardenzimmern.

Die Einrichtung grossbürgerlicher Wohnungen wies eine grosse Bandbreite auf. Dem Zeitgeschmack entsprechend vermochte jedoch alles Orientalische, Üppige zu begeistern. Schwere, dunkle Stoffe aus Samt und Plüsch für Vorhänge und Überzüge sollten ein Gefühl der Behaglichkeit erzeugen. Farbige Tapeten, Vitrinenschränke mit kostbaren Objekten aus Kristall, Silber und Porzellan, Felle, Büsten und Bilder ergänzten die Grundausstattung mit ihren wuchtigen, ausladenden Möbeln. Dabei wurden die historischen Möbelstile bunt vermischt. Falls keine Originale verfügbar waren, gab man die Möbel bei Kunsthandwerkern, die für den gehobenen Luxusbedarf arbeiteten, in Auftrag. Die Handwerker fertigten die Möbel nach Entwurfskizzen in Fachzeitschriften an. Die Verhandlungen mit ihnen, das Zusammenstellen der Möbel, das Einrichten und Gestalten des Wohnraums war Aufgabe der Dame des Hauses, ganz wie es Adelheid Page tat. Sie erschuf in aufwendiger Arbeit ein repräsentatives Heim für sich und ihre Familie.

eigenes Gepräge und eine persönliche Note zu geben. In Haus und Garten und bei zahlreichen kleinen und grösseren Umbauten liess ihr Mann sie deshalb auch vollständig walten und freute sich über alle Neuerungen, wenn sie noch so viel kosteten.

Es genügte ihr aber nicht, bei sich alles schön und äusserst praktisch einzurichten, sondern sie erstreckte ihr Talent gerne auch auf die übrige Familie. Bei Stocklins waren derartige Aktionen selbstverständlich unerwünscht. Bossards und Sidlers hingegen liessen sie diesbezüglich gewähren. Vielleicht schätzten sie es ja, eine begnadete Innenausstatterin in der eigenen Familie zu haben.

Ihre Nichte Frida erinnert sich, dass oft, wenn ihre Tante im schönen Zweispänner angefahren kam, ihre Schwester Friedericke schon ahnte, was los war: Sicher würden wieder einmal die Möbel umgestellt werden, Teppiche gelegt und neue Bilder aufgehängt, die Adelheid übrigens nicht selten gleich mitgebracht hatte. So wurde alles abgeschätzt, was sie nicht schön fand. Auch wenn es Sidlers nicht immer passte, sie liessen es meist mit Humor über sich ergehen. Sie waren nämlich der Meinung, dass Widerstand zwecklos sei. Höchstens würde man einen Bruch riskieren, wie die Stocklins.

Also liess man lieber die weltgewandte Adelheid ein wenig wirken und gestalten. Und besser sah die Wohnung nachher erst noch aus ...

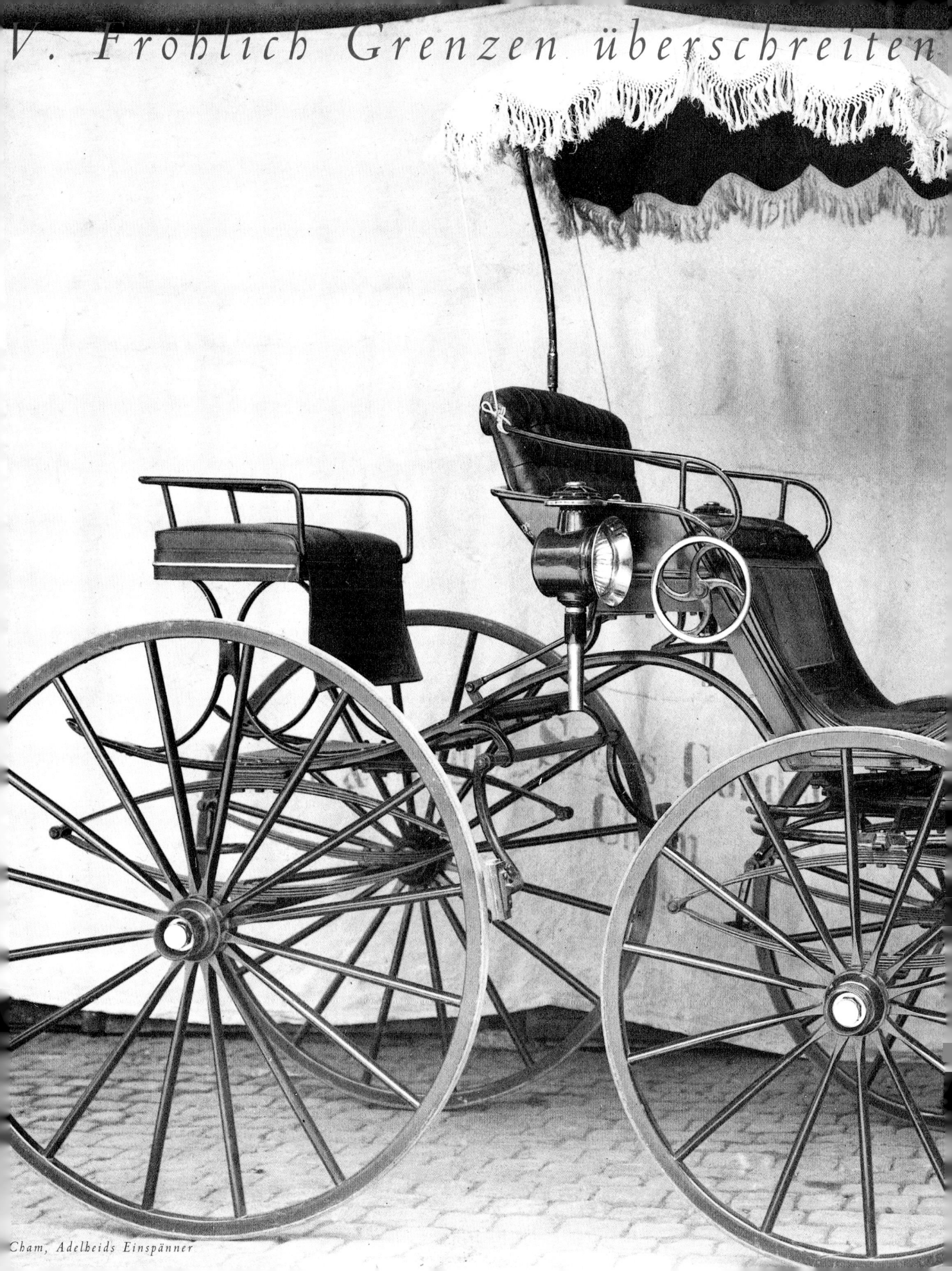

V. Fröhlich Grenzen überschreiten

Cham, Adelheids Einspänner

Auf Reisen lebte sie auf: Adelheid Page, um 1883 in Florenz.

ADELHEID PAGE REIST MIT BEGEISTERUNG. REISEN IST FÜR SIE GERADEZU EINE LEBENSHALTUNG. BISWEILEN WIRD DIES ZU EINER ABENTEUERLICHEN SACHE.

Die junge Adelheid Page wollte Neues in Angriff nehmen, Gewohntes überwinden, Grenzen überschreiten. Sie war ein neugieriger, aufgeschlossener Mensch und mochte das Reisen. Ausserdem war sie der Ansicht, dass Reisen bildet und den Horizont erweitert, eine Meinung, die heute weitgehend geteilt wird.

Sonst aber hatte das Reiseverständnis der zweiten Hälfte des 19. Jahrhunderts noch wenig mit unserem Begriff von Ferien, Abschalten und Tapetenwechsel gemeinsam. Man kann nicht davon ausgehen, dass Reisen eine derart spontane und im Allgemeinen kurzfristig eingefädelte Angelegenheit war wie heute. Reisen brauchte Zeit, Reisen brauchte Geld. Adelheid Page hatte beides.

Reisen war im 19. Jahrhundert den Bessergestellten vorbehalten. Nur gerade jeder zehnte Schweizer konnte sich Ferien leisten. Wohl gab es erste Gruppenreisen in der Schweiz, die bereits das Naturerlebnis suchten, die Freiheit und Distanz zum hektischen Treiben in der Stadt. Aber es reiste vor allem das Grossbürgertum, es reisten die Aristokraten und die Geschäftsleute sowie Künstler, Denker und Schriftsteller. Diese unternahmen Reisen, um die Bildung voranzutreiben, den geistigen Horizont zu erweitern. Das lag ganz im Sinne von Adelheid Page.

Man fuhr auch zur Kur, eine Möglichkeit, die ab der zweiten Hälfte des 19. Jahrhunderts so richtig in Mode kam. Allerdings nur bei den vermögenden Leuten. Als sich Adelheid Page kurz nach Freds Geburt einer schweren Unterleibsoperation unterziehen musste und auch sonst oft leidend war, reisten sie und ihr Mann viel in Bäder und an Kurorte.

Von ihrer nur um 13 Jahre jüngeren Nichte Frida Sidler erfahren wir viel über Adelheid Pages ganz persönliche Reisegewohnheiten und ihre Reisekultur. Die Tochter ihrer ältesten Schwester Friedericke war in der Familie Page in Cham quasi zuhause. Hatte die noch unverheiratete Adelheid Schwerzmann früher im Hause mit ihrer Schwester gewohnt, so war Frida nun häufiger bei den Pages in Cham als zuhause in Zug. Frida hatte mit ihrem Cousin Fred nicht nur den Namen gemeinsam, sondern war fast wie ihrer Tante zweites Kind. Adelheid Page nahm sie regelrecht in Beschlag und «in die Kur», schickte sie in Stunden für Englisch, Französisch und Italienisch, arrangierte für sie Kurse in Literatur und Kunstgeschichte.

V. *Fröhlich Grenzen überschreiten*

Kurz: Sie erzog sie, kümmerte sich um ihre Bildung und Entwicklung und nahm es sogar in die Hand, dass ihre Nichte dem passenden Ehemann begegnete und ihn dann auch wirklich heiratete. Aber vor allem nahm Tante Adelheid Frida mit auf Ausflüge und auf Reisen.

Für alle Kommissionen begleitete die junge Frida Sidler ihre Tante in die grossen Städte Basel, Luzern oder Zürich, in die geschäftigen Zentren des geschäftlichen Lebens. Es war für die junge Frau Page üblich, von Cham aus in die Städte zu fahren. Cham lag ja an der Eisenbahnlinie sowohl nach Zürich als auch nach Luzern. Welche Art Kommissionen machten sie dort? Wahrscheinlich ging's nicht nur um Einkäufe, sondern auch hie und da mal um Arztbesuche mit ihrem kränkelnden Sohn Fred. Zudem schielte Fred als Kind und musste in Zürich zum Arzt und an den Augen operiert werden. Er war von Anfang an ein zartes Kind und brauchte viel Pflege. Zum Essen musste man ihn fast immer zwingen. Möglicherweise besorgte sie sich für ihn in Zürich spezielle Lebensmittel,

Adelheid Page reiste mit leichter Hand: Dazu benützte sie für längere Distanzen stets die Eisenbahn wie diese beim Bahnhof Zug.

V. Fröhlich Grenzen überschreiten

Unterwegs mit dem eigenen Gespann: Die Pages hatten eigene Pferde und Kutschen (oben), um mit ihren Gästen auszufahren. Nur gerade die Furkapost (unten) hatte ein ebenso grosses Gespann.

die sie in den umliegenden Geschäften nicht finden konnte. Ausserdem wurden den häufigen amerikanischen Gästen im Hause Page auch ganz besondere Leckerbissen aufgetischt, die in Cham und Zug vielleicht nicht zu bekommen waren. Oder Adelheid Page wollte ausgesuchte Möbel und Stoffe, die nur bei einem bestimmten Schreiner oder Geschäft zu finden waren. Überdies war sie auch einfach gerne unterwegs, wollte der Enge Chams entfliehen und ihre Schützlinge vermutlich schon früh ein wenig den Duft der weiten Welt und der grossen Städte atmen lassen.

KOHLE, KUTSCHEN UND KATASTROPHEN

Ein Abenteuer der besonderen Art: die Gotthardbahn, welche von den Pages gleich nach der Eröffnung benützt wurde.

Neugierig war Adelheid Page als junge Frau ohne Zweifel. Und offen für Neues. So wie sie als Mädchen begeistert war, als es in der Stadt brannte, einfach weil endlich etwas lief, hatte sie die Nase vorn, wo immer es etwas zu entdecken gab. Als 1882 die erste Eisenbahn den Gotthard durchfuhr, waren Adelheid, Fred und auch Frida auf einem der ersten Züge mit von der Partie. Sie selbst war damals 29, Frida 16 und Fred 6 Jahre alt. Fred interessierte sich sehr für die Kehrtunnels, weswegen er und Frida die ganze lange Fahrt über zuhinterst auf dem offenen Wagen stehen mussten. Da der Zug aber noch nicht elektrisch fuhr, sondern mit Dampf, der durch Verbrennung erzeugt wurde, waren die beiden Kinder schliesslich schwarz wie die Kohlenbrenner, als sie in Lugano ankamen, und trotz – oder gerade wegen – all der interessanten Eindrücke wohl ziemlich erschöpft.

Fünf Jahre später, 1887, im Jahr der Zuger Vorstadtkatastrophe, ereignete sich im Urner Schächental ein kleiner Bergsturz. Prompt setzte sich die Familie Page in ihren Wagen und ging das Ausmass der Katastrophe in Augenschein nehmen.

Auch sonst gab es viele kleine Schweizreisen und Ausflüge. Mit Adelheid Page und Fred reiste meist Frida, manchmal George Ham Page und auch Adelheids Schwestern mit ihren Männern. Da auch oft Amerikaner, Geschäftsfreunde der Pages, in Cham auf Besuch waren, zeigte man ihnen jeweils die halbe Schweiz. Die Pages hielten sich dazu schöne Reit- und Wagenpferde. Und diese durften auch gezeigt werden. Während nämlich zu jener Zeit selbst die Postkutschen nur zwei- bis vierspännig fuhren, reiste der Page'sche Wagen immerhin vier- oder gar sechsspännig. Nebst der Kutsche der Familie Page fuhr gerademal die Postkutsche über die Furka-Passhöhe sechsspännig!

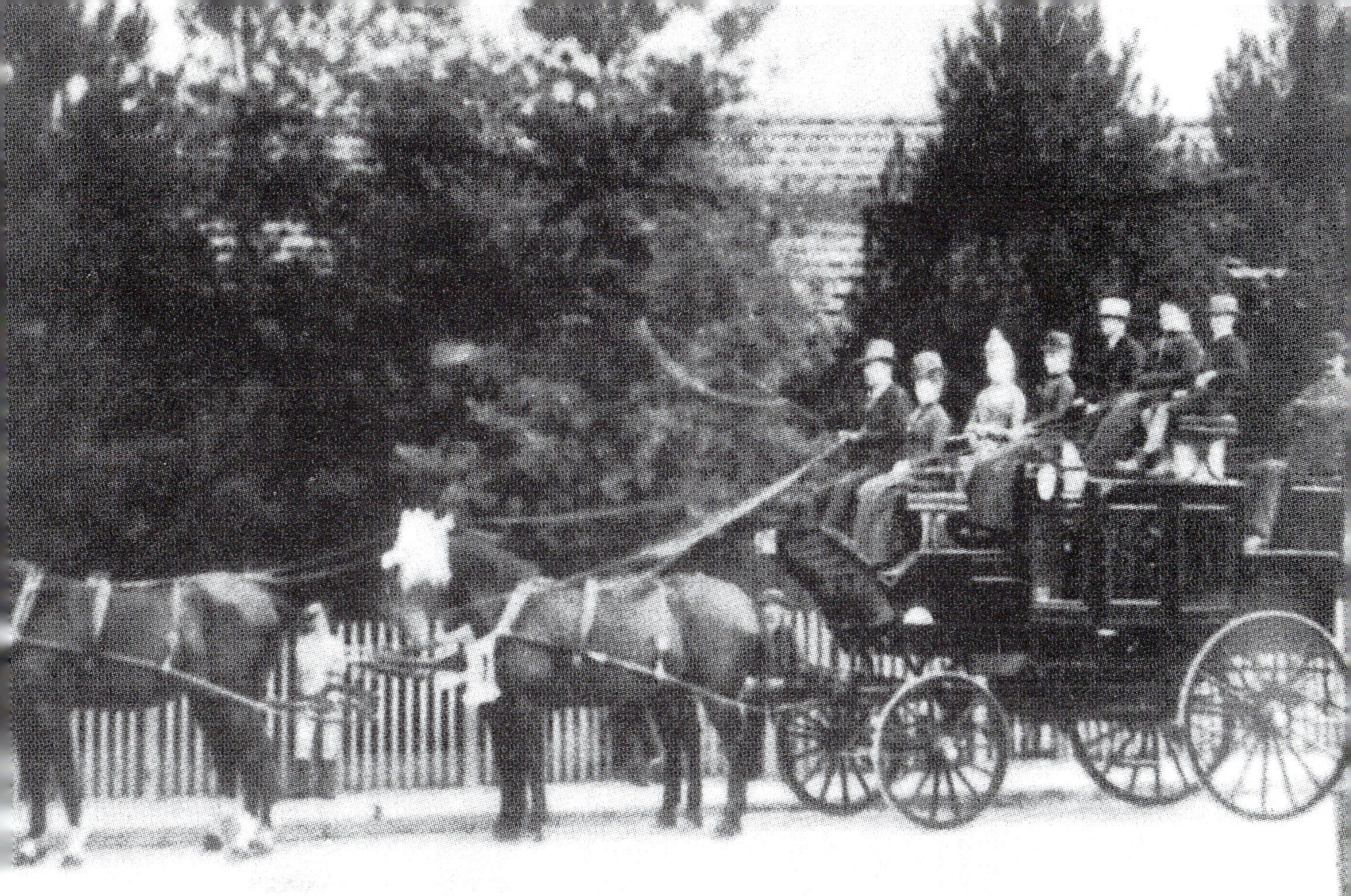

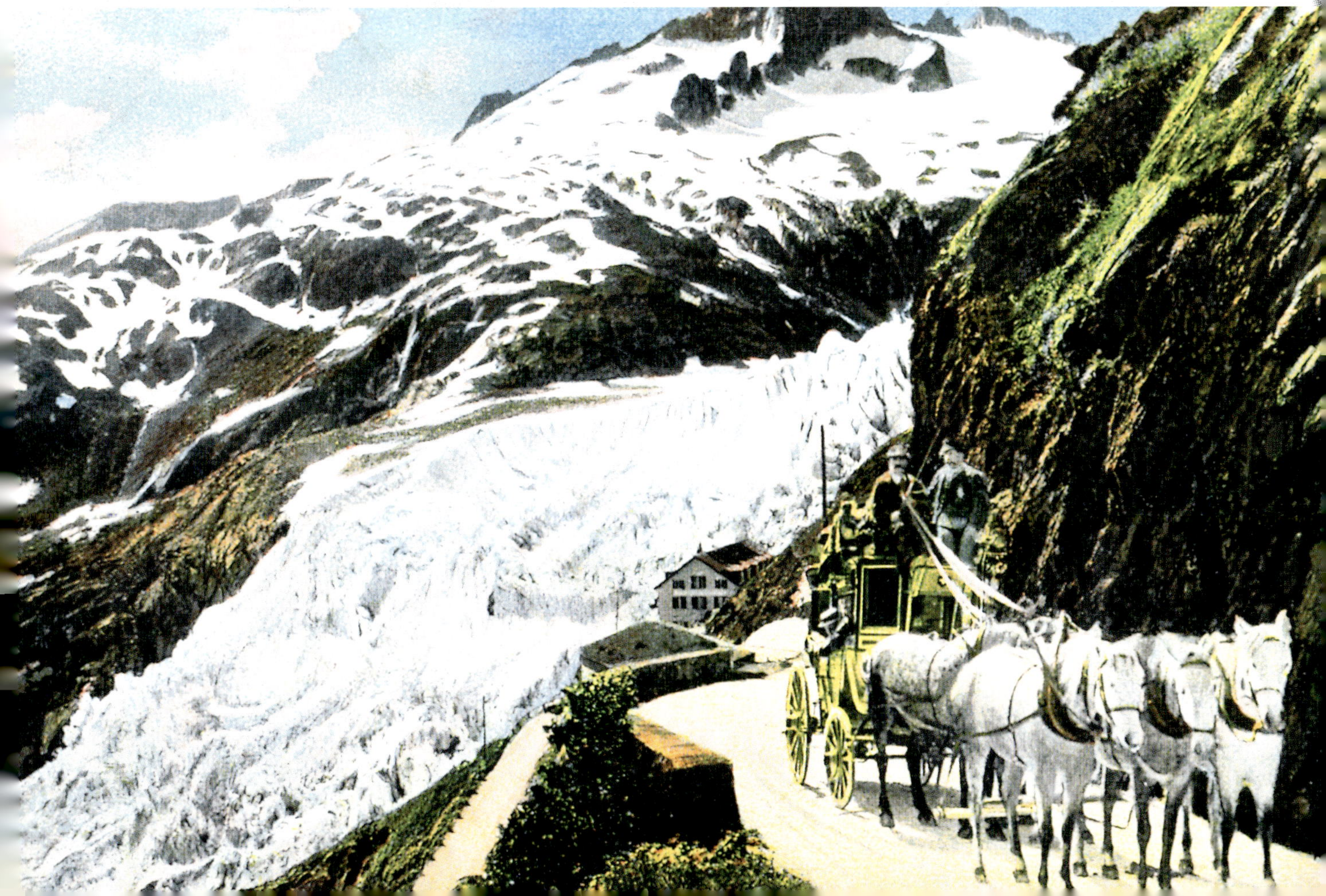

V. *Fröhlich Grenzen überschreiten*

Eine Ferienerinnerung aus Florenz: Adelheid Page setzte sich im Fotostudio mit Sohn Fred und Nichte Frida ins Boot. Weil Fred so schielte, wurden seine Augen retuschiert.

VIAREGGIO

FIRENZE

Beliebter Ausflugsort: Rigi-Kulm war ein grosser Anziehungspunkt für Reisende aus dem In- und Ausland – auch für Adelheid Page und ihre Gäste.

Mit der grossen, Aufsehen erregenden englischen Kutsche voller neugieriger Amerikaner und gelangweilter Kinder ging's nach Luzern, an den Vierwaldstättersee oder rings um den Zugersee. Die beiden Kinder hatten begreiflicherweise nicht immer Lust, zum x-ten Mal mitzufahren. Frida beschreibt diese Reisen als nicht immer reines Vergnügen. Auch wenn es oft ein fröhliches Picknick gab, so gab es auch weniger angenehme Intermezzi.

Einmal war bei solch einer Fahrt um den See beispielsweise ein Heufuder im Wege, was lange und peinliche Wartezeiten bedeutete. Oder der schwere Wagen sank in Weggis auf einer Seite plötzlich ein. Wegen einer Röhrenlegung war die Strasse noch neu und zudem liederlich gemacht. Als der Wagen sich immer mehr dem Grasbord zuneigte, stiegen alle aus. Fast alle. Schwager Alois Bossard blieb seelenruhig oben sitzen und musste von seiner aufgebrachten Frau daran erinnert werden, dass er als Familienvater doch bitte vernünftig sein solle. Und als George Page von seiner Schwägerin darauf hingewiesen wurde – per Sie, im Übrigen –, dass er die Wasserleitung ruiniert habe, polterte dieser nur, erbost über die schlampig gemachte Strasse: «Das will ich doch hoffen!»

Oft war man auch auf dem Pilatus oder auf der Rigi, wo man sich, der Kälte wegen in der unmöglichsten Toilette und immer in die Bettdecke gewickelt, frühmorgens auf dem Kulm einfand, um – die Panoramakarte in den zitternden Händen – den Sonnenaufgang zu betrachten.

Zwar waren Rigi-Reisende seit 1871 nicht mehr auf Träger, Führer oder Maulesel angewiesen, weil es ja nun die Vitznau-Rigi-Bahn gab und seit 1875 auch die Bahn von Arth aus. Dass aber Bekannte von ihnen auf der Rigi ein Gasthaus führten, war für die Pages wohl mit ein Grund, nicht jedes Mal noch am gleichen Tag nach Hause zurückzufahren. Wahrscheinlich bekamen sie, und vor allem ihre amerikanischen Gäste, die begehrtesten Zimmer mit Aussicht auf die berühmten Berneroberländer Eiger, Mönch und Jungfrau, wo sie, in den saloppen Worten des damaligen Hotelchefs gesagt, «die Jungfrau in den Unterhosen sehen» konnten. Beliebte und häufige Ziele der Pages und ihrer Gäste waren auch Engelberg, das Tessin und der Vierwaldstättersee. Vermutlich kehrten unsere Reiselustigen auch von dort nicht immer noch gleichentags nach Hause zurück. Es war ja die Zeit der entstehenden Grandhotels und der Berggasthäuser, die allesamt einen ausgezeichneten Ruf genossen. Man denke an die grossen Schweizer Hotelpioniere wie Ritz, Badrutt, Seiler und so weiter.

Mobilsein war ihre Lebenshaltung: Wenn sie ohne Kutscher und Gäste unterwegs war, nahm Adelheid Page diese kleine Kutsche, die sie selber lenkte – deshalb das Sonnendach über dem Kutschbock.

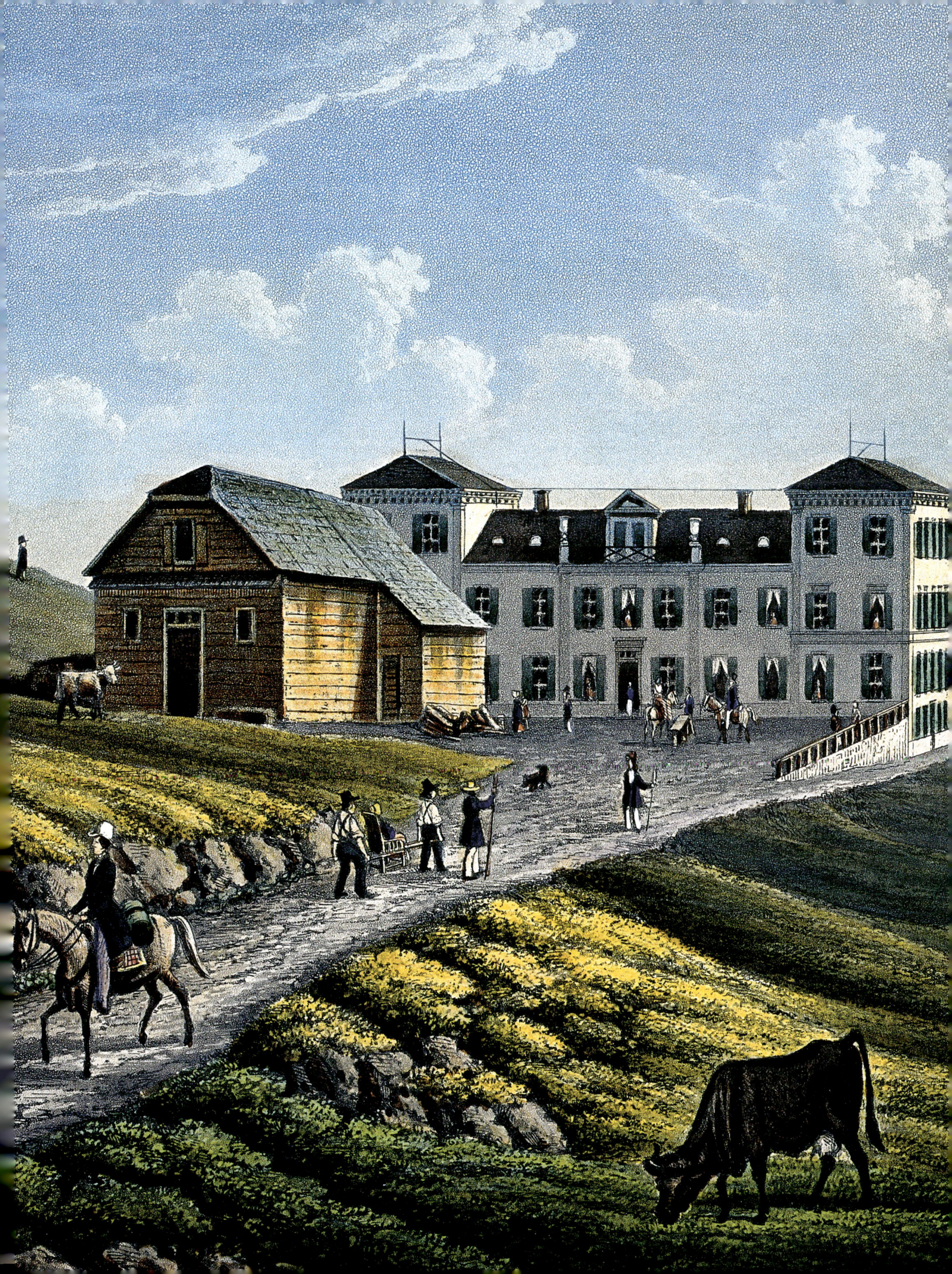

MARQUISEN, MÄUSE UND MISSVERSTÄNDNISSE

Wir sehen, Adelheid Page reiste also mit verhältnismässig leichter Hand. Sowohl Reisen innerhalb der Schweiz wie auch Auslandsreisen zählen in ihrem Leben keineswegs zu den Ausnahmefällen. Ganz im Gegensatz zu ihrer Schwester Friedericke, von der Frida sich nicht erinnert, dass sie auch nur ein einziges Mal Ferien gemacht habe. Zwar soll ihre Tante Adelheid eine von Haus aus schwerblütige Person gewesen sein, aber doch diejenige der fünf Schwerzmann-Schwestern, der es als Einziger gegeben war, den Moment zu geniessen und sich nicht schon im Voraus «oft recht unnützerweise» Sorgen zu machen.

Obwohl Reisen geradezu danach rufen, dass man sich im Voraus allerhand Sorgen macht, erst recht vor 150 Jahren, da Wegfahren eine von langer Hand geplante Sache war, tat Adelheid Page das nicht. Sie war bestimmt keine zögerliche und komplizierte Person, wenn es ums Reisen ging. So dürfte es auf den Ausflügen und Reisen mit ihr durchaus lustig und sorglos zugegangen sein.

Beim Packen der Koffer allerdings ging es nicht immer lustig und locker zu. Die Vorbereitungen für längere Reisen konnten für Adelheid Pages Reisegefährten ziemlich unangenehm werden. War Freds Gouvernante abwesend, so musste Frida nicht nur zu ihrem zehn Jahre jüngeren Vetter Fred schauen, ihm alle Bücher von Johanna Spyri vorlesen und mit ihm spazieren gehen, sondern auch noch für ihn die Koffer packen. «Das lehrte mich Tante gründlich! War sie nicht zufrieden, kehrte sie mir den Koffer mit einem Griff kurzerhand um.» Verständlicherweise gab es bei dem jungen Mädchen manche Träne bei derartigen Szenen.

Aber Frida verzieh ihrer Tante die unangenehmen Dinge wie etwa das Kofferpacken. Oder dass sie der Tante auf den langen Reisen immer mal wieder aus Lübkes einschläfernd wirkenden Kunstgeschichte vorlesen musste. Das hasste sie zwar, aber die Reisen ins Ausland machten den Ärger mehr als wett.

Bei aller Strenge und Besorgtheit um das richtige Benehmen konnte Adelheid Page, laut Frida Sidler, aber «gerade auf Reisen unendlich fröhlich sein. Wie haben wir oft zusammen über das dümmste Zeug lachen und uns amüsieren können!» Die Tante habe die Kinder schon in jungen Jahren das richtige Sehen und Geniessen der Museen und aller Kunstwerke gelehrt, betont Frida. «Dieses restlose Geniessen und Miterleben war es denn auch, was mich Tante so eng verband», fasst sie zusammen.

Die Erziehung, die sie Frida Sidler hatte angedeihen lassen, und deren richtiges Verhalten kamen Adelheid Page dann auch selber wieder zugute. 1883 nahm sie sie erstmals auf eine lange Auslandsreise mit. Diese dauerte über drei Monate. Die erste Station hiess Pegli in Italien. Man stieg im «Hotel de la Méditerranée» ab und nahm ausgedehnte Meerbäder, bis ein gewaltiger Sturm samt Wasserhose die Badenden in grosser Panik vom Strand flüchten liess.
Von dort führte die Reise nach Pisa und dann nach Florenz. Gewiss wurden dort die wichtigsten Sehenswürdigkeiten wie die Uffizien, Michelangelos David und architektonische Kunstwerke wie die Marienkirche angeschaut. Die beiden Frauen besuchten sogar eine elegante Galavorstellung der Oper «Fra Diavolo», einen der grössten Musiktheater-Erfolge des Jahrhunderts. Damals wie heute war ein Opernbesuch nicht nur ein kultureller Genuss, sondern ebenso sehr ein gesellschaftlicher Anlass von Sehen und Gesehenwerden. Wie wichtig war es da, das richtige Verhalten zu kennen, die richtige Körperhaltung, den guten und passenden Gang geübt zu haben und die angemessenen Kleider zu tragen, welche die Schneiderin in Zürich extra angefertigt hatte!
Von Florenz ging's dann weiter nach Rom. Auch dort war gutes Auftreten angesagt, die beiden Damen logierten nämlich im Hotel Quirinal an der Via Nazionale. Nur wenige Schritte vom Kolosseum und der Via Veneto entfernt, nahe der Spanischen Treppe und der Piazza Venezia, stand das fünfstöckige, prächtige und repräsentative Hotel. Geführt wurde das noble Haus von einem Schweizer aus Flims, Herrn Guggenbühl. Dieser lebte wie ein Fürst, hatte noble Freunde und noble Gäste. Dementsprechend präsentierte sich auch die Ausstattung der vielen Zimmer, und das Schlafzimmer, wo die beiden Frauen ablegten, war ganz in rosa Seide ausgeschlagen. Gleich hinter dem Haus stand dann auch das grosse Teatro Constanzi, welches man selbstverständlich einmal besuchte und eine Vorstellung von Meyerbeers Oper «Dinorah» genoss. So wie Frau Page zuhause durchaus sechsspännig reiste, so hatte ihr Aufenthalt in Rom auch superlative Qualität.
Weil Adelheid Page sich in Rom von einem amerikanischen Zahnarzt behandeln und von einem amerikanischen Maler malen liess, zog sich der Aufenthalt erstens in die Länge, und zweitens musste Nichte Frida viel Zeit ohne sie verbringen. Andere Hotelgäste kümmerten sich um das Mädchen und zeigten ihr die nähere und weitere Umgebung, derweil Frau Page beim Zahnarzt war oder beim Maler Modell sass. Unter

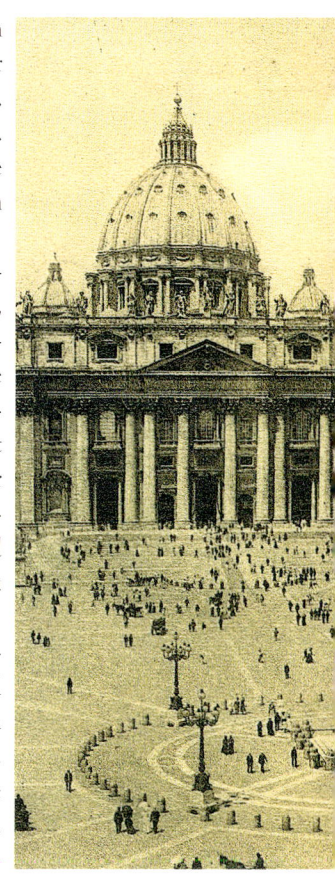

Opern, Architekturdenkmäler, Theater, Bälle: Adelheid, in Begleitung von Frida und Fred, reiste stets mit klaren Vorstellungen und Zielen – so auch nach Rom.

V. Fröhlich Grenzen überschreiten

diesen aufmerksamen Hotelgästen war auch ein besonders illustrer Schweizer, nämlich kein Geringerer als Bundesrat Emil Welti. So wie dieser sich der beiden Zuger Damen annahm, so nahm sich der Hoteldirektor seiner und der Damen ganz besonders an.

Zu Ehren von Adelheid Page und Emil Welti gab Guggenbühl ein feudales Dinner, wozu er viele römische Aristokraten und Diplomaten einlud. Es wimmelte nur so von Contes, Marquis und Marquisen. Dazwischen bewegten sich Signora Page und Signorina Sidler gekonnt, elegant gekleidet – la Signorina trug ihr extra von Frau Pages Zürcher Schneiderin angefertigtes rosaseidenes Ballkleidchen – und plauderten angeregt. Italienisch geplaudert wurde mit den römischen Grössen etwa über Kunst und Opern. Schweizerdeutsch sprach Adelheid Page bestimmt genauso angeregt; mit dem Hoteldirektor vielleicht über die Geschäfte der Anglo-Swiss oder gemeinsame Bekannte; mit Bundesrat Welti möglicherweise über gleiche Passionen wie das Erforschen des Unbekannten durch Reisen, über die Annehmlichkeiten der Gotthardbahn, die ja dem Bundesrat während seiner Amtszeit ein besonderes Anliegen war und an deren Erschliessung er engagiert und wesentlich mitgewirkt hatte – im vergangenen und im laufenden Jahr 1883 hatte Welti als Bundesrat das Post- und Eisenbahndepartement inne.

Gesprächsstoff dürfte auch das Engagement der beiden in Sachen Erziehung und Bildung der Jugend geliefert haben; Welti hatte als Erziehungsdirektor des Kantons Aargau 1865 das Schulgesetz eingeführt. Ausserdem verband die beiden Hauptpersonen beim fürstlichen Dinner im Hotel Quirinal ihre aufgeklärte Gesinnung, ihre charismatische Ausstrahlung und ihr weltgewandtes Auftreten.

Die Gäste wurden in den eleganten Privaträumen von Direktor Guggenbühl empfangen. Nobel waren nicht nur der Hausherr und seine erlesenen Gäste, auch das Dessert war auserlesen: Ein beleuchtetes Schweizer Chalet wurde effektvoll als Glace aufgetragen.

Es gab aber auch Hotels, in denen es Frau Page nicht so gefiel wie im «Quirinal» bei Herrn Guggenbühl. Im folgenden Jahr, 1884, weilte sie, diesmal mit dem siebenjährigen Fred, für 14 Tage in Paris. Wieder logierten sie in einem der grössten Hotels der Stadt, im Hotel Meurice. Allerdings nicht für lange Zeit. Statt Contes und Marquisen bevölkerten dort Mäuse das Haus und sprangen ihr gar übers Bett. So zog sie begreiflicherweise bald in ein passenderes Haus um. Ansonsten genoss Adelheid Page auch den Pariser Aufenthalt. Wieder zusammen mit Frida, die dort

Sie war wie eine Tochter für Adelheid: Nichte Frida war auf vielen Auslandsreisen mit dabei.

Zu seinen und Adelheid Pages Ehren wurde ein Ball in Rom veranstaltet: Bundesrat Emil Welti, hier auf einer Briefmarke zum Jubiläum der Gotthardbahn.

als Kindermädchen für eine andere Tante arbeitete, verbrachte sie viel Zeit in Museen, ging ins Theater und in die Oper. So sahen sie die Oper «Sapho» in der Opéra Comique und erlebten dabei Sarah Bernhardt genau zu der Zeit, in der sie sich zu einer der populärsten Schauspielerinnen Frankreichs entwickelte. Oder sie besuchten das Stück «In 80 Tagen um die Welt» nach Jules Verne, das seit der Uraufführung 1875 als Ausstattungsstück Furore machte: ein Bühnenwerk, das mehr durch die prunkvolle Ausstattung als durch seinen Handlungsgehalt wirkte. Mit diversen technischen Überraschungen und mit seinen halsbrecherischen Abenteuern per Schiff und Bahn, inklusive Elefantenjagd, und aufgrund seiner verkehrstechnologischen Verheissungen lag dieser Vorläufer von James Bond ein paar Jahre vor den ersten erfolgreichen Flugversuchen geradezu in der Luft und passte insofern wunderbar zur reisefreudigen und Neuem zugewandten Adelheid Page.

An Allerheiligen wohnten die Damen einer imposanten Feier in der Peterskirche bei und – genauso wie Romreisende heute – warfen sie zum Abschied ihre Münzen in die Fontana di Trevi, um hoffentlich die Gelegenheit zu haben, die ewige Stadt wiederzusehen. Und vielleicht ein nächstes Mal mehr Glück zu haben beim Modellsitzen. Denn trotz der langen Zeit, die Adelheid Page dem amerikanischen Maler Modell gesessen hatte, gab es nach dieser Reise leider kein Bild zum Mit-nach-Hause-Nehmen.

1888 reiste Adelheid Page zusammen mit Sohn Fred und Nichte Frida wieder nach Italien. Freds Augenarzt, Professor Otto Haab aus Zürich, hatte dem Jungen zwecks allgemeiner Kräftigung vor seiner Augenoperation einen Aufenthalt im Engadin empfohlen. Da nun aber das Wetter Mitte Juli beständig schlecht blieb, reiste die kleine Gruppe statt nach Pontresina kurzerhand ans Meer, nach Santa Margherita.

Adelheid Page hatte sich für ein Hotel namens «Bellevue» entschieden. Es gefiel ihr aber nicht, es war ihr «etwas zu italienisch». Zwar bevölkerten dort keine Mäuse ihr Bett, aber die lokale Mückenpopulation ging den Gästen gewaltig auf die Nerven. Dazu kam, dass sie ausser den Mücken und drei jungen Männern die einzigen Hotelgäste waren. Und dies Mitte Juli. Nachdem Fred auch noch ein kleiner Fremdkörper ins Auge geraten war und nach einer schlaflosen Nacht, wollten die Touristinnen am folgenden Morgen gleich wieder abreisen. Hatten sie nicht zufällig eben Professor Haab als einen der wenigen Gäste am Frühstückstisch angetroffen, der den Kräftigungsaufenthalt verschrieben hatte, so

Sarah Bernhardt, bekannt als «die Diva»: Ihren Auftritt in Paris liess sich Adelheid Page nicht entgehen.

V. Fröhlich Grenzen überschreiten

Adelheid Page in Florenz: Sie war unkompliziert und konnte rasch entscheiden – so wechselte sie auch mal kurzfristig das Hotel, weil es ihr «etwas zu italienisch» war.

Norditalienische Blütenpracht auf der Isola Bella: Reisen in den Süden Europas gehörten zum guten Ton beim Bildungsbürgertum.

Von der «Grand Tour» zum «Club Med»

Kaum jemand reiste bis ins 19. Jahrhundert aus purer Lust am Reisen. Reisen war meist Mittel zum Zweck, hatte geschäftliche oder religiöse Gründe, war beschwerlich und gefährlich. Eine Ausnahme ist die «Grand Tour». Diese Bildungsreise diente jungen Männern der Aristokratie und des Bürgertums seit der Mitte des 16. Jahrhunderts als «letzter Schliff» zum Erwachsenwerden. Die Italienreise dauerte in etwa zehn Monate. Ein längerer Aufenthalt in Florenz, Rom, Neapel und Venedig gehörte in jedes Programm.

Im 19. Jahrhundert stellte Italien nach wie vor ein begehrtes Reiseziel der betuchteren Gesellschaft dar. Reisen hatte sich insofern enorm vereinfacht, als Europa im 19. Jahrhundert mit der Eisenbahn erschlossen wurde. Eine der Hauptrouten in den Süden führte mit der Eröffnung der Gotthardbahn 1882 über Luzern nach Mailand. Für eine solche Reise zum eigentlichen Ausgangspunkt für weitere Italienreisen brauchte man ungefähr zwölf Stunden. Gereist wurde, je nach Vermögen, in Abteilen erster, zweiter oder dritter Klasse. Spezielle Reisedokumente für einen Ausflug von der Schweiz nach Italien waren um 1880 nicht notwendig, allerdings empfahlen die zeitgenössischen Reiseführer, stets einen Legitimationsausweis mitzutragen. Ein solcher war nötig für die Aushändigung nachgesandter Post oder von Bargeldüberweisungen. Erst 1915, während des Ersten Weltkriegs, führte die Schweiz ein einheitliches Passformular ein. Vorher diente der kantonale Pass oder ein Heimatschein als Identitätsausweis. Reisen war und blieb teuer, besonders wenn man – standesbewusst – auf den gewohnten Komfort nicht verzichten wollte. Mit 20 bis 25 Franken Aufwand pro Tag müsse man rechnen, steht im Reiseführer Baedeker von 1899 zu lesen. Allein schon die Übernachtung in einem guten Hotel kostete mit Frühstück 6.50 bis 8.80 Franken. Für die Hauptmahlzeit wurden nochmals etwa 5 Franken verlangt. Im Vergleich: Der Tagesverdienst eines Zimmermädchens ersten Rangs in einem besseren Hotel belief sich damals im Idealfall ebenfalls auf 5 Franken. Ferien, wie wir sie heute kennen, sind ein jüngeres Phänomen. Erst um 1900 begannen auch breitere Schichten in die Ferien zu fahren, und Urlaub wurde allmählich zu einem Massenkonsumgut. Der Aufstieg der Tourismusindustrie wurde nicht nur aufgrund des immer besser ausgebauten Verkehrsnetzes ermöglicht, sondern auch durch arbeitsrechtliche und kulturelle Veränderungen. Denn Ferien als Pause vom Arbeitsalltag, beispielsweise in einem «Club Med», mussten erst einmal für alle denk- und verhandelbar werden.

V. Fröhlich Grenzen überschreiten

wären sie noch gleichentags weggefahren. Dank den charmanten Überredungskünsten des jungen Augenarztes blieben die drei, und dieser Aufenthalt wurde endlich doch noch ein angenehmer.

Mit Otto Haabs Räucherkerzchen besiegten sie die Mücken und mit ihm als Fremdenführer bereisten sie zu Fuss, per Wagen und per Schiff Rapallo, Portofino, St. Frutuoso und badeten im Meer. Zum Abschied liessen sich die Damen und Fred von Herrn Haab im Wagen dem Meer entlang bis nach Chiavari chauffieren, bevor die drei Pages noch für eine Weile nach Viareggio und wieder Pisa und Florenz – diesmal mit Fred – reisten. Bisher hatte Professor Haab mit der Mutter seines kleinen Patienten immer Hochdeutsch gesprochen, in der Annahme, Frau Page sei Amerikanerin. Und Adelheid Page hatte ihn diesbezüglich auch nie korrigiert und war beim Hochdeutsch geblieben. Erst im Verlaufe dieser gemeinsam verbrachten Tage hatte Otto Haab endlich herausgefunden, dass die Amerikanerin eigentlich eine gewöhnliche Schweizerin war. Fortan wurde, zu Fridas Erleichterung, Schweizerdeutsch gesprochen. Und kurz darauf wurde Otto Haab von Adelheid Page für ihre Nichte als passender Ehemann auserkoren. Dass also ihre Frida zweieinhalb Jahre später die Braut des Professors wurde, war Adelheid Pages Initiative zu verdanken und der Aufklärung dieses Missverständnisses, da sich nun auch die junge Frida traute, sich mit dem bewunderten Professor zu unterhalten, ohne «das verflixte Hochdeutsch». Und selbstverständlich der erneuernden und belebenden Kraft des Reisens.

Fanden dank Adelheids Vermittlung zueinander: Frida und Otto Haab-Sidler.

VI Die Neue Welt

New York, Einwanderer

ADELHEID UND FRED PAGE KEHREN DER SCHWEIZ DEN RÜCKEN UND WANDERN NACH AMERIKA AUS – ZU EINER ZEIT, IN DER VOR ALLEM ARME UND ABENTEURER EINE NEUE HEIMAT JENSEITS DES ATLANTIKS SUCHEN.

Adelheid Page 1893 in New York: gemalt von ihrem Mallehrer William Merritt Chase.

Die Gischt zischte gegen den Schiffsrumpf, immer und immer wieder, dieses monotone Geräusch von Meer und Motoren war so schwer zu ertragen wie die Menschenmasse auf dem ganzen Schiff. Die Räume waren überfüllt und düster, schlecht gelüftet und stinkig. Über tausend Personen, die meisten von ihnen mit Kisten, Koffern und Taschen, lümmelten auf dem Schiff umher. Wenn es stürmte, was auf fast jeder Überfahrt mindestens einmal der Fall war, wurden Menschen und Gepäckstücke durcheinander gewirbelt. Kochen war dann unmöglich, so dass die Schiffsgäste hungern mussten. Bis zu 1700 Menschen befanden sich jeweils an Bord; starb jemand, wurde die Leiche möglichst bald über Bord geworfen. 1890 verlegten Adelheid und Fred Page definitiv ihren Wohnsitz in die USA, George hatte diesen Schritt bereits 1888 vollzogen. Nachdem Adelheid und Fred in der Schweiz, in Italien und Frankreich kreuz und quer den Kunstdenkmälern und schönen Orten nachgereist waren, folgte nun die ungleich längere und folgenreichere Reise: die Auswanderung in die USA.

Auch sie mussten mit einem der Ozeandampfer über den Atlantik reisen. Vielleicht reisten sie mit der «City of New York», einem 170 Meter langen Schiff für 1740 Passagiere. Die «New York» galt damals als bester Ozeandampfer, sowohl von der technischen Ausstattung her mit zwei Schrauben und dreifachen Expansionsmaschinen mit 18500 PS, als auch bezüglich der Einrichtung mit luxuriösen Salonräumen für die 540 Gäste der ersten Klasse sowie Bibliothek und einem Raum für Gottesdienste. Vielleicht nahmen die Pages auch ein französisches Schiff, zum Beispiel die «Normandie», die zwar nur 1150 Personen fasste, dafür aber für die hervorragende Küche und den ausgezeichneten Service des geschulten Personals berühmt war. Diese «schwimmenden Paläste» und «Könige der Flotten», wie die Dampfer von Zeitgenossen genannt wurden, hatten nichts mehr gemein mit den Segelschiffen, die bis 1870 für die Überquerung des Atlantiks zum Einsatz gekommen waren. Nach und nach waren diese von den Dampfschiffen abgelöst worden, zuerst von Rad-, dann von Schraubendampfern. Zwar dauerten zur Zeit von Adelheid Pages Überfahrt solche Reisen dank der verbesser-

Der Ozeandampfer «France»: Die Pages werden mit einem der besseren Schiffe gereist sein, höchstwahrscheinlich in der ersten Klasse.

ten Schiffsbauten und Dampfmotoren nur noch acht Tage – 100 Jahre zuvor hatte die gleiche Reise zehnmal so lange gedauert, 50 Jahre zuvor immerhin dreimal so lange. Durch die kürzere Überfahrtsdauer entschärften sich viele Schwierigkeiten, die zuvor unbeherrschbar gewesen waren: Frische Lebensmittel, ausreichend Trinkwasser, Hygiene waren keine unlösbaren Probleme mehr, Krankheiten oder sogar Seuchen waren praktisch kein Thema. Die neuen Schiffe waren für den Passagierverkehr eingerichtet (im Gegensatz zu den früheren Segelschiffen und Frachtkähnen), sie hatten Waschräume, getrennte Schlafsäle für Männer und Frauen, kleinere Abteilungen für Familien und Gruppen, mehrere Küchen- und Krankenzimmer. Vermögende wie die Pages hatten spezielle Luxuskabinen, die gleich drei Zimmer aufwiesen: ein Wohn-, ein Schlaf- und ein Badezimmer. Mit teuren Stoffen bespannte Wände, edle Hölzer und Möbel gehobener Stilsprachen zählten zur Ausstattung der noblen Suiten. Zur Verfügung standen für die Gäste der ersten Klasse zum Beispiel auch Gesellschaftszimmer, Ballsäle, Lesesalons, Raucherzimmer und Frisiersalons.

ATLANTIK, AGENTEN UND ABSCHIED

Amerika war damals das Land der Hoffnung und der Sehnsüchte. Nach Beendigung des Bürgerkriegs 1865 war Amerika zum Land der Zukunft geworden. Zwischen 1865 und 1890 verliessen nicht weniger als zehn Millionen Menschen Europa und hofften auf ein besseres Leben jenseits des Atlantiks. Amerika hiess die Einwanderer als neue Mitbürger willkommen, mehr noch: Man warb um sie. Die Auswanderung war zu einem lukrativen Geschäftszweig geworden: In der Schweiz propagierten 1885 359 Agenten von Auswanderungsagenturen die Reise in eine bessere Welt, das waren fast doppelt soviel wie drei Jahre zuvor.

Die grossen Auswanderungshäfen waren Le Havre, Antwerpen, Rotterdam, Liverpool, Bremen und Hamburg, wobei Liverpool einen schlechten Ruf hatte, aber billig war. Die Schweizer zogen meistens Le Havre vor, da es am nächsten lag. Grosse Schiffsreedereien waren die belgische

VI. Die Neue Welt

Die Ankunft war für viele eine Ernüchterung: ärmliche Strassenszene aus der Lower East Side in New York.

Das Abenteuer «Auswanderung»

Der Weg in die Neue Welt war für viele eine Tortur. Ein Schweizer Reisender berichtete von 1851, es herrsche «eine unbeschreibliche Uneinigkeit unter der Masse Menschen, welche im Zwischendeck wie zusammen gepöckelt sich befinden. Der Eine erbricht sich, während der Andere dicht neben ihm sitzt. Platz zum Stehen ist in den Zwischendecken nicht, weil jedes Plätzchen ausgefüllt ist oder zum Durchgang gebraucht wird.»

Samuel Mori, der 1885 von Bern nach Kentucky auswanderte, schrieb zur Überfahrt: «Am Mittwoch war ich so elend, dass es mir ganz gleichgültig gewesen wäre, wenn das Schiff untergegangen wäre [...] Wie lang schienen mir die Tage! [...] Dieses ewige Rauschen und Tosen ging mir auf die Nerven.»

Noch 1894, als sich die Bedingungen auf den Schiffen massiv verbessert hatten, notierte der Schweizer Paul Brandt, dass «die Klassenunterschiede [...] auf den Oceandampfern in aussergewöhnlicher Schroffheit zu Tage» treten. Seinen Eindruck vom Zwischendeck beschrieb er so: «Hier kann einer, der seine Augen auftut und nicht allzu schwache Nerven hat, so recht studieren, wie das arbeitende Volk entbehrt, kämpft, leidet und duldet, ohne zu murren und zu erlahmen; hier die bleiche, hagere, selber kranke Mutter, die ihrem schreienden Säugling die Brust bietet, den schmerzenden Kopf in die magere Hand gestützt; dort der blasse Vater, an dessen Brust ein kleiner Knabe und ein etwas grösseres Mädchen eingeschlafen sind; hier zwei Schwestern, die sich eng umschlungen halten; dort die zitternde Greisin, die sorglich über ihrem schlummernden Enkel wacht.»

Nach überstandener Reise erlebten viele eine Ernüchterung, so auch ein Schweizer 1865: «Der Anblick der Uferlandschaften brachte uns die erste Enttäuschung. Wir hatten ein Paradies erwartet, nun war's ein ganz gewöhnliches Land, und nicht einmal das [...] Die elenden Ansiedlerhütten machten einen schlimmen Eindruck auf uns. Einige Frauen fiengen an zu weinen, als sie dieselben sahen. Eine schimpfte auf ihren Mann und meinte, wenn er da wäre, würde sie ihm handgreiflich danken für das Glück, das er ihr beschert.» Dieser Auswanderer kehrte schliesslich mit seiner Familie wieder heim: «Das Heimathgefühl hatte längst bei mir wieder den Sieg davon getragen über den Trieb in die Fremde.»

Für die Auswanderer war Amerika das Land der Hoffnung: Für Adelheid Page war es die Reise in die Heimat ihres Mannes.

«Red Star Line», die «Holland America Line», die englischen «Cunard» und «Inman Line», ab Bremen und Hamburg die «Hapag» und die «Norddeutsche Lloyd», ab Le Havre die «Messageries Maritimes» und die «Compagnie Générale Transatlantique» (CGT). Der Konkurrenz- und Preiskampf war hart, deshalb wurden die Leistungen ausgebaut. So fuhr beispielsweise ein spezieller Auswanderungszug von Basel nach Le Havre, die Fahrt dauerte 21 Stunden; deutschsprachige Angestellte der CGT sorgten sich um die Passagiere und verkauften frische Lebensmittel und Milch zu günstigen Preisen.

Es ist anzunehmen, dass auch die Pages den kürzesten Weg über Le Havre gewählt haben. Die Züge wiesen damals – wie die Schiffe im Übrigen auch – nicht nur ein Zwei-Klassen-System wie heute auf, sondern hatten sogar drei Klassen. Die Pages dürften wohl in den weichen Sesseln der ersten Klasse gereist sein.

Auf den Molen der Häfen kam es jeweils zu ergreifenden Abschiedsszenen von sich nahe stehenden Menschen, die einander nie mehr sehen würden – nicht so bei Adelheid und Fred, weil sie über das Kleingeld verfügten, um jederzeit wieder zurückkehren zu können.

Das Überqueren des Atlantiks war um diese Zeit kein lebensgefährliches Unterfangen mehr, doch seekrank oder krank konnte man auf dem Schiff immer noch werden, auf dem Deck roch es zuweilen nach Erbrochenem, und die acht Tage offenes Meer waren nicht nur bei Sturm schwer zu ertragen und für aktive Menschen wie Adelheid Page eine Belastung. Immerhin waren es von Le Havre nach New York 5760 Kilometer, die zum Teil auf rauer See zurückzulegen waren.

Sie wird die Zeit der Überfahrt genutzt haben, Bücher gelesen, ihr Englisch verbessert oder den kommenden Aufenthalt minutiös vorbereitet haben. Vielleicht stand sie aber auch an der Reling, schaute ins endlos wirkende Meer und liess Bilder der Vergangenheit vorüberziehen. Sie war nun 37-jährig, zwei Drittel ihres Lebens hatte sie als Adelheid Schwerzmann in Zug verbracht, einen Drittel als Adelheid Page an der Seite des «Milchsüdi»-Generaldirektors George Page, vorwiegend in Cham, aber auch häufig unterwegs.

Nun hatte sie den einschneidenden Entscheid gefällt, ihrem Mann nach Amerika zu folgen. Die Motivation, in die USA überzusiedeln, gründete auf dem Beginn neuer Lebensphasen ihrer Männer: Fred hatte in Zug die Grundschule absolviert. Auf Wunsch seiner Eltern und im Speziellen seines Vaters sollte er nun amerikanischen Oberstufenunterricht bekommen. Dazu wurde das renommierte Columbia-College in New York auserwählt. Die amerikanische Bildung lag George sehr am Herzen. Denn obwohl George Page seit einem Vierteljahrhundert in der Schweiz und Europa gelebt hatte, war er durch und durch ein Amerikaner geblieben. Politisch unterstützte er die Monroe-Doktrin, welche forderte: «Amerika den Amerikanern!» Dass das Siedlerkind George Page diese Auffassung den Neuankömmlingen gegenüber vertrat, vermag zu erstaunen – doch unterschieden sich in seinen Augen die nun ankommenden Einwanderer von den früheren. Um 1888 war die Mehrheit der Einwanderer in die USA nicht mehr Bauern wie einst, sondern am häufigsten Arbeiter, am zweitmeisten Facharbeiter und erst an dritter Stelle Bauern. Woodrow Wilson, damals noch Professor der bekannten Universität Princeton und später Präsident der USA, mäkelte: «Die Einwanderer der letzten Jahre sind Männer aus der niedrigsten Klasse Süditaliens, Männer gemeinster Art aus Ungarn und Polen, Männer ohne berufliche Fähigkeiten, ohne Energie, Initiative und Intelligenz.»

Mit solchen Menschen hatte George, der keinerlei Begabungen als harmonisierender Diplomat hatte, offenkundig Mühe. Er hatte in seiner Heimat ganz anderes im Sinn. Schon seit längerem. Bereits 1881 hatte seine Anglo-Swiss Condensed Milk Company monatlich 16 000 Kisten Kondensmilch in die USA exportiert, die sich als guter und entwicklungs-

Die Ozeandampfer wurden auch «schwimmende Paläste» genannt: Hier der Erst-Klass-Salon im Wintergarten des deutschen Luxusschiffes «Imperator» von 1910.

GALENA AVE. BRIDGE CROSSING ROCK RIVER, DIXON, ILL.

George Page errichtete die vorbildliche Milchkondensierfabrik in der amerikanischen Provinz: Das verschlafene Dixon, Illinois, war seine Heimat und wurde deshalb als Standort ausgewählt.

fähiger Markt etablierten. Deshalb wollte George Page dort Fabriken errichten, nicht zuletzt, um den Zoll zu umgehen. Er beklagte sich immer wieder über die Schweiz, wo alles so teuer sei – ausser das Bier! 1882 hatten die Aktionäre seinen Vorschlag genehmigt, die Aktivitäten in Amerika auszuweiten, und noch im gleichen Jahr hatte George Page im ihm eigenen Handlungstempo die Orange County Milk Association gekauft, eine Fabrik in Middletown im Bundesstaat New York.

George Page hatte fortan rund die Hälfte des Jahres in den USA geweilt und damit das Europa-Geschäft vernachlässigt. Zudem hatte die Anglo-Swiss eine Offensive der amerikanischen Konkurrenzfirma Borden ausgelöst. Diese konnte mit ihrer eingeführten Marke Eagle ihren Marktanteil behaupten und warf zusätzlich Billigmarken wie «Champion» auf den Markt. Zudem schossen weitere Fabriken von fünf Konkurrenzfirmen aus dem Boden.

Page reagierte sofort. Er hielt seine Agenten zum Sparen an, zudem erhöhte und senkte er den Verkaufspreis entsprechend den Lagerbeständen, was die Kunden verärgerte. Er setzte auf Angriff: Agenten wurden durch eigene Verkaufsbüros ersetzt. Doch der Umsatz und vor allem der Ertrag des Amerikageschäftes blieben weit hinter den Erwartungen zurück. Der Reingewinn der gesamten Anglo-Swiss sank aufgrund der Defizite in den USA um die Hälfte! Die Probleme nahmen zu, als ungezuckerte Kondensmilch in den USA populär wurde. Zwar stellte die Anglo-Swiss auch diese her, glaubte aber nicht so recht an den Erfolg – eine Fehleinschätzung.

Durch den mässigen Erfolg der Firma kamen die Gebrüder Page unter Druck. Eine Aktionärsgruppe verlangte die Rückkehr des Generaldirektors

Antrag des Verwaltungsrathes
an die
Tit. Generalversammlung der Anglo-Swiss Condensed Milk Co., Cham
vom 4. März 1882.

Dem Verwaltungsrathe wird Vollmacht ertheilt, in den Vereinigten Staaten von Nordamerika condensirte Milch zu fabriziren.

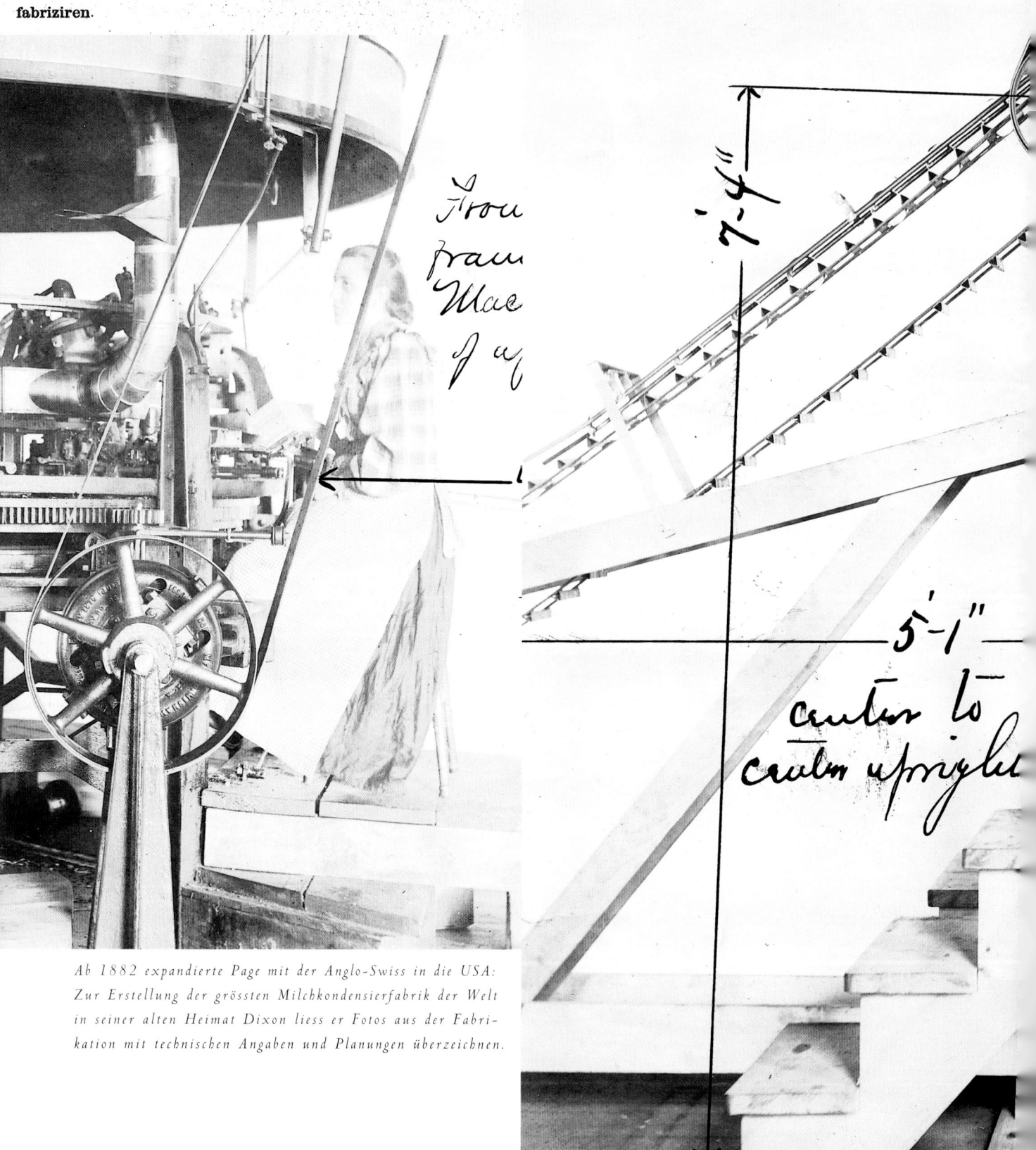

Ab 1882 expandierte Page mit der Anglo-Swiss in die USA: Zur Erstellung der grössten Milchkondensierfabrik der Welt in seiner alten Heimat Dixon liess er Fotos aus der Fabrikation mit technischen Angaben und Planungen überzeichnen.

7'-4"

5'-1" center to center upright

9'-0"

12" 3'-3"
2'-8" Wide

3'-0"

VI. Die Neue Welt

Die erste Fabrik der Anglo-Swiss in Amerika: der Betrieb in Middletown, New York – das Bild entstand nach dem Verkauf an die Borden Milk Company.

nach Cham und die Liquidation des US-Geschäftes: Doch die Pages setzten sich durch und wechselten den Verwaltungsratspräsidenten Paul Wild gegen ihren Getreuen Adolf Gretener aus.

Mit diesem Sieg im Rücken setzte Page zum Finale an. Er hatte seit 1888 die grösste Kondensmilchfabrik der Welt erbauen lassen, die Anglo-Swiss-Fabrik in Dixon, Illinois, in seiner alten Heimat. 500 000 Dollar setzte er für die Er- und Einrichtung der Fabrik ein (heutiger Geldwert: ca. 5,6 Mio. Franken), 250 Angestellte bekamen Arbeit. Georges Bruder William B. Page wurde als «Superintendent» eingesetzt.

WOLKENKRATZER, WALDPARK UND WAHLHEIMAT

Von dieser Leidenschaft ihres Mannes für Amerika wusste Adelheid Page, als sie 1890 von Europa nach Amerika reiste. Als sie in New York ankam, sah sie von Ferne bereits die 46 Meter hohe Freiheitsstatue beim Hafen. Diese war damals noch keine vier Jahre alt und als 254 Tonnen wiegendes Geschenk der Franzosen zum 100. Jahrestag der amerikanischen Unabhängigkeit aufgestellt worden. (Zuerst hatten sich die New Yorker am Geschenk aus Frankreich wenig interessiert gezeigt. Erst als die Franzosen die Statue anderen Städten anboten, erwachte New York, und 121 000 New Yorker spendeten für die Finanzierung des Sockels.) Für viele Einwanderer war sie das Symbol der amerikanischen Freiheit – deren Kehrseite nur Stunden später bei den Einwanderungsbehörden bitter erfahren werden musste. Adelheid Page konnte als amerikanische Staatsangehörige die langwierigen Immigrationsprozeduren im Castle Garden oder ab 1892 auf Ellis Island umgehen.

Ihr standen die Tore Amerikas offen. New York war damals das Tor Amerikas zur Welt. Dementsprechend strömten die Einwanderer in die Stadt. 1890, als Adelheid Page ankam, war New York eine Stadt mit anderthalb Millionen Einwohnerinnen und Einwohnern und damit eine der grössten der Welt. Die Stadt zeigte bereits ihr charakteristisches geometrisches Strassenmuster, der erste Wolkenkratzer, das «Tower Building» am unteren Broadway, markierte eine neue Epoche, die erste Hängebrücke aus Stahl der Welt, die «Brooklyn Bridge», verband Long Island mit Manhattan, das Metropolitan-Museum war eröffnet, ebenso die Metropolitan-Oper, und seit 1882 war New York dank elektrischer Stadtbeleuchtung auch nachts erleuchtet – die meisten Städte Europas blieben dagegen nachts dunkel. New York nahm Tuchfühlung mit der Moderne.

George zeigte sich in diesem Liebesbrief von der zärtlichen Seite: «You the light, I the showers» – «Du bist das Licht, ich der Regen».

William Merritt Chase war eine Berühmtheit in der amerikanischen Malerei: Seinen Schülerinnen und Schülern, darunter Adelheid Page, lernte er schnelles Malen.

1891 wurde schliesslich auch die Carnegie Hall eröffnet – durchaus denkbar, dass sich Adelheid Page die Eröffnungszeremonien nicht entgehen liess. New York hatte überhaupt viel zu bieten: 76 Theater und Konzerthallen warteten ebenso auf begütertes Publikum wie unzählige Museen und Sammlungen.

Fred Page besuchte das Columbia-College an der Ecke der 49. Strasse und der Madison Avenue. Die Schule war 1754 vom englischen König George II. gegründet worden und die älteste Schule New Yorks dieser Art. Zudem verfügte das Columbia-College über eine der grössten Bibliotheken Amerikas. Noch heute trägt das College eine Krone im Logo, welche an die königliche Gründung erinnert.

Während Fred in der Schule weilte, die er bis zur Matura besuchte, widmete sich Adelheid Page unter anderem der Malerei. Sie nahm Unterricht beim amerikanischen Maler William Merritt Chase (1849–1916). New York war damals das künstlerische Zentrum Amerikas – wer etwas auf sich hielt und die Nähe von Museen und Mäzenen suchte, landete in New York. So auch Chase. Geboren und ausgebildet in Indiana, kam er nach dem Bürgerkrieg in die Metropole. Er machte sich bald einen Namen als Maler von Landschaften, Stillleben und Porträts – und als Lehrer. Chase war auch Präsident der Amerikanischen Künstlergesellschaft, Mitglied der National Academy of Art und mit der Silbermedaille für Malerei der Weltausstellung 1889 ausgezeichnet. Adelheid Page wählte ihn wohl aus, weil er bekannt war und auch die alte Welt kannte: 1872–77 hatte er in München gelebt, 1877–78 in Venedig. Der Hauch des Kosmopolitischen, welchen Chase verströmte, dürfte Adelheid Page gefallen haben: Er kannte sich ebenso gut aus in der zeitgenössischen Malerei Amerikas wie bei Europas alten Meistern, etwa Diego Velazquez oder Frans Hals, aber er war kein Avantgardist. Im Gegenteil: Er lehnte konsequent die moderne Malerei ab. Sein Atelier an der 51. Strasse war eine Anhäufung von Antiquitäten, exotischen Einrichtungsgegenständen und Kuriositäten aus aller Welt – und wurde zum Künstlertreffpunkt. Chase selber war ein Exzentriker: Er inszenierte sich als Bohème-Künstler, kleidete sich nur in elegante Anzüge, trug ein Monokel, hielt sich einen

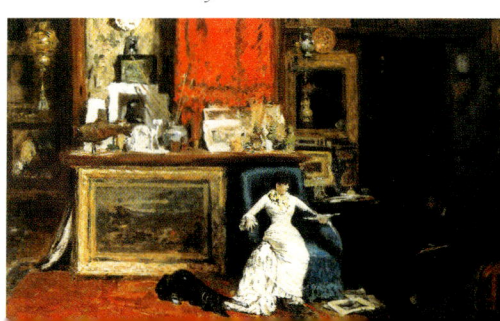

Chases Bild von seinem Atelier an der 51. Strasse in New York: War ein Künstlertreffpunkt, an dem sich auch Adelheid Page aufhielt.

VI. Die Neue Welt

Auf ins Land der unbegrenzten Möglichkeiten

Zug war, wie die nebenstehende Tabelle ausweist, kein typischer Übersee-Auswanderungskanton. Bezogen auf die kantonale Wohnbevölkerung lag das Jahresmittel an Auswanderern im Zeitraum von 1880–1884 bei 3,8 Prozent, von 1885–1893 dann nur noch bei 1,6 Prozent. Der grösste Anteil der zwischen 1880 und 1900 aus dem Kanton Zug nach Übersee ausgewanderten Personen, nämlich circa 85 Prozent, wählte sich Nordamerika als neue Heimat aus. In den frühen 1880er-Jahren ist eine Überseeauswanderungswelle zu verzeichnen. Die Auswanderungswilligen stammten vor allem aus den Jurabezirken der Kantone Bern, Solothurn, Basel-Landschaft und Aargau. Auch aus dem Kanton Schaffhausen, dem bernischen Seeland, dem Glarnerland, den St. Galler Voralpen und einigen Bündner Bezirken, dem Oberwallis und dem Sopraceneri wanderten viele aus.

Jahr	Überseeauswanderung Schweiz	Überseeauswanderung Kanton Zug
1880	8060	46
1881	12 000	49
1882	12 262	131
1883	13 806	126
1884	10 104	163
1885	7830	83
1886	6616	29
1887	7802	52
1888	8758	98
1889	8774	162
1890	8012	36
1891	7716	30
1892	8029	38
1893	6247	32
1894	3919	37
1895	4338	21
1896	3400	9
1897	2578	6
1898	2358	11
1899	2563	22
1900	3886	25

Quelle: Ritzmann, Neue Welt, S. 624–627

In 9 Tagen von Basel nach New-York
mit den neuen grossen französischen Schnellpostdampfern der Compagnie Générale Transatlantique: Normandie, Bretagne, Gascogne, Bourgogne, Champagne. **Eintreffen in Basel jeden Donnerstag Mittags, ab Havre jeden Samstag.**
Auskunft über Passage ertheilt der alleinige General-Agent für die Schweiz **A. Zwilchenbart**, Basel und New-York sowie dessen Vertreter **Magnus Iten**, Unterägeri und **Oswald Schicker**, Baar. NB. Speditionen nach Centralamerika, Südamerika (Argentinien), Afrika, Australien und Neu-Seeland. (H-3318-Q)

Inserat aus dem «Zuger Volksblatt» von 1886: Magnus Iten in Unterägeri und Oswald Schicker in Baar fungierten als Vertreter der Auswanderungsagentur.

Wolfshund und liess sich stets von einem schwarzen Diener mit Fez verwöhnen. Zudem wies Chase einen Charakterzug auf, der dem Geschmack Adelheid Pages entsprochen haben dürfte: Er machte unter Zeitgenossen mit seinem atemberaubenden Maltempo von sich reden. Über 2000 Bilder soll er hinterlassen haben, und seinen Schülern, die er ab 1896 sogar in seiner eigenen «Chase School of Art» unterrichtete, soll er gesagt haben: «Nehmt Euch genug Zeit für Euer Bild, wenn's sein muss zwei Stunden.» Vielleicht kam dem Ehepaar Page Chases Maltempo zugute, als sie sich 1893 von ihm malen liessen: Die beiden Bilder, die heute noch im Besitz ihrer Nachkommen sind, zeigen Adelheid als reife Frau, die sich durch nichts aus der Ruhe zu bringen lassen scheint, und George als untersetzten Mann, der etwas müde wirkt, aber am linken kleinen Finger einen bemerkenswerten Ring mit Edelstein trägt.

Stattlicher, etwas untersetzter Mann: So malte Adelheids Mallehrer William Merritt Chase George Page.

Neben der Malerei wird Adelheid ihren Gatten George gelegentlich zu den verschiedenen Anglo-Swiss-Fabriken in Amerika begleitet haben. Mit Bestimmtheit wird George seiner Adelheid mit Stolz seinen Betrieb in Dixon vorgeführt haben: der Welt grösste Kondensmilchfabrik.

Die Fabrik brachte in Pages Heimat viel in Bewegung. Page forderte den Ausbau der Strassen, und in der Tat wurden über 30 Meilen neue «hard roads» gebaut. Zudem entstand der neue Stadtteil Swissville in Dixon. Die Entstehung des Namens «Swissville» hat einen besonderen Hintergrund: Am 18. Mai 1889 verliessen 18 Chamer und Chamerinnen auf Geheiss von Generaldirektor Page ihre Heimat, schifften bis nach New York, von dort nahmen sie den Zug nach Chicago und reisten weiter nach Dixon, zehn Tage sollen sie unterwegs gewesen sein. Diese 18 Schweizer waren die ersten Angestellten der neuen Fabrik.

Sie wohnten zuerst in dem Haus namens «The Barn», einer Art Scheune hinter der Fabrik; erst danach baute man für sie ein zweistöckiges Haus, das später für neu ankommende Arbeiter Verwendung fand. Im Parterre waren drei Küchen untergebracht, im ersten Stock die Schlafräume. Jeden Samstag und an Geburtstagen liessen die Schweizer Arbeiter in den Essräumen grosse Feste steigen. So kam es zur heute noch bestehenden «Schweizerstadt» in Dixon, Illinois.

Um 1880 lebten 88 621 Schweizer in den Vereinigten Staaten, 1890 waren es bereits 104 000 in der Schweiz Geborene: Das entsprach der Einwohnerzahl der Städte Luzern, Biel und Lausanne zusammen! Allein zwischen 1887 und 1890 wanderten 27 078 Schweizer in die USA aus,

VI. Die Neue Welt

die grösste Altersgruppe machten mit 42 Prozent die 20- bis 29-Jährigen aus. Swissville war deshalb keine Ausnahme als Schweizerkolonie. In Indiana existierte Tell City, in Wisconsin New Glarus, in North Carolina New Berne, in Ohio Neu-Basel, in Indiana Vevay und Berne, in Kentucky Bernstadt und in West Virginia Helvetia. In der Nähe von Swissville, in Madison County, Illinois, war bereits 1831 die Siedlung New Switzerland entstanden, um 1870 lebten über 1500 Schweizer dort. George Page vergrösserte 1892 sein Swissville in Dixon, indem er weiteres Land urbar machen liess und zusätzliche Häuser für Zuwanderer erstellte. Den Teil mit der ersten und zweiten Strasse nannte er zu Ehren seiner Frau «Adelheid Subdivision». Damit nicht genug. George Page zeigte immer wieder ein grosses Faible für die urwüchsige Natur, in der er aufgewachsen war. So kaufte er 1897 ein grosses Waldstück in der Nähe von Fabrik und Swissville. Er liess den Wald ausdünnen und begehbar machen, schlängelnde Wege, Kanäle und steinerne Brücken über Schluchten anlegen. Sein Ziel war es, den schönsten Park der Region zu schaffen und für die Öffentlichkeit zugänglich zu machen; dazu investierte er Tausende und Abertausende von Dollars. Page gab dem 160 000 Quadratmeter messenden Park den Namen «Adelheid Park».

Um die Jahrhundertwende war der «Adelheid Park» mit seinen liebevoll angelegten Wegen durch reizende Schluchten und Waldungen eine der Attraktionen von Dixon. Leute aus der Stadt, aber auch aus der umliegenden Gegend liessen sich vom Naturspektakel des Waldparks faszinieren. Heute trägt der Park den Namen seines nachmaligen Besitzers «Reynoldswood». Einen Bauernhof, den George Page im benachbarten Rocker River Valley kaufte, nannte er «Adelheid Farm».

«Adelheid Subdivision», «Adelheid Park», «Adelheid Farm» – George Page rollte seiner Adelheid den roten Teppich aus. Er scheute keinen Aufwand, um seine Frau zu ehren und es ihr in seiner Heimat so behaglich wie möglich einzurichten.

Doch für Adelheid Page waren die Jahre in Amerika kein Ankommen in ihrer Wahlheimat, sondern eine Durchgangsstation. Kaum hatte Fred Page das Diplom seines Colleges in New York erworben, wurde wieder gezügelt – zurück nach Europa: von New York, dem Zentrum der Neuen Welt, nach Paris, dem Zentrum der Alten Welt.

Adelheid zu Ehren, errichtet von ihrem Mann George: Der «Adelheid Park» und die «Adelheid Subdivision», beide in Dixon, gleich bei der Anglo-Swiss-Fabrik.

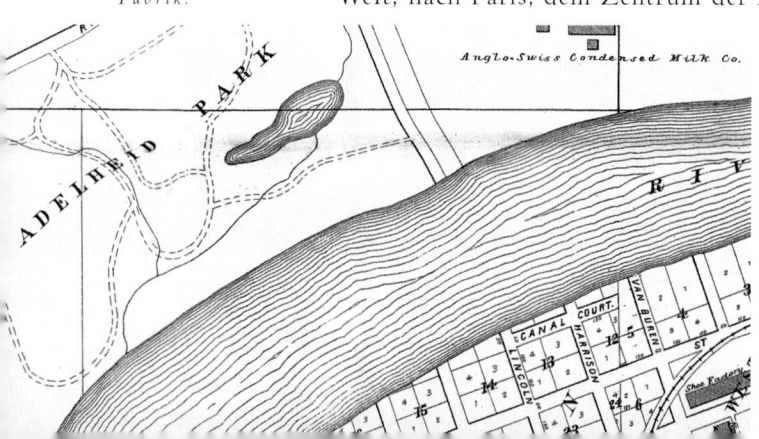

VII. Dolce Vita

Paris, Eiffelturm 1889

PARIS IST UM 1890 MEHR ALS NUR DIE HAUPTSTADT FRANKREICHS, SONDERN DAS ZENTRUM EUROPAS. IN DIESE PULSIERENDE STADT ZÜGELT ADELHEID PAGE MIT IHREM SOHN FRED – UND NIMMT SICH DEN WELTBERÜHMTEN EDGAR DEGAS ALS MALLEHRER.

Adelheid Page erlebte Paris im Festtaumel: Die «Belle Epoque» wurde zelebriert, als sie dorthin zog.

12 000 Eisenteile mit 2 500 000 Nieten verbunden, das Bauwerk nichts weniger als eine Sensation: 1889 war der Eiffelturm in Paris zur Weltausstellung erstellt worden, mit seiner Höhe von 300 Metern und 65 Zentimetern blieb er 41 Jahre lang das höchste Gebäude der Welt. Er war mehr als doppelt so hoch wie die Cheops-Pyramide oder das Strassburger Münster! Dank seiner neuartigen Metallkonstruktion war der Eiffelturm ein Triumphzeichen der Technik, ein Symbol für das eiserne Zeitalter, ein Schmuckstück der Ingenieurskunst. Die zusammengefügten Teile hatten sieben Millionen Löcher, die, aneinander gereiht, ein Rohr von 70 Kilometer Länge ergäben. Das Gesamtgewicht von 7500 Tonnen wurde so verteilt, dass pro Quadratzentimeter Boden nur ein Druck von vier Kilogramm ausgeübt wurde. Die allgemeine Meinung war eindeutig: Die Ingenieure hatten gezaubert!

Der Eiffelturm war die Attraktion. In den ersten siebeneinhalb Monaten zahlten 1 896 967 Personen Eintritt, um das Ereignis besteigen zu können. Vertreter der Politik wie der französische Ministerpräsident Sadi Carnot, des Theaters wie die Diva Sarah Bernhardt, der Wissenschaft wie der geniale Erfinder Thomas Edison, des Adels wie der Prince of Wales oder Vertreter der Unterhaltung wie Buffalo Bill erklommen den Turm. Als Adelheid Page mit ihrem Sohn Fred 1895 nach Paris umzog, wird sie als eine Person, die von den Errungenschaften der Technik angetan war, auch den Eiffelturm bestiegen haben, entweder die 1710 Stufen zu Fuss oder einen Teil mit dem Lift und den Rest zu Fuss. Vielleicht fühlte sie sich als amerikanische Staatsbürgerin zur «Anglo-americain Bar» auf der ersten Plattform hingezogen und trank dort etwas und genoss die exklusive Vogelschau auf die neu sternförmig angelegte Stadt.

Nach Paris gezogen war Adelheid Page, um ihrem Sohn Fred die beste Ausbildung als Architekt zu ermöglichen. Er studierte an der Ecole des Beaux-arts, einer der ältesten und renommiertesten Hochschulen ihres Fachgebietes, direkt beim noblen Louvre gelegen. Paris bot jede Menge Anschauungsunterricht für den kommenden Architekten Fred Page: Baron Haussmann hatte das verwinkelte alte Paris weggeräumt und daraus eine Stadt mit imposantem Strahlennetz und grosszügigen Boulevards gemacht.

Flanieren und Konversieren, Sitzen und Schauen: Der Müssiggang auf den Boulevards gehörte zu den liebsten Beschäftigungen im damaligen Paris.

PARIS - AVENUE DU BOIS DE BOULOGNE

Und in der Innenstadt wuchsen neue Monumente: Banken, Börsen, Handelskammern und Rathäuser waren die neuen Paläste der Zeit. George Page indes behielt den Wohnsitz in den USA, allerdings reiste er sehr viel umher. Dagegen richtete sich Adelheid Page mit Fred in Paris ein. Paris war ihr keineswegs fremd; zum einen sprach sie seit ihrem Sprachaufenthalt in Vevey als junge Frau gut Französisch, zum anderen war sie öfters in Paris gewesen, als ihre Schwester Elise mit ihrem Mann Alois Bossard zwischen 1880 und 1887 in Paris gelebt hatte.

GLÜHBIRNEN, GRAND CAFÉ UND GARTEN EDEN

Seither war Paris noch spannender geworden. Es herrschte Fortschritt, wohin man blickte. Erfindungen um Erfindungen machten die Runde, so sehr sogar, dass man fürchtete, bald nichts mehr zum Erfinden zu haben. Autos, Elektrizität, Telefon, Radio, Kino, Flugzeug – alles stammt aus dieser Zeit. Technik und Wissenschaft machten das Leben einfacher und schöner. Die grossen Erfinder wie Alexander Graham Bell (Telefon), Thomas Alva Edison (Generator, Glühbirne, Grammophon usw.) oder Guglielmo Marconi (drahtlose Telegraphie) waren die Stars

Die Avenue de l'Opéra um 1890: Adelheid Page liebte Theater und Opern – in Paris gab's diese zur Genüge.

der damaligen Zeit. 1896 führten die Gebrüder Auguste und Louis Lumière im Pariser Grand Café ihren ersten Kinofilm vor – durchaus denkbar, dass Adelheid und Fred Page mit dabei waren. Die Lumières wiesen einen Zug auf, den Adelheid an ihrem Mann George so schätzte: Sie waren Industrielle und Erfinder. So könnte es sein, dass Adelheid Page die Premiere der laufenden Bilder miterlebt hat. Und dabei die Schrecksekunde durchgestanden hat, als die Lokomotive auf der Leinwand dem Publikum entgegenraste.

Paris zelebrierte zu jener Zeit das Fin de siècle, die «Belle Epoque». Frankreich hatte Hoffen und Bangen hinter sich, Revolutionen und Restaurationen, Regierungen und Monarchen, Kriege und Krisen – nun genoss man die republikanischen Errungenschaften in vollen Zügen. Paris war die boomende Stadt der Salons, Cafés und Cercles, aber auch der Theater, Varietés und Bordelle. Operettenkomponist Jacques Offenbach setzte das Lebensgefühl in Verse um:

«Alles eilet,
alles rennet nach dem herrlichen Paris.
Wer die Stadt noch nicht kennet,
der weiss nichts vom Paradies.»

VII. Dolce Vita

Paris war damals das Eldorado der Moderne, der Garten Eden auf Erden, das Schlaraffenland des guten Lebens. Kunstschaffende wie Offenbach, aber auch gewöhnliche Leute wähnten sich in Paris im Goldenen Zeitalter. Der Bevölkerungszuwachs war enorm. Neben allem Glanz vegetierten in Elendsvierteln Tausende, die ebenfalls in die Stadt gedrängt waren, um ein wenig an der neuen Zeit teilzuhaben – und dabei gescheitert waren. Davon sah man in der Pariser Welt der Reichen und Schönen, zu denen auch Adelheid Page zählte, nichts – oder hatte keine Augen dafür. Für alle, die Reichen und weniger Reichen, galt das Prinzip Hoffnung. Kein Wunder, waren Zukunftsromane nie populärer als in den 1890er-Jahren. Jules Verne reiste in seinen Büchern zum Mond, H.G. Wells erfand die Zeitmaschine für die Reise in die Zukunft. 1892 erschien in Frankreich Albert Robidas' Roman «Das elektrische Leben»: Er sah darin das Ende des Briefeschreibens durch das Telefon voraus, schrieb von elektrischen Schreibmaschinen und Eisenbahnen, von Hubschraubern und Flugreisen, von Musikkassetten und Retortenbabys, aber auch von Maschinengewehren und Panzern, von Chemiewaffen und Umweltverschmutzung. Am bekanntesten ist seine Idee eines «Telephonoskops», bekannt geworden als Fernsehen. Robidas, heute längst vergessen, war damals ein Visionär sondergleichen. Was Paris damals war, ist Amerika heute: das Land der unbegrenzten Möglichkeiten, die Endstation Sehnsucht.

Den Anschluss an diese grosse Welt, an das Dolce Vita, suchten viele. In der Stadt, welche zu dieser Zeit rund 50 Theater hatte, waren die wahren Bühnen die breiten Boulevards, auf denen der Vorhang nie fiel. Als Akteure zogen die Frauen mit ihren langen Kleidern und seidenen Säumen ihrer Unterröcke vorbei sowie die Männer mit ihren Zylindern und Melonen. Könige der Boulevards waren Adelige wie der Duc de Gramont-Caderousse, aber ebenso neureiche Eisenbahnbarone, abgetakelte Marquisen, blasierte Dandys, verwelkte Baronessen oder steinreiche Möchtegerne. Ihnen gemeinsam war die Lust, sich zu exponieren und inszenieren. Flanieren und Konversieren, Sitzen und Schauen galten als die liebsten Beschäftigungen im modernen Paris. Im Reiseführer Baedecker hiess es dazu: «Auf den Boulevards ist es höchst unterhaltend, vom sicheren Sitz aus die vorüberflutende Menge zu beobachten.» Als Nebenbühnen fungierten die Passagen und die neuen Kaufhäuser wie das «Lafayette», welche die kleinen Läden und Märkte zu verdrängen begannen. Damit fing zwar das Massenzeitalter an, doch weil so viele guter Laune waren, war die Festlaune nicht getrübt.

Unterricht beim grossen Meister: Adelheid Page wurde Schülerin von Edgar Degas, im Bild mit seiner Haushälterin Zoë Closier.

In dieses aufregende Paris zog Adelheid Page – was ihr Mann dazu sagte, ist nicht überliefert. Sie nahm sich eine standesgemässe Wohnung, die laut Aussage ihrer Nichte Frida «ausserordentlich hübsch» und «behaglich» gewesen sei. Zudem wies diese Bleibe die Besonderheit auf, dass sie ein grosses Atelier hatte. Denn Adelheid Page frönte in Paris einer ihrer grossen Leidenschaften: der Malerei.

Bereits in den USA hatte sie gemalt, hier in Paris fand sie sich in einem dermassen inspirierenden Umfeld wieder, dass sie sich in der Wohnung ein grosszügiges Atelier einrichtete und Malunterricht nahm. Damals ein eigenes Malatelier zu haben, war aufwendig und speziell, weil die Haushalte noch nicht elektrifiziert waren. Licht holten sich die Malenden mittels grosser Fenster, häufig auch Dachfenster, auf die Leinwände. Solche baulichen Massnahmen konnten sich viele nicht leisten. Adelheid Page schon. Auch liess sie sich nicht von irgendeinem Künstler anleiten, sondern von einem der Besten, von Edgar Degas. Der Maler hatte mit seinen Bildern von den Reitplätzen und Ballettsälen für Furore gesorgt, er war einer der Helden der Pariser Kunstszene. Mehr noch, Degas war die Lichtgestalt der Malergilde: finanziell und geistig unabhängig, keinem stilistischen Lager klar zuzuordnen, fiel er weder auf durch künstlerische Exzesse noch durch skandalöse Streifzüge durch die Halbwelt – er imponierte durch seine Kunst und nicht, wie so viele andere, durch den Lebenswandel oder Habitus.

Rue Decamps 7 in Paris: An dieser Adresse hatte Adelheid eine geschmackvolle Wohnung und ein Malatelier unter dem Dach.

Bilder, die Edgar Degas berühmt gemacht hatten: doppelbödige und ungewohnte Szenen aus dem Ballett der Oper und vom Rennplatz.

Impressionen statt Wissen

Eine Gruppe junger Künstler organisierte 1874 in Paris eine eigene, vom Pariser Salon unabhängige Ausstellung. Dieses kühne Vorhaben erntete Kritik von verschiedener Seite. Und es trug der Gruppe einen über lange Zeit hinweg negativ besetzten Namen ein: Impressionisten. Mitglieder der Gruppe waren: Claude Monet (1840–1926), Auguste Renoir (1841–1919), Camille Pissarro (1830–1903), Alfred Sisley (1839–1903), Paul Cézanne (1839–1906), Edgar Degas (1834–1917) und – als einzige Frau – Berthe Morisot (1841–1895).

Diese Impressionisten hatten es gewagt, die Methoden der anerkannten Maler ihrer Zeit zu verlassen und die avantgardistischen Entwicklungen der vorausgegangenen Jahre aufzunehmen. Neu war zum Beispiel, dass sie im Freien arbeiteten. Auf der Leinwand wollten sie die Dinge nicht so festhalten, wie sie aufgrund eines allgemeinen Wissensstandes eigentlich zu sein hatten. Vielmehr versuchten sie, die Dinge auf die Weise einzufangen, wie sie sie im Moment des Malens sahen. Ein wichtiges Element war dabei das Spiel von Licht und Farben, ein Spiel, das die Formen der Gegenstände verzerren konnte. Die Vorgänge von Licht und Luft faszinierten Claude Monet so stark, dass er über längere Zeit dasselbe Motiv für seine Bilder auswählte – etwa den Pariser Gare Saint-Lazare oder die Kathedrale in Rouen – um deren Wirkung zu verschiedenen Tageszeiten, bei hellem oder dunklem Licht, nebligem oder trockenem Wetter auf der Leinwand zu fixieren. Doch zum Zeitpunkt seiner Kathedralen-Serie hatte sich die Gruppe nach mehreren gemeinsamen Ausstellungen bereits wieder aufgelöst. Mit ihrer letzten Ausstellung von 1886 begann die Periode des Post-Impressionismus. Nach 1886 konnten die Impressionisten ihre ersten Bilder verkaufen, eine breite Anerkennung fanden sie indes auch dann noch nicht. Als ein bedeutender Kunstsammler im Jahr 1893 starb, der seine Sammlung dem französischen Staat vermachte, brachte dieses Geschenk die Regierung in Verlegenheit. Politiker, Akademiker und Kritiker wehrten sich dagegen, dass impressionistische Bilder in Museen gehängt wurden. So nahm die Regierung das Vermächtnis nur teilweise an. Von Monets sechzehn Bildern wurden beispielsweise gerade einmal acht zugelassen, von Pissarros achtzehn nur sieben. Degas war der einzige Künstler, dessen Bilder alle angenommen wurden.

Damals war Degas bereits 62-jährig und der Malerei etwas überdrüssig: Schon in den 1870er-Jahren hatte er grosse Erfolge gefeiert, nun litt er unter seinem Augenleiden, welches er sich im Deutsch-Französischen Krieg 1870–71 zugezogen hatte. Er schrieb jetzt Sonette, fotografierte, modellierte Skulpturen, bei denen er die nachlassende Sehkraft durch die Gestaltungskraft der Hände ersetzen konnte – und er unterrichtete, zum Beispiel Adelheid Page.

Adelheid Pages Bild mit dem Titel «Schlafender Junge»: eine intime Stimmung in tonigen Farben.

Degas hatte als Künstler viele Begabungen. Madame Page wird wohl von seiner Fähigkeit begeistert gewesen sein, die Abgründe öffentlicher Vergnügungen aufzuzeigen, wenn er die Gäste der Pferderennen ebenso wie die Herrenreiter ins Bild rückte und einen Hauch der damaligen Dekadenz vermittelte. Was Degas Adelheid Page in ihren Pariser Jahren beigebracht hat, wissen wir nicht. Doch sind aus dieser Zeit noch einige Bilder von ihr vorhanden, die auf seinen Einfluss hindeuten.

LEHNSTUHL, LICHT UND LEIDENSCHAFT

Das Gemälde «Schlafender Knabe im Lehnstuhl» zeigt, dass Adelheid Page ein stimmiges Bild malen konnte. Das Kind hat seinen Kopf auf die linke Lehne des grossen Stuhls gelegt. Auch wenn die rechte Stuhllehne höher angelegt ist als die linke und der Apfel gekünstelt wirkt, erzeugt das Bild mit dem Lichtkegel auf dem schlafenden Gesicht und seinen tonigen Farben eine intime Stimmung. Es ist um 1895 in Paris entstanden. Das Bild «Interieur mit George H. Page» hat Adelheid Page zwei Jahre später gemalt, ebenfalls in Paris. George wohnte zwar damals in New York, gelegentlich kam er auf seinen Reisen auch nach Paris. Adelheids Bild zeigt ihn im gemütlichen Wohnzimmer beim Lesen seiner Zeitung. Interessant ist die Gewichtung des Umfeldes, welches grossen Raum einnimmt und im Titel des Bildes der porträtierten Person sogar vorangestellt wird. Auch bei den Bildern Degas' spielen die Details der gemalten Innenräume eine grosse Rolle.

So auch hier beim Bild seiner Elevin: Kleine Tapisserien bedecken die Böden, die Bilder an den Wänden sind dick umrahmt, der Wandtisch weist gedrechselte Beine und einen breiten Zierrahmen auf. George Ham Page, damals 62-jährig, sitzt auf einem grossen Stuhl, der etwas vom noblen Lebensstil verrät. Die Farbtöne sind kräftiger geworden, sie sind dennoch fein komponiert und vermitteln eine in sich ruhende Welt. Das Bild spiegelt zwei entscheidende Aspekte von Adelheid Pages Leben

Das Pariser Adressbuch von Adelheid Page: Zahlreiche Personen aus der Kunst- und Antiquitätenwelt sind darin verzeichnet.

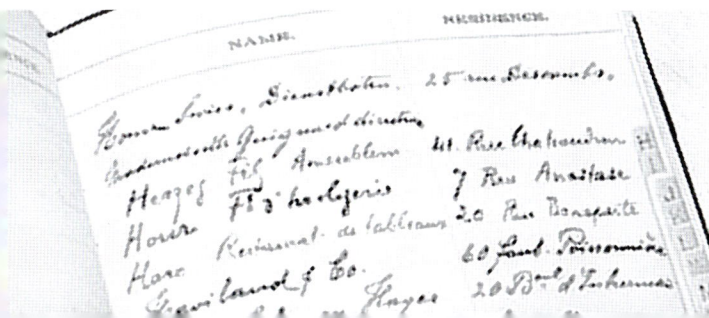

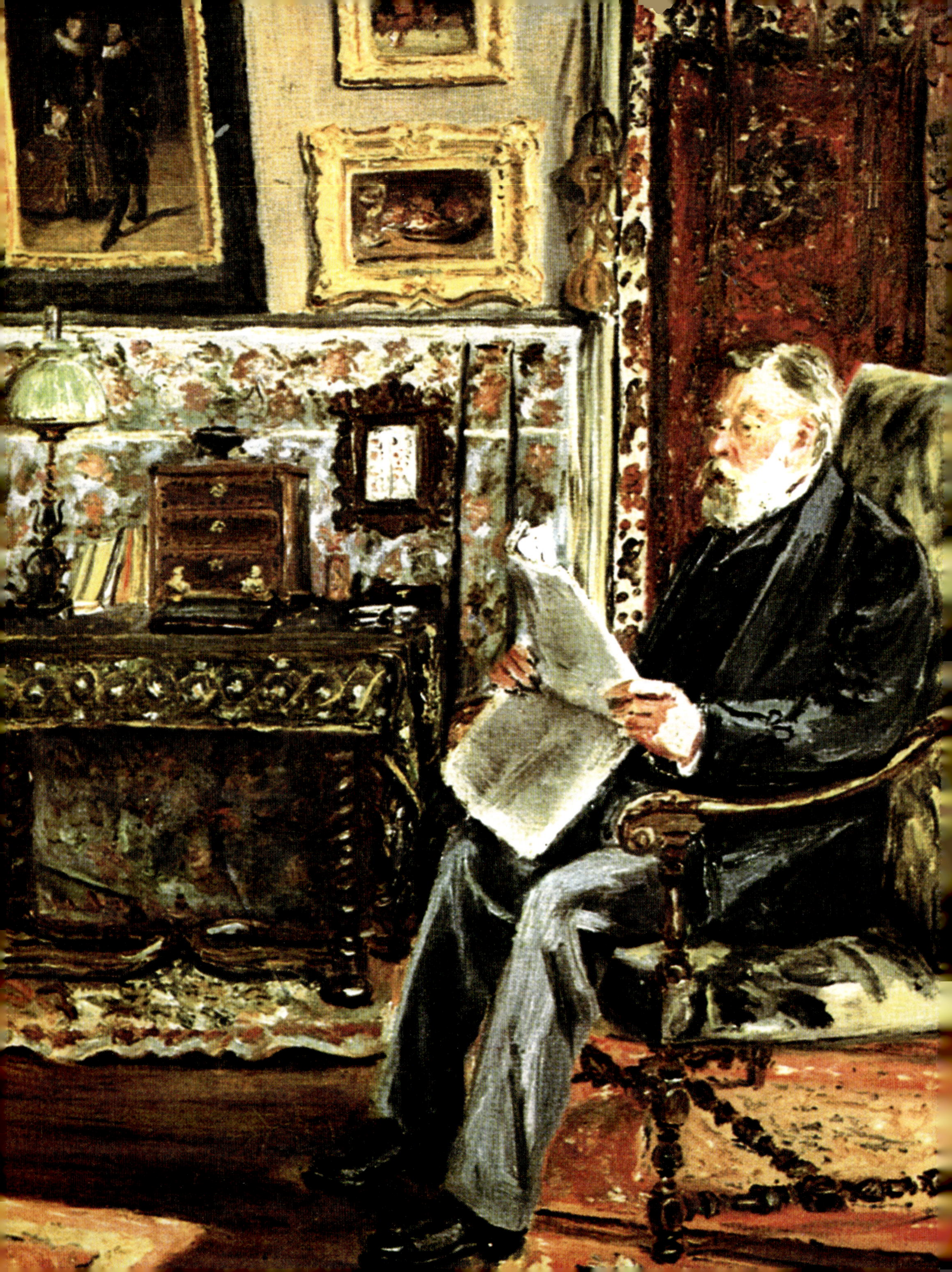

in Paris: die Malerei und den gehobenen Lebensstil. Zur Illustration des Zweiten dient ihr Adressbuch aus jener Zeit, das erhalten und zierlich mit ihren Initialen «AP» bestickt ist. Es zeigt quasi ihr Koordinatensystem in Paris auf. Aufgrund ihres Gemäldes «Interieur mit George H. Page» erstaunt es nicht, dass sie Adressen von verschiedenen Möbelhändlern aufgeführt hat, den Antiquitätenhändlern «Au vieux Delft», «Liberty & Co.» für englische Möbel und Stoffe oder Dubuffet, der spezialisiert war auf Artikel aus China. Es folgen verschiedene Teppich- und Tapetengeschäfte. Dann fällt auf, dass sie einen amerikanischen Zahnarzt und einen amerikanischen Schuhmacher in den Adressspalten aufführt – stets nur mit der Anschrift und nicht mit der Telefonnummer, weil damals das Telefon zwar erfunden, aber noch nicht verbreitet war. Ebenfalls tauchen eine Schneiderin, ein Bildhauer und ein Uhrmacher auf, aber auch das «Modèle» Domenico Rosati und ein Rahmenmacher sowie ein Spediteur. Für Notfälle hat sie eine Adresse des «home swiss», welches Schweizer Dienstboten vermittelt.

Nicht nur temporäre Unterstützung wie einzelne Bedienstete, sondern dauerhafte Lebensbegleitung bot Astère Ketterer. Adelheid Page hatte ihn engagiert als Privatlehrer und vielseitig einsetzbaren Assistenten: Er hatte schon früher Fred Französischunterricht erteilt, unter anderem während der Sommerferien auf dem Hochsitz Horbach auf dem Zugerberg – schliesslich hatte er bereits Erfahrungen als Erzieher am griechischen Hof gesammelt. Nun unterrichtete er Fred abermals in Französisch. «Ketti», wie er salopp genannt wurde, war fortan ein treuer Gefährte von Adelheid Page; er folgte ihr später nach Cham, fungierte als ihr persönlicher Berater und Assistent und durchlief bei der Anglo-Swiss eine Laufbahn vom Prokuristen zum Direktor. Er war seiner Gebieterin so treu ergeben, dass er erst nach dem Ableben von Adelheid Page heiratete.

Es ist zu vermuten, dass Adelheid Page auch Zugang hatte zu den damals populären Damenzirkeln in Paris. Frauen trafen sich bewusst ohne Männer. Vermögende Frauen wie Frau Page tauschten sich dort aus mit Schriftstellerinnen, in die Jahre gekommenen Kurtisanen und geistreichen Wissenschafterinnen. Kontakt hatte Adelheid Page auch mit Vertretern der Pariser Bourgeoisie. So traf sie sich des Öfteren mit der Familie Diez. Witwe Diez stammte aus einer alten Pariser Familie und hatte einst neben Adelheids Schwester und Schwager Elise und Alois Bossard-Schwerzmann in Neuilly gewohnt. Der Kontakt der Familien Page und Diez verlief indes nicht ohne Reibungen: Fred Page verlobte

Wie Adelheid Page ihren Mann George in Paris malte: ein Bild, das Ruhe verströmt – und keineswegs die Aufgeregtheit des Paris der damaligen Zeit spiegelt.

sich mit Tochter Berte Diez (siehe auch Kapitel IV). Doch die Verlobung war nicht von langer Dauer. Weil Berte nicht nach Cham zügeln und Adelheid Page ihren Sohn und ihre Schwiegertochter nicht in Paris haben wollte, musste sich Fred für seine Verlobte oder seine Mutter entscheiden. Er entschied sich für Cham und damit für seine Mutter.

Gleichwohl hatte Adelheid Page eine grosse Affinität für Paris. Obwohl sie 1899 nach dem Tod ihres Mannes vor allem in Cham und in den USA weilte, behielt sie die Wohnung in Paris. Im Jahre 1900 lud sie ihre inzwischen verheiratete Nichte Frida Haab-Sidler nach Paris ein, um mit ihr die Weltausstellung zu besuchen, die wiederum in Paris stattfand. Es war eine Schau der Superlative, eine Rückschau auf das 19. Jahrhundert. Das «Wasserschloss» und der «Palast der Elektrizität» waren die architektonischen Ikonen der Weltausstellung – und dürften Adelheid Page nachhaltig beeindruckt haben.

Nahe ihrer Heimat, in Cham, realisierte sie dann 1903 die Vision eines bestens elektrifizierten Schlosses am Wasser. Bis dahin war aber noch ein weiter Weg.

VIII. Königinnen und kleine Könige

LANDGUT HORBACH.

EIGENTHUM der Frau G. H. PAGE.

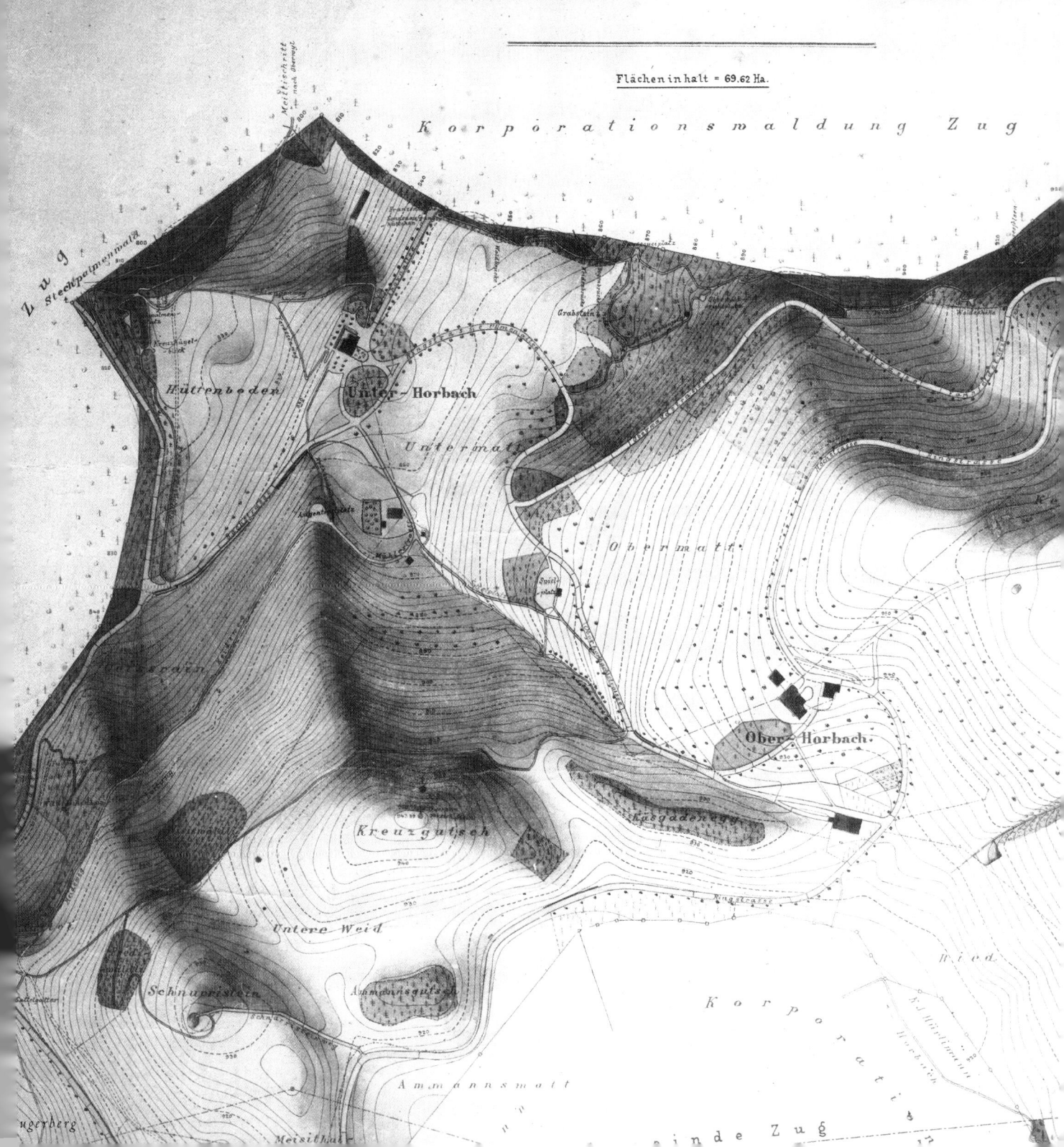

Flächeninhalt = 69.62 Ha.

VIII. Königinnen und kleine Könige

ADELHEID UND GEORGE PAGE HABEN MIT DEM «HORBACH» AUF DEM ZUGERBERG UND DEM BAUERNHOF LANGRÜTI ZWEI LÄNDLICHE ABLEGER. AUCH DIESE BEIDEN GESTALTEN SIE GROSSZÜGIG UM – SO, DASS SOGAR EINE KÖNIGIN ZU BESUCH KOMMT.

Es war eine besondere Situation. Die demokratisch gesinnten Zugerinnen und Zuger jubelten auf dem Bahnhof Zug den Monarchen zu. Das Städtchen, das damals mit knapp 6000 Einwohnern Dorfgrösse aufwies, war ausser Rand und Band. Am Dienstag, 10. Mai 1898, nachmittags um 16 Uhr, entstiegen Wilhelmine, die designierte Königin der Niederlande, und ihre Mutter, Regentin Emma, dem Sonderzug. Die niederländischen Blaublüter, begleitet vom Hofstaat mit Hausdienern und Hofdamen, winkten dem Zuger Publikum zu und lächelten – obwohl ihnen gar nicht zum Lächeln zumute war. Eigentlich hätten sie in Italien bleiben wollen. Doch Wilhelmine war kränklich gewesen, und in Italien sorgten Attentate von Anarchisten für Tote und Unruhen. Der Sonderzug hatte einen grossen Umweg über den Brenner, Innsbruck, Arlberg und Zürich nach Zug nehmen müssen statt die direkte Route über den Gotthard. Nun hofften Emma und Wilhelmine auf Erholung auf dem Zugerberg. Die illustren Gäste hatten gleich den ganzen Haupttrakt der Kuranstalt Schönfels auf dem Zugerberg gemietet, für sich und ihre Bediensteten.

Ansonsten machten dort Industriellengattinnen, Bankiers, Ärzte und so weiter Ferien, tranken Molke, nahmen Bäder, flanierten, parlierten und spazierten – und erholten sich vom Dreck und Mühsal der Städte, indem sie der süssen Langeweile frönten, welche sich nur wenige leisten konnten. Man weilte nicht nur Stunden (wie heute), sondern zumeist Wochen oder sogar Monate auf dem Zugerberg.

Die Adligen aus den Niederlanden blieben gleich einen Monat. Sie unternahmen Ausflüge, nach Zug oder in die Höllgrotten, die baldige Königin Wilhelmine legte den Weg vom Lorzentobel hinauf auf den Zugerberg zu Fuss zurück. Die «Zuger Nachrichten» kommentierten: «Manche unserer jungen Frauenzimmer können sich an dieser königlichen Fusstour ein Beispiel nehmen.» Statt wie andere Gäste mit der Botanisierbüchse oder dem Schmetterlingsnetz durch die Moore zu streifen, standen für die königlichen Damen Wilhelmine und Emma auch Besuche auf dem Programm. Einer dieser Besuche führte Wilhelmine und Emma in den «Horbach» zu Adelheid Page.

Einige Gemeinsamkeiten mit den blaublütigen Damen aus den Niederlanden: Adelheid Page empfing sie auf dem «Horbach».

Regentin Emma mit Kronprinzessin Wilhelmine der Niederlande: Sie weilten einen Monat im «Grandhotel Schönfels» auf dem Zugerberg – und besuchten Adelheid Page.

116

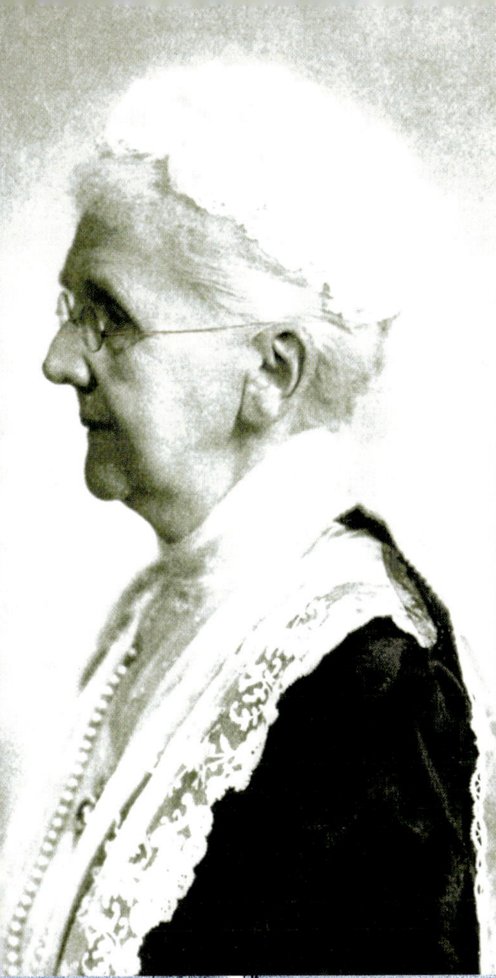
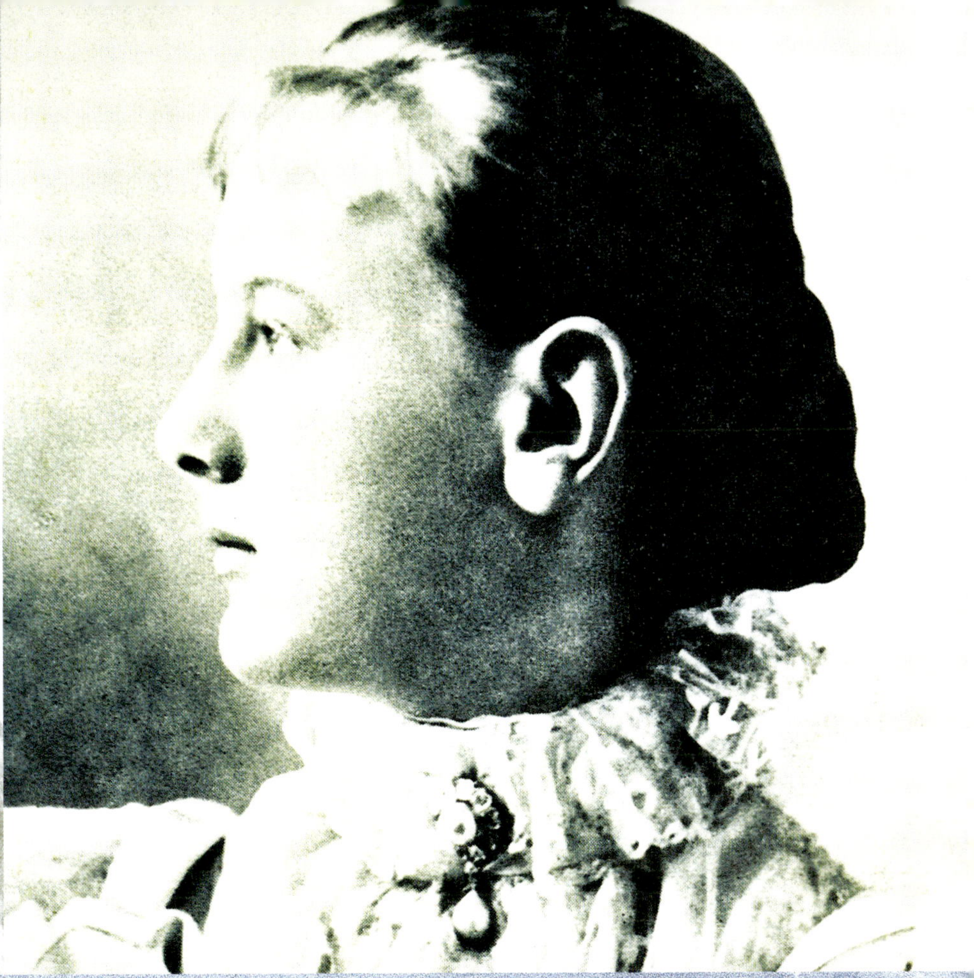
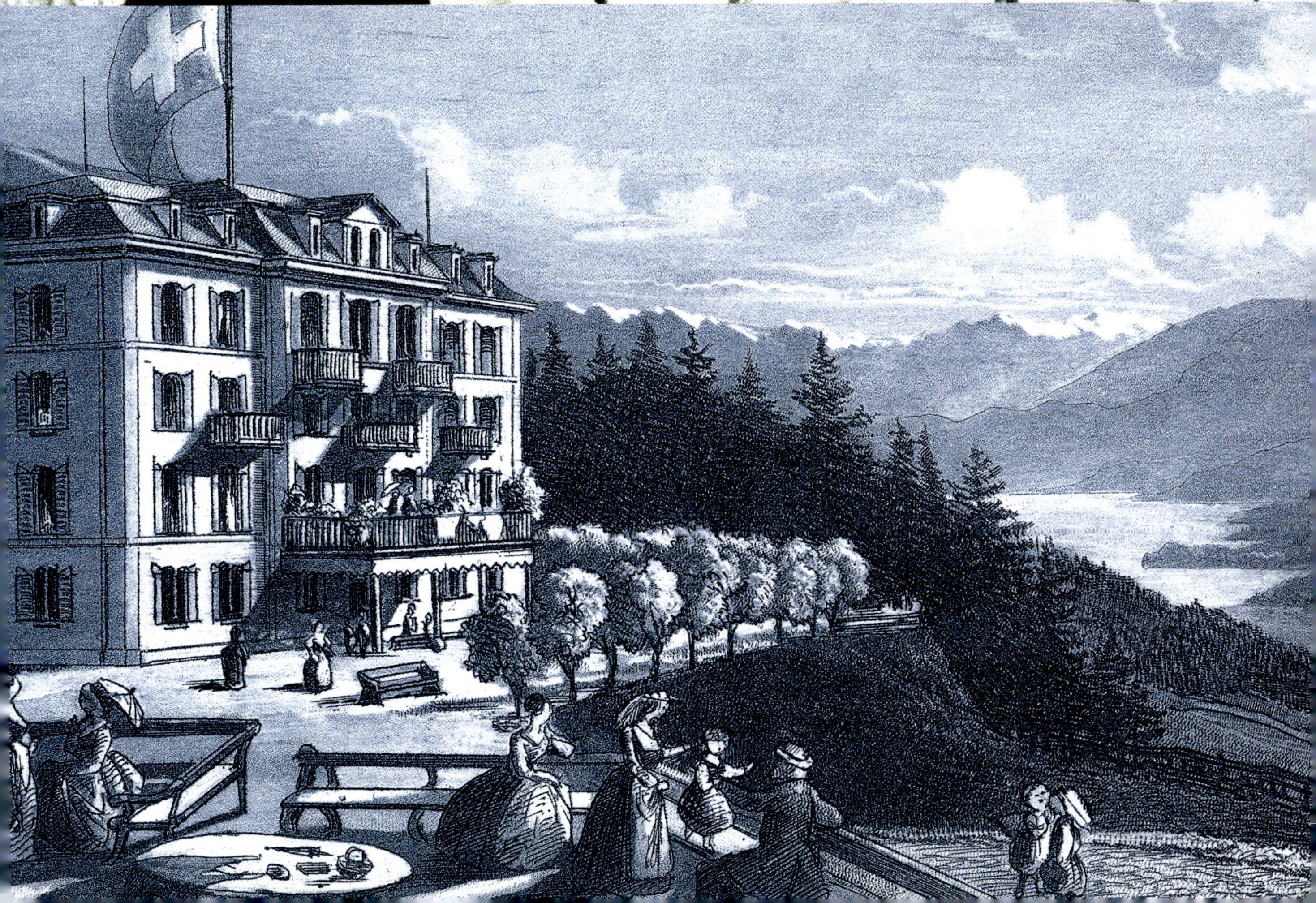

Damals wohnte Adelheid Page in Paris. Um den prominenten Besuch zu empfangen, kehrte sie jedoch auf ihren Feriensitz auf dem Zugerberg zurück. Sie wird ein paar Ochsenkarren mit Lebensmitteln und Putzutensilien zum «Horbach» beordert haben. Und hatte mit Bestimmtheit einiges Herzklopfen, weil die Umgebung des «Horbachs» der Page nicht eben gut gesinnt war: Später einmal, als sich Adelheid mit dem offenen Auto zum «Horbach» chauffieren liess, warf ihr ein Bauer des Zugerbergs einen Korb voller schwarzer Zugerkirschen über den Kopf! Solche Temperamentsausbrüche von unverständigen Bauerntölpeln konnte sich Adelheid angesichts des hochrangigen Besuchs keinesfalls leisten.

Adelheid Page gestaltete das Landgut «Horbach» nach ihrem Geschmack: Sie baute Park und Haus um und legte einen Weiher in der Form des Zugersees an.

Die drei Frauen kann man sich miteinander gut vorstellen. Adelheid Page, die weltgewandte Gastgeberin, war damals 45-jährig; Königin Emma, 40-jährig, die eigentlich nur Regentin war, weil sie nach dem Tod ihres Gatten König Willem III. von Oranien-Nassau die Krone treuhänderisch anstelle der noch minderjährigen Tochter übernommen hatte; und schliesslich Prinzessin Wilhelmine von Oranien-Nassau, einziges Kind von Willem und Emma und daher Kronprinzessin, damals siebzehneinhalbjährig. Sie war als angehende Königin die Attraktion der Blaublütigen Europas: jung, hübsch und mit einer aussergewöhnlichen Geschichte, die durch den frühen Tod des Vaters mit etwas Tragik gekoppelt war. Hätte es damals die «Glückspost» und andere Prominentenpostillen gegeben, wäre sie darin häufig zu sehen gewesen.

Adelheid Page dürfte mit den Gästen einen Rundgang durch das Landgut Horbach unternommen haben. Dabei hat sie das Haupthaus gezeigt, das grosszügig bemessene Bauernhaus mit schönen Einbaubuffets im Spätbiedermeier-Stil, dem Uhrenkästchen und dem Kachelofen in der Stube, mit grosser Terrasse und phänomenaler Aussicht auf den Zuger-

und Vierwaldstättersee, auf den Pilatus und die Berner Alpen. Sicherlich ist sie mit den beiden Frauen ein paar Schritte bergwärts gegangen und hat ihnen das Teehäuschen gezeigt, um dort – nomen est omen – auf dem kleinen Balkon Tee zu trinken. Dabei fiel der Blick auf den lauschigen Teich, den Adelheid Page in Form des Zugersees hatte anlegen lassen. Umgekehrt haben die Niederländerinnen von ihren Schlössern in Soest und Loo berichtet.

Adelheid Page und Königin Emma dürften sich gut verstanden haben. Emma, geborene Adelheid Emma Fürstin von Waldeck-Pyrmont, hatte in vielen Gebieten ähnliche Werte und Vorstellungen der Lebensführung. Sie besuchte nur Personen, die sich nützlich machten, sei es für soziale oder wirtschaftliche Zwecke, zuwider waren ihr nichtsnutzige Adelige, die sie mit Spott übergoss. Während des Aufenthalts auf dem Zugerberg ging über Allenwinden ein verheerendes Hagelwetter nieder; Regentin Emma und Kronprinzessin Wilhelmine griffen in die königliche Schatulle und spendeten den geschädigten Bauern 250 Franken, was einem heutigen Geldwert von 3750 Franken entspricht.

Auch die Erziehungsmuster der niederländischen Blaublüter ähnelten denjenigen Adelheids. Regentin Emma hatte die Angewohnheit, den Reiseführer Baedecker auf Kunstschätze hin zu durchkämmen und dann zielgerichtet Kunst- und Kulturreisen quer durch Europa zu planen. So wusste Emma schon vor der Ankunft an einem Ort, welche Gemälde, Skulpturen und Kirchen sehenswert waren – wie Adelheid!

Zudem waren beide Frauen willensstark und autonom: Emma als Witwe, die ein Land mit einem Kolonialreich regierte; Adelheid mit einem Mann, der ständig unterwegs war und damals in Amerika seinen Lebensmittelpunkt hatte. Vielleicht haben sich die Frauen auch unterhalten

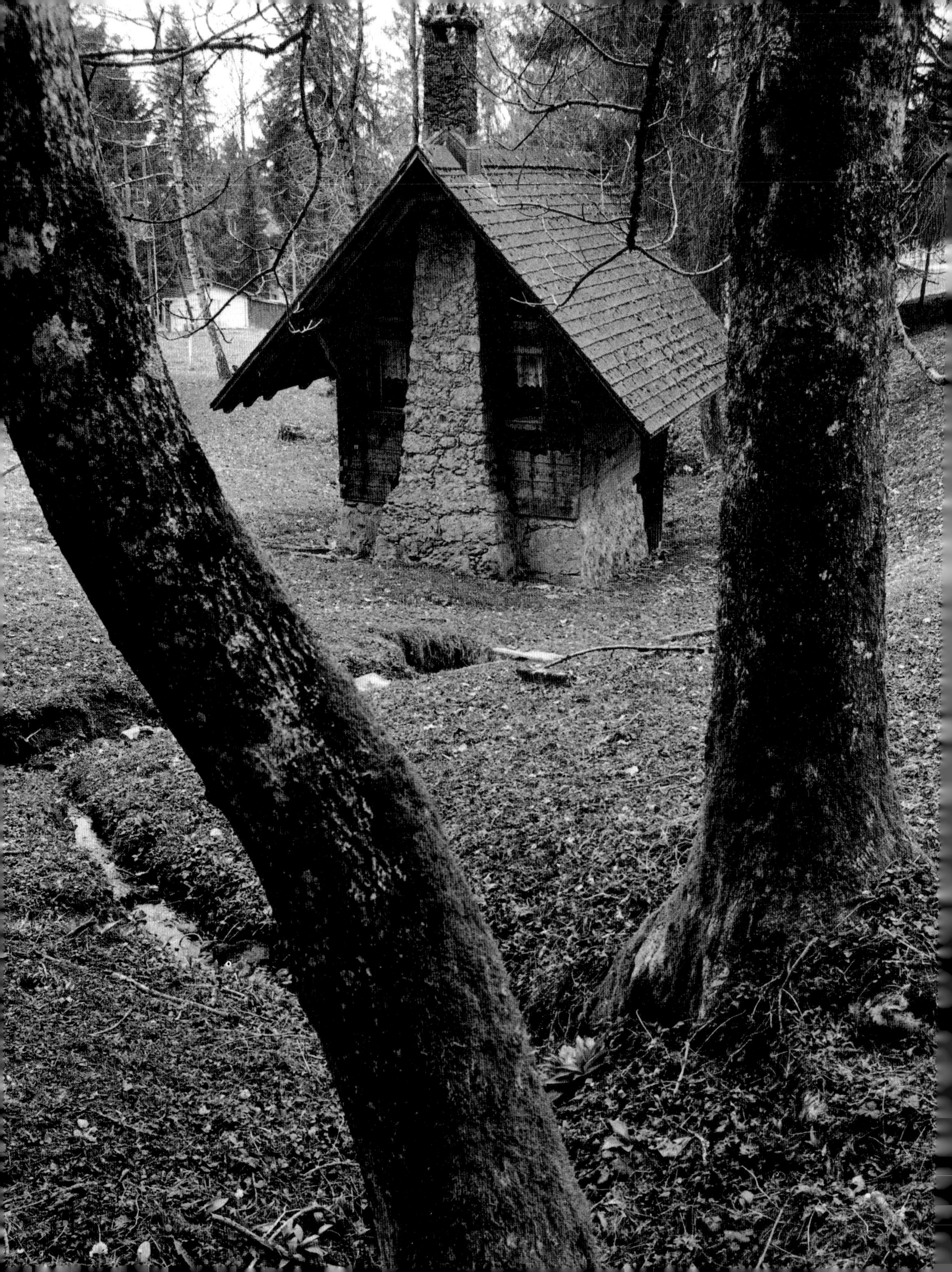

In luftiger Höhe: Adelheid Page machte aus der Alp eine malerische Parkanlage mit kleinem Teehäuschen.

über ihre überseeischen Erfahrungen: Adelheid erzählte von New York und Dixon in Amerika, Emma von den niederländischen Kolonien Molukken und Surinam in Mittelamerika sowie Indonesien in Südostasien.

Vielleicht hat Adelheid Page nach den Gesprächen im Teehäuschen die Kutsche bereitmachen lassen und ist mit den Gästen ein Stück durch den Wald gefahren, hin zur Jagdhütte Bella-Vista, einem blockhaften Waldhaus an der Geländekante – damals sah man über die Bäume hinweg in die Weite. Dort hat sie sicherlich davon erzählt, dass ihr Sohn Fred das Cheminée eigenhändig erstellt hatte.

Und vielleicht hat Adelheid Page dort die Geschichte des darunter liegenden Tunnels erzählt. Damit das Landgut Horbach per Kutsche erreichbar war, hatte Adelheid Page einen rund dreissig Meter langen Tunnel in den Fels hauen lassen. Dadurch musste die felsige Geländerippe nicht durch unbequemes Hinauf- und Hinunterfahren umgangen werden, sondern konnte man mit sanftem Gefälle hindurchfahren. Auch hier hatten die Pages keinen Aufwand gescheut, um die Umwelt so zurechtzubiegen, dass es ihnen behagte.

Auch der Königin-Regentin und der Kronprinzessin muss es auf dem «Horbach» gefallen haben, jedenfalls dankten sie für den netten Empfang in einem kurzen Brief, der heute auf Schloss St. Andreas in Cham aufbewahrt wird.

Die Geschichte des «Horbachs» führt ebenfalls nach Cham. Gekauft wurde der «Horbach» auf dem Zugerberg von den Pages nicht als sommerlicher Feriensitz, sondern als Alp für die Landwirtschaft der «Langrüti» in Cham.

BRAHMAS, BROMBEEREN UND BLUTLAUS

Wenn Adelheid und George Page mit ihren Kutschen übers Land fuhren, was sie häufig taten, sahen sie immer wieder Kühe beim Grasen. In der Region Zug und darüber hinaus waren es zumeist Kühe, deren Milch in die Anglo-Swiss geliefert wurde. Schliesslich waren es in den 1880er-Jahren nicht weniger als 8000 Kühe der Umgebung, die für die Anglo-Swiss gemolken wurden.

So verwundert es nicht, dass George Page ein besonderes Interesse an der Viehhaltung hatte, die er fortwährend verbessern wollte. Deshalb machte er seinen Lieferanten Vorschriften für die Viehhaltung – und trug damit viel zur Verbesserung der Viehhaltung und Viehzucht bei. Das aber genügte Page nicht. Denn George Page war nicht nur ein Revolutionär der

Das Experimentierfeld von George Page: Er kaufte den Hof Langrüti, um die Landwirtschaft zu revolutionieren.

Milchverarbeitung, sondern auch der Milchproduktion und der Landwirtschaft im Allgemeinen. Um zu zeigen, wie man es machen sollte, kaufte er 1880 den Bauernhof Langrüti zwischen Cham, Hünenberg und Rotkreuz. Zwei benachbarte Höfe wurden ebenfalls erworben und in das Landgut integriert. Page wollte auf seinen rund 72 Hektaren einen Musterbetrieb aufbauen. Dazu baute er neue Ställe, die mit ihren Sheddächern wie Fabriken aussahen. Page wollte die Landwirtschaft quasi industrialisieren. Er züchtete Braunvieh, mit dem er an der kantonalen Viehausstellung in Zug 1882 tatsächlich erste Preise erzielte. Er prüfte zudem, seine Fabriken durch eigene Viehherden mit Frischmilch versorgen zu lassen. Dazu importierte er eine englische, kleine Braunviehrasse. Auch Schafe liess er aus England in die Schweiz kommen. Zur Sömmerung von Kühen und Schafen kaufte George Page 1884 das Landgut Horbach auf dem Zugerberg.

Damit nicht genug. Page wollte auch die Hühnerzucht erneuern. Dazu erstellte er auf knapp drei Hektaren ein Riesengehege mit 20 Ställen, weiträumiger Laufzone, sechs geheizten Brutkästen und Kükenräumen. 1200 Hühner fanden darin Platz. Page importierte dazu exotische Rassen wie «Houdans», «weisse Brahmas», «gesperberte Italiener» und «Plymouth-Rouk». Ebenso setzte er beim Obstbau auf neue Sorten. Die alten Zuger Birn- und Apfelriesen liess er fällen, stattdessen importierte er aus Amerika insgesamt 12 000 niederstämmige Apfelbäume der Sorten Baldwins, Ben-Davies, Jonathan, Wealthy, Maiden's Blush und Whitney's Crab – dass heute noch Jonathan-Äpfel in der Schweiz gepflanzt und gegessen werden, geht auf George Pages Importaktion zurück. Schliesslich holte Page auch noch Beerensorten aus Amerika. Grosse Strecken zwischen den Obstbaumreihen waren mit Ananaserdbeeren und besonders schönen Sorten Him- und Brombeeren bepflanzt.

Optimierte Viehhaltung, Laufställe für Hühner, niederstämmige Obstplantagen, Beerenkulturen – allen Innovationen zum Trotz war der Musterbetrieb ein Flop. George Page war ständig auf Reisen oder in der Fabrik in Cham, ihm fehlte in der «Langrüti» eine lenkende und willensstarke Person wie seine Frau Adelheid. Er setzte, einmal mehr, nicht auf fachliche Qualifikationen, sondern auf einen Vertrauten, auf seinen jüngsten Bruder William Page, der zuvor in der Anglo-Fabrik in England gearbeitet hatte. 1881 wurde dieser als 27-Jähriger mit seiner Frau Catherine aus dem englischen Chippenham nach Cham geholt und als Verwalter des Landgutes Langrüti eingesetzt.

Der Stall der «Langrüti» gleicht mit dem Sheddach einer Fabrik: George Page suchte diese Anlehnung bewusst, weil er die Viehhaltung industrialisieren wollte.

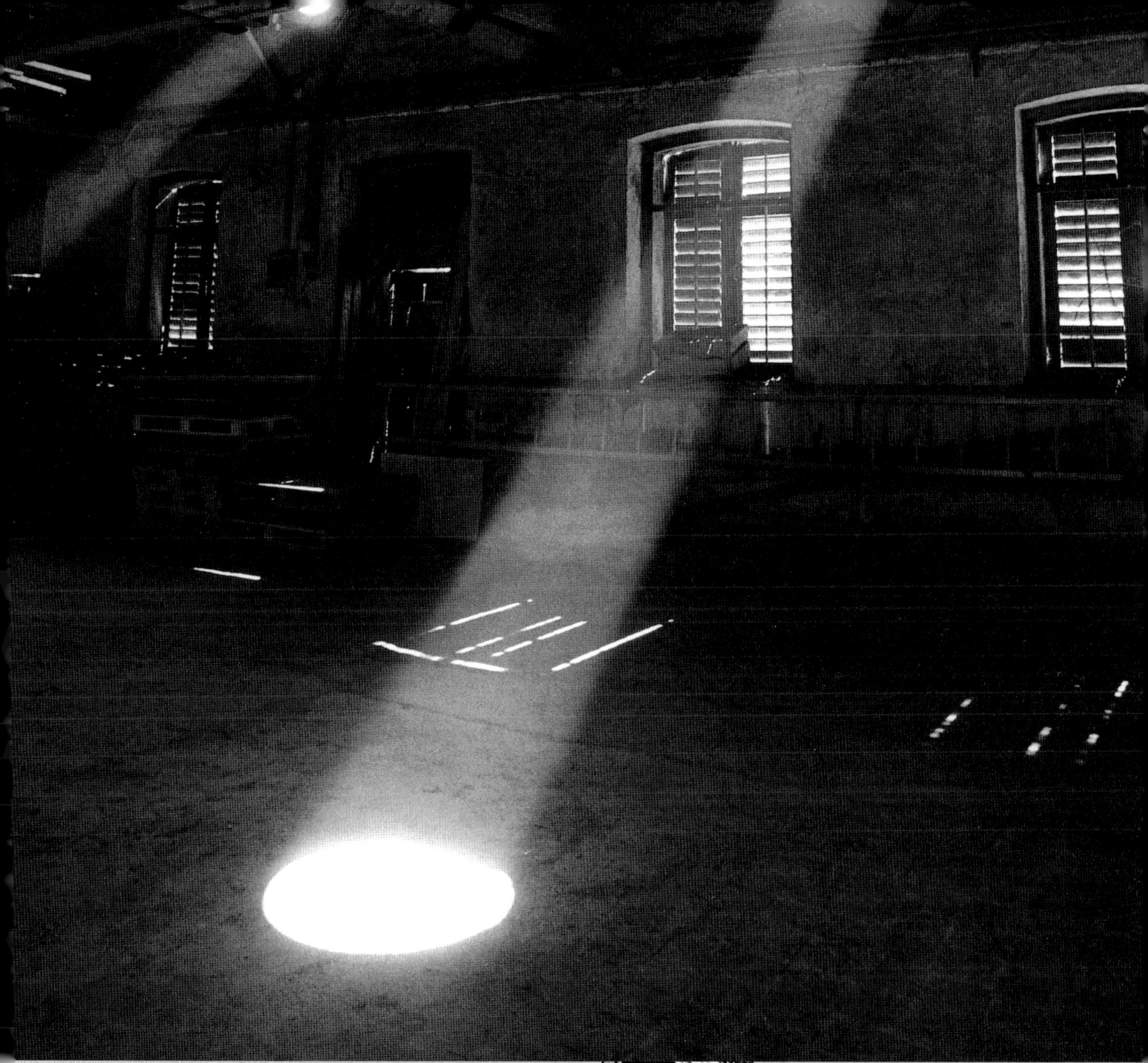

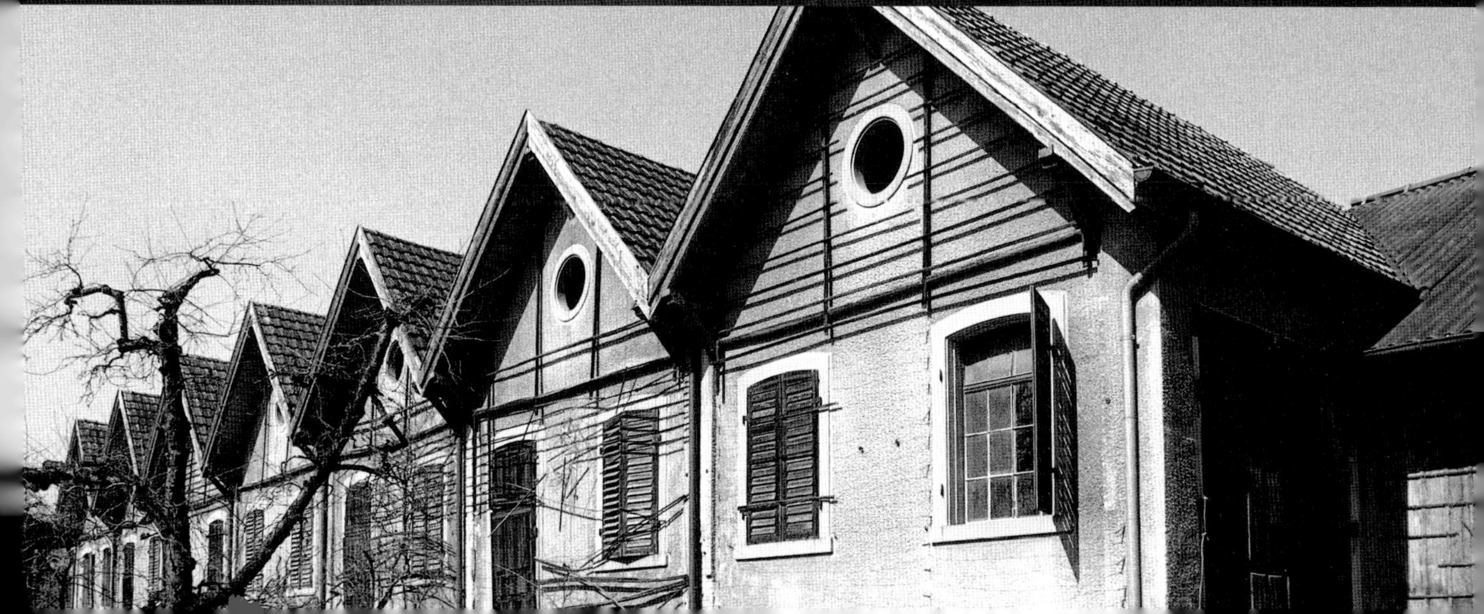

Offensichtlich waren Willy und Kitty, wie sie genannt wurden, mit dem Betrieb überfordert. Die Kühe wollten nicht gedeihen, die Hühner erkrankten, die Bruten gingen ein. Die amerikanischen Apfelbäume degenerierten. Der Ertrag des Hofes wurde mangelhaft verwertet, Obst verfaulte. Willy Page war eher dem Obstbrand als dem Obst zugetan. Enttäuschung reihte sich an Enttäuschung. George Page versuchte, amerikanische Apfelsorten den Schweizer Bauern für anderthalb Franken zu verkaufen, Verpackung inbegriffen. Mit wenig Erfolg. Er verfasste Traktate zu seinen Apfelbäumen, die er in Zürich drucken und verbreiten liess. Auch engagierte Page einen Italiener, der mit dem Obst von der «Langrüti» nach Zürich auf den Markt fahren musste. Er solle immer nur rufen: «Chäibe schöni Öpfel!», dann würde das Geschäft in Gang kommen. Der Marktrufer kam abends wieder mit vollen Körben zurück. Er habe den ganzen Tag «Schöni chäibe Öpfel!» geschrien, man habe nur gelacht statt gekauft.

Weiteres Ungemach bescherte die Verbreitung der Blutlaus, die sich ab 1884 im ganzen Kanton Zug auf Obstbäumen ausbreitete. Der Verdacht fiel auf die Exoten Pages, konnte jedoch nicht erhärtet werden. In der gleichen Zeit veranstalteten die Pages in Cham grosse «Rindvieh-Ausstellungen» mit lukrativen Auszeichnungen.

Allerdings ergaben sich auch hier unangenehme Nebengeräusche. Weil die Viehschauen von Jahr zu Jahr populärer wurden, weiteten die Pages die Dauer aus. 1886 waren 199 Tiere angemeldet, so dass die Ausstellung über drei Tage hinweg bis und mit Sonntag dauerte – was umgehend die Vertreter der katholischen Kirche in einen heiligen Zorn versetzte. So sprach man in der «Neuen Zuger Zeitung» auf der Frontseite von der «Rücksichtslosigkeit» und «Verunehrung des Sonntags» durch die Pages, die «kleinen Könige von Cham»: «Wenn auch die Herren Milchsieder wenig nach der Religion fragen, so wäre ihnen doch gut angestanden, in einem ganz katholischen Kantone auf diesen Umstand Bedacht zu nehmen.» George Page entgegnete den Artikel und dankte dabei für die unentgeltliche Reklame für den Anlass, der publikumsmässig ein Erfolg wurde. Sogar das Kloster Frauenthal nahm mit einem Stier und einem trächtigen Rind teil.

Dieser Erfolg täuschte jedoch nicht darüber hinweg, dass der Hof Langrüti eine teure Fehlinvestition war; insgesamt hatte George Page rund anderthalb Millionen Franken (heutiger Geldwert: 22,5 Mio.) in den Hof gesteckt. Innert eines Jahrzehnts war ihm der Musterbetrieb verleidet. 1888 schickte er Bruder Willy und Schwägerin Kitty mit ihren vier Buben in die USA, der Hof wurde verpachtet und 1894 schliesslich verkauft.

HUNDE, HOLZER UND HOCHSITZ

Dagegen war die Verbundenheit mit dem Landgut Horbach von beträchtlich längerer Dauer, nicht zuletzt dank der gestaltenden Hand von Adelheid Page. Anfänglich war der Bauernhof als Alp gedacht. Das aber schien nicht zu genügen. Zum «Horbach» wurden die beiden Bauernhöfe Oberer Horbach und Chellenhof hinzugekauft, so dass ein Anwesen von rund 50 Hektaren entstand. Doch auch auf dem Zugerberg lief zunächst nicht alles rund. Die Schafzucht gedieh gar nicht, da jeweils nachts eine Schar wilder Hunde von Zug und Oberwil auf den Berg zogen, die Schafe jagten und zu Tode bissen. Adelheid und George Page ärgerten sich sehr und vermuteten Böswilligkeit. Nicht ohne Grund. Nach der Übernahme des «Horbachs» hatten sie die dort bestehende Alpwirtschaft aufgehoben und das Areal eingezäunt, so gut es ging. Beides passte den Jägern, Spaziergängern und Holzern nicht. Es dauerte Jahre, bis sich die Leute daran gewöhnt hatten, dass der «Horbach» nun privat war.

Zur Förderung der Viehzucht schrieben die Pages Viehschauen mit grosszügigen Preisen aus: Das erzürnte die Kirche und erfreute die Bauern.

Mitte der 1890er-Jahre passierte etwas Ungewöhnliches. George Page überschrieb am 31. August 1894 den «Horbach» mit seinen drei Bauernhöfen seiner Frau Adelheid. Ansonsten tauchen Ehefrauen in Rechtsakten dieser Zeit nicht auf, weil sie rechtlich von ihrem Mann vertreten werden. Hier war das anders – und illustriert damit das Gewicht, welches Adelheid Page gehabt haben muss.

Zupackend, wie sie sein konnte, machte sie sich an die Umgestaltung des bäuerlichen Sitzes. Den «Oberen Horbach» mit der Landwirtschaft verpachtete sie, im «Unteren Horbach» liess sie roden, Strassen ausbessern, Spazierwege um Treppen, Stützmauern und Brücken ergänzen. Und vor allem liess sie bauen: das Teehäuschen, das Gärtnerhaus, die Blockhütte Bella-Vista und den dreissig Meter langen Tunnel.

Die Liegenschaften wurden mit malerischen Spazierwegen verbunden, exotische Bäume wurden gepflanzt: eine ganze Reihe von Douglasien entlang der Strasse zum «Horbach» und beim Bauernhaus selber, aber auch amerikanische Föhren und Nussbäume, von denen einige heute noch stehen. Die grösste Douglasie ist rund 40 Meter hoch und hat einen so dicken Stamm, dass ihn nur drei Erwachsene umfassen können.

Adelheid Page praktizierte ein neues Naturverständnis: Die Natur wurde nicht mehr am Nutzwert gemessen, sondern am Erholungswert – sie wurde zum Park. Der «Horbach» wurde aufgewertet: Aus der bäuerlichen Alp wurde ein herrschaftlicher Feriensitz. Entsprechend gefiel es Adelheid und George Page dort oben. Der Feriensitz war ein Stück Heimat geworden, wo man in Ruhe gelassen war von alltäglichen Sorgen um die Fabrik, die Familie oder die Nachbarn. Als sie in Amerika oder Frankreich lebten, kamen sie regelmässig in den «Horbach» – und sie luden gerne Gäste dorthin ein. Beileibe nicht nur solche mit königlichem Blut. Selbstverständlich wurde der Hochsitz auch Verwandten zur Verfügung gestellt, wenn sie sich erholen mussten. So war zum Beispiel Adelheids Schwager Franz Sidler-Schwerzmann 1885 nach schwerer Krankheit während eines Monats im «Horbach», liebevoll umsorgt von Adelheid Page. Gleichwohl starb er, erst 46-jährig, wenige Wochen darauf. Frida Haab, Ernst Sidler und viele andere, deren Namen nicht überliefert sind, verbrachten viele unbeschwerte Stunden im «Horbach», Frida Haab etwa pflückte jeweils Erika und Silberdisteln und flocht diese zu lange haltbaren Kränzen.

Adelheid Page lud im Sommer wiederholt ganze Scharen von Kindern aus ihrem Bekanntenkreis in den «Horbach» ein, darunter auch den einstigen

Der Hochsitz für Jäger im «Horbach»: das «Bella-Vista», heute umgeben von Bäumen, einst mit weitem Blick über Zugersee und Berge.

Adelheid Pages Schwager Franz Sidler-Schwerzmann (1839–1885): Kurz vor seinem Tod zog sich der Arzt auf den «Horbach» zurück und wurde von Adelheid gepflegt.

Sommerfrische auf dem Zugerberg

Die städtische Oberschicht verfügte vielerorts über ein Sommerhaus ausserhalb der Stadtmauern. In dieses zogen sich die Familien während der Sommermonate zurück. Den Winter mit seinem regen gesellschaftlichen Leben verbrachte man wieder in der Stadt. Das aufstrebende Bürgertum nahm diesen saisonalen Wohnungswechsel im 19. Jahrhundert auf, um den staubigen und als ungesund erachteten Grossstädten zu entfliehen. Nun hatte Zug damals aber alles andere als einen grossstädtischen Charakter. Die Stadt selber versuchte sich sogar als Luftkurort zu vermarkten und die Aufmerksamkeit der vorbeireisenden Touristen und Touristinnen auf sich und ihre Umgebung zu lenken. Vielleicht orientierten sich die weitgereisten Pages aber trotzdem ein wenig am grossbürgerlichen Statussymbol eines Sommersitzes, als sie den «Horbach» auf dem Zugerberg zum Feriensitz ausbauten. Vielleicht war es aber auch der Reiz der unverbauten Landschaft, das Heimweh von George nach der amerikanischen Weite oder aber die interessante Kundschaft der Kuranstalten auf dem Zugerberg, welche die Pages auf den Berg gelockt hatte. In den Kuranstalten Felsenegg und Schönfels, die seit 1854 beziehungsweise 1869 existierten, fanden illustre Kurgäste aus Deutschland, Frankreich, Italien, Russland und der Schweiz während ihrer Kuraufenthalte ein vorübergehendes Zuhause. Über den Zugerberg als Aufenthaltsort steht in einem zeitgenössischen Reiseführer zu lesen: «Auf der w. Abdachung des Zuger Berges, 1 1/2 St. von Zug, die Kuranstalt Felsenegg (969 m) mit Bädern, schöner Aussicht und schattigen Spaziergängen; 5 min. n. das Kurhaus Schönfels (935 m), mit gut eingerichteter Wasserheilanstalt, schöner Aussicht mit Park.»

Die Bergbahn nahm ihren Betrieb erst 1907 auf. Vorher sorgten organisierte Transporte dafür, dass die Kurgäste ihren Aufenthalt nicht mit einem längeren Fussmarsch beginnen mussten. Die «Omnibusse» – gemeint sind hier gemeinsam benutzte Kutschen – verkehrten zweimal täglich ab dem Bahnhof für ein nicht gerade bescheidenes Fahrgeld von drei Franken auf den Berg hinauf. Wer sich eine eigene Kutsche leistete, bezahlte dafür zwischen 14 und 16 Franken. Den Berg zu Fuss zu erklimmen, war deshalb wohl nicht nur die gesündeste, sondern auch bei weitem die billigste Variante.

Viele Verwandte kamen auf den Horbach: Hier Schwester Elise Bossard-Schwerzmann mit ihren Kindern.

Um zweispännig auf den Zugerberg hochfahren zu können: Adelheid Page liess extra einen Tunnel in den Fels beim «Horbach» hauen.

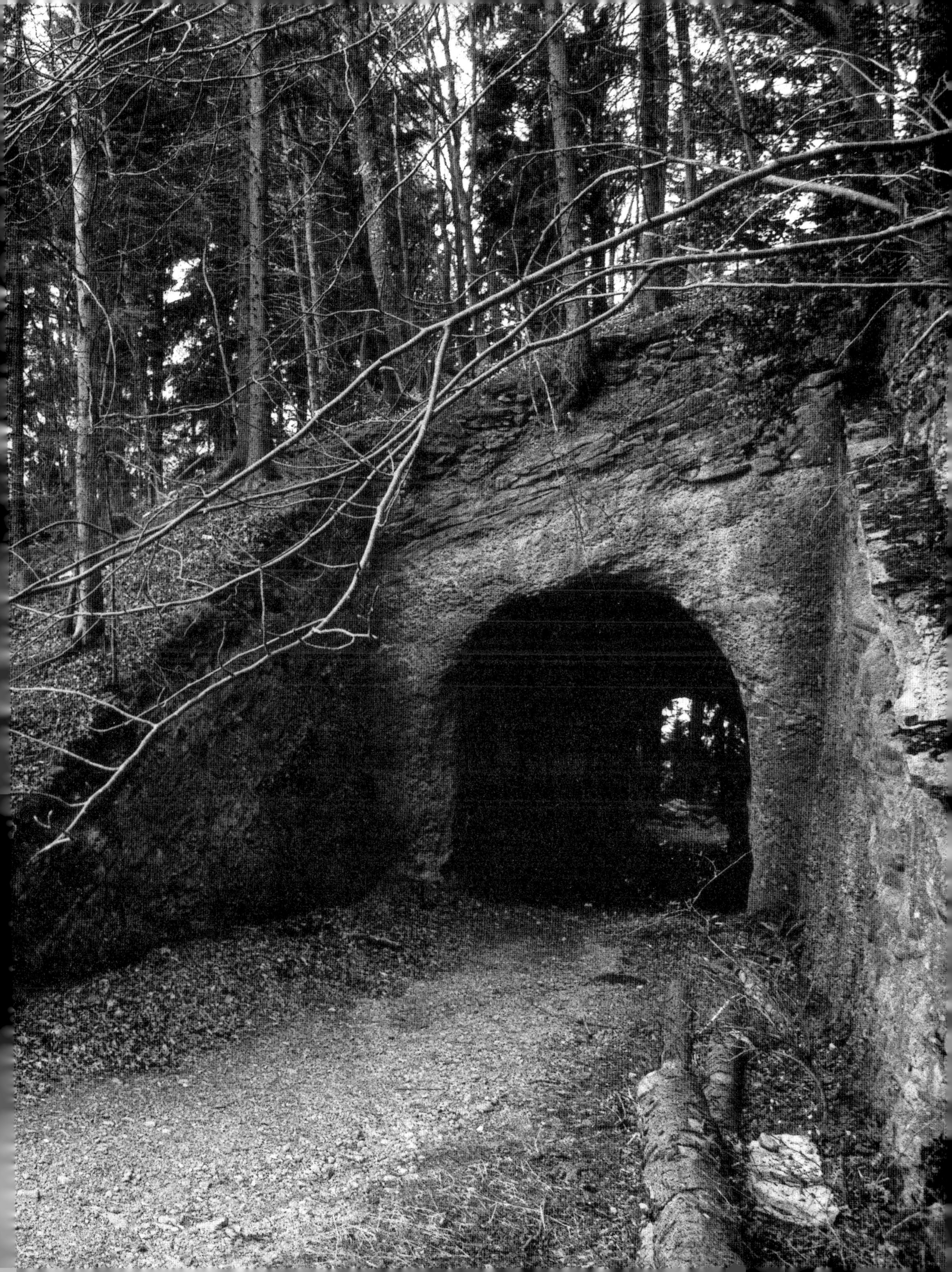

Ehrenpräsidenten der Gemeinnützigen Gesellschaft des Kantons Zug, Robert Imbach, der damals noch ein Kind war. Die Kinder waren in einer Art Ferienlager, das Adelheid Page leitete, bald als liebevolle Geschichtenerzählerin, bald als strenge Regentin.

Adelheid Page war eine hervorragende Gastgeberin, sorgte sie doch in grosszügiger Weise für jede Bequemlichkeit, um den Gästen das Leben dort oben so schön und angenehm wie möglich zu gestalten. Das war nicht ganz einfach, weil alle Lebensmittel und Getränke mit Ochsenkarren auf den Zugerberg und von der Anhöhe in den «Horbach» hinuntergebracht werden mussten. «Solch vorsorgliche Aufmerksamkeiten kannte nur Tante Adelheid», resümierte Frida Haab später.

Adelheid Page hing am «Horbach», sie ging auch mit ihren Enkeln Monica und George gerne dorthin, um ihnen das idyllische Landleben zu zeigen. Fotos aus jener Zeit zeigen sie mit weiten Röcken und breitkrempigen Hüten.

Ihre Nachkommen waren mit dem «Horbach» weniger verbunden. Als zu Beginn der 1930er-Jahre Krise herrschte und der Wintersport populär wurde, wurden die Qualitäten des Landgutes mit seiner Ruhe und Natur geringgeschätzt. Enkelin Monica und ihr Mann Fritz von Schulthess verkauften den «Horbach». Interessenten gab es keine, mit Ausnahme der Gemeinnützigen Gesellschaft des Kantons Zug, die darin ihre heute noch bestehende Waldschule einrichtete. Monica und Fritz von Schulthess verkauften zum bescheidenen Preis von 65 000 Franken.

So kam es, dass aus dem Bauernhof der noble Feriensitz und schliesslich die Sonderschule für Kinder mit Verhaltens- und Leistungsstörungen geworden ist.

IX. Die 36. Überfahrt

Cham, Denkmal für George Ham Page

IX. Die 36. Überfahrt

ADELHEID PAGES GATTE GEORGE STIRBT 1899 – DAS SORGT FÜR AUFRUHR IN CHAM UND FÜR GROSSE VERÄNDERUNGEN BEI ADELHEID UND FRED PAGE. GEMEINSAM LIQUIDIEREN SIE DAS US-GESCHÄFT DER ANGLO-SWISS. UND ADELHEID LÄSST IHREM GATTEN EIN BESONDERES DENKMAL SETZEN.

Während Adelheid Page in die «Belle Epoque» in Paris eintauchte oder auf dem «Horbach» königliche Gäste empfing, war ihr Gatte George Page ständig unterwegs. Das war zur damaligen Zeit beschwerlich und machte die Kommunikation sehr umständlich. So hiess es oftmals in den Briefen an ihn: «Wann sehen wir Sie wieder?» oder «Wenn Sie nur da wären!».

Doch George Page leitete einen Konzern auf zwei Kontinenten in sechs Ländern, hatte nur wenig Kompetenzen delegiert, so dass seine Angestellten mit Sehnsucht auf die Entscheidungen des «Generals» warteten. Er telegraphierte und schrieb Briefe mit Anweisungen. Und vor allem reiste er, was er konnte – und vielleicht auch ein bisschen mehr. 35-mal überquerte er den Ozean: Das bedeutete jeweils eine Woche Reisezeit. Die Züge und Kutschen zu Land waren keineswegs mit dem heutigen Reisekomfort zu vergleichen. So berichtete George Page 1891, dass er in einem alten Schlafwagen nach London gereist sei, in dem eine Temperatur von null Grad herrschte! Die Folgen glichen der Auflistung eines Medizinlexikons: Schmerzen am ganzen Körper, Rheumaattacken, Ausschläge auf der Haut, geschwollene Beine, und an Schlaf war nicht zu denken. Er versuchte dagegen anzukämpfen: «Ich nehme täglich 51 Pillen von fünf verschiedenen Medikamenten, ein Medizinbad, reibe den ganzen Körper mit Salben ein, dann benütze ich, was die Deutschen ‹Lebenswäcker› nennen oder Wiederbelebung des Körpers, einen elektrischen Schwamm, den ich auf der Wirbelsäule über den Nacken bis zum Brustbein und schliesslich zum Nabel reibe ...»

«Mrs. George Page» wohnte bereits in New York im «St. Andreas»: Später gehörte ihr dann das Schloss gleichen Namens in Cham.

Der stark wirkende Mann, dem nichts etwas anhaben konnte, war schwer krank. Es ist gut vorstellbar, dass ihm seine Frau nach einer solchen Phase ins Gewissen geredet hat. Jedenfalls vereinbarten die beiden, im April 1899 für vier Wochen in der Schweiz Ferien zu machen. Zunächst wollten sie bei Adelheids Schwester Elise und Schwager Alois Bossard-Schwerzmann im «Cottage» an der Hünenbergerstrasse in Cham wohnen, um sich dann auf den «Horbach» am Zugerberg zurückzuziehen. Doch es kam anders.

Neues Leben als Witwe: Adelheid Page musste sich nach dem Tod von George neu orientieren.

Kaum waren Adelheid und George in Cham, bekam George eine Lungenentzündung. Es schien nichts Ernstes zu sein, doch war George sehr geschwächt, und plötzlich plagten ihn zusätzlich Herzbeschwerden. Er liess seinem Bruder William in Dixon (USA) telegraphieren: «Herzschmerzen bleiben heftig. Ärzte behandeln mich weiterhin.» Doch alle ärztliche Betreuung und liebevolle Fürsorge von Frau und Verwandten halfen nichts: George verstarb am 20. April 1899 im Alter von knapp 63 Jahren.

«Es trauert ganz Cham», hiess es im «Zuger Volksblatt», das ihn als «einen General des Friedens, einen General auf dem industriellen Gebiete» würdigte. Der «Evening Telegraph» in seiner alten Heimat Dixon-Illinois schrieb: «Das ist seit Jahren die traurigste Nachricht, welche der Telegraph mitzuteilen hat.» In seinem Testament hatte George Page verfügt, dass er in seiner Heimat Dixon beerdigt werden wollte. Damit begannen die Schwierigkeiten. In Cham wollte man dennoch

Die Villa von Schwager Alois und Schwester Elise Bossard-Schwerzmann an der Hünenbergerstrasse in Cham: Hier wohnten Adelheid und George ferienhalber – bis George starb.

eine würdige Trauerfeier veranstalten. Stattfinden sollte diese am Sterbeort und Wohnsitz seines Schwagers und seiner Schwägerin, beim «Cottage» an der Hünenbergerstrasse. Von dort würde der Trauerzug den versiegelten Zinksarg bis zum Bahnhof begleiten.

BEHÖRDEN, BISCHOF UND BRECHEISEN

Zunächst verlief an diesem 25. April alles nach Plan. Die Chamer Dorfmusik spielte den Trauermarsch, der Männerchor Cham sang ergreifende Grablieder. Adelheid und Fred Page standen als nächste Angehörige zuvorderst. Pfarrer Wissmann aus Zürich sprach feierliche Worte, Anglo-Swiss-Verwaltungsrat und Kantonschemiker Dr. Schumacher-Kopp aus Luzern ergriff das Wort und legte schliesslich Fahnen auf den Katafalk, eine Art Sarggerüst: zuerst die schwarz umflorte Fahne Norwegens, Pages Aktivitäten dort versinnbildlichend, dann den englischen Union-Jack, anschliessend die deutschen Farben, schliesslich die «Stars and Stripes» Amerikas und am Ende die Schweizer Fahne. Feierlich sollte nun der fahnengeschmückte Sarg zum Bahnhof gebracht werden, begleitet vom Glockengeläut der Kirche St. Jakob.

Die dafür zuständige Friedhofskommission hatte sich einstimmig dafür entschieden, «in Berücksichtigung der hohen Verdienste, welche sich der Verstorbene um unsere Gemeinde erwarb». Auch der Gemeinderat von Cham gab seine Zustimmung. Nachträglich aber intervenierte Pfarrer Franz Michael Stadlin beim Kirchenpräsidenten Moritz Baumgartner, so dass dieser, ein alt Regierungsrat und bekennender Liberalenhasser, seine Meinung änderte. Der Pfarrer, der gleichzeitig Dekan war und damit höchster Geistlicher des Kantons Zug, hatte seine Order wiederum vom Bischof erhalten. Weil es keine Beerdigung sei, sondern nur eine Trauerfeier mit Überführung des Leichnams, müsse nicht geläutet werden. Daraufhin wurde der Sigrist angewiesen, den Glockenturm und die Kirchentüren abzuschliessen. Den Schlüssel übergab der Sigrist dem Kirchenratspräsidenten. Gemeindepräsident Hieronymus Baumgartner ging zum Pfarramt und verlangte den Schlüssel. Vergeblich. Gemeindepräsident Baumgartner wurde seinem Übernamen «Löwe von Cham» gerecht, denn er liess kurzerhand zwei Schlosser holen und befahl ihnen, mit dem Brecheisen den Glockenturm zu öffnen. So wurde doch noch zur Trauerfeier und Überführung des Leichnams von der Hünenbergerstrasse bis zum Bahnhof geläutet.

Dominante Kirche im Dorf Cham: Um das Glockengeläut beim Trauerzug von George Page entspann sich eine «Glocken-Affäre» zwischen Kirche und Behörden.

Das kuriose Handeln der Chamer Behörden hatte Nachspiele: Kirchen- und Einwohnerrat zankten sich um die Glockenhoheit im Dorf, vor allem aber berichteten die Zeitungen in der ganzen Deutschschweiz, vom «Berner Tagblatt» bis zum «Vaterland», genüsslich über die «Chamer Glocken-Affäre». Der Chamer Pfarrer sei ein «priesterlicher Fanatiker, der dem Protestanten Page das Glockengeläute verweigerte». Tatsächlich ist es nicht von der Hand zu weisen, dass sich die katholischen Geistlichen am einst so mächtigen Dorfkönig Page rächen wollten. Schliesslich hatte Page mehrfach zum Ausdruck gebracht, dass er wenig auf die katholischen Traditionen wie Sonn- und Feiertage halte.

Adelheid Page dürfte von den Querelen und Pressefehden um die «Chamer Glockenaffäre» wenig bis nichts mitbekommen haben. Denn schon am 29. April war sie in Paris. Um Komplikationen am Zoll vorzubeugen, wurde der Sarg als «Marmorstatue» deklariert. Adelheid und Fred Page begleiteten Georges Leichnam bei seiner 36. Überfahrt über den Ozean. Von New York nach Dixon wurde der Zinksarg in einer königlichen Kutsche gefahren, begleitet von Gattin Adelheid, Sohn Fred, Schwägerin Martha, deren Sohn Frank Allan und Bruder William. Die Trauerkutsche kam abends in Dixon an, und die Gesellschaft nächtigte dort bei William Page in North Dixon. Am Samstag, 13. Mai 1899, also drei Wochen nach dem Tod, fanden die Trauerfeierlichkeiten und die Beerdigung in Dixon statt. Alle Läden und Fabriken wurden für drei Stunden geschlossen, damit möglichst viele Personen an der Trauerfeier teilnehmen konnten. Unzählige Personen säumten die Strassen, um dem berühmtesten Bürger von Dixon die letzte Ehre zu erweisen. Acht Männer wurden als Sargträger ernannt, weitere 46 wurden als «Ehrenträger» in der Zeitung erwähnt. Dem blumenüberdeckten Sarg folgten 40 Frauen und 80 Männer der lokalen Anglo-Swiss-Fabrik. Beim Friedhof waren alle Fahnen auf Halbmast gesetzt. Nach Ansprachen seines Onkels

Bei der grossen Überfahrt hatte Adelheid Page viel Zeit: Georges Leichnam lag im Zinksarg und war vorsichtshalber als Marmorstatue deklariert worden.

Stephen Fellows und des Pfarrers J.C. Sage wurde George Page im Familiengrab beigesetzt. Neben anderen Blumen lag dort auch ein Veilchensträusschen aus dem «Horbach».

Adelheid Page war damals 45 1/2 Jahre alt und seit 24 Jahren mit George verheiratet gewesen. Nun begann ein neuer Lebensabschnitt. Die Trauer scheint sie mit der ihr eigenen Art der Betriebsamkeit überdeckt oder sogar vertrieben zu haben.

ERBEN, EMANZIPATION UND EINZELAKTIONÄRIN

Nach dem Tod ihres Gatten bereiste Adelheid Page mit ihrem Sohn Fred und mit Schwager Samuel Fellows Amerika und besuchte Fabrik um Fabrik der Anglo-Swiss. Sie nahm dabei tagelange Ritte und ungemütliche Kutschenfahrten in Kauf, denn die Mission war wichtig. «Da kam es der tatkräftigen Witwe von Herrn Page zu Gute, dass sie sich zu Lebzeiten ihres Gemahls um seine Unternehmungen stets gekümmert und interessiert hatte, ihn auf seinen Reisen begleitet hatte und sich nun im Stand fühlte, seine Geschäfte in seinem Sinne weiterzuführen.»

Sie stellte ihren Sohn als den derzeitigen Besitzer den Fabrikationsleitern vor. Fred war 23-jährig und hatte soeben die Ecole des Beaux-arts in Paris als Architekt abgeschlossen, jetzt musste er in Vaters Fussstapfen steigen – und Adelheid war ihm dabei behilflich, bis sie «die amerikanischen Fabriken für ihren Sohn gewonnen hatte», wie sie später notieren liess.

Neuer Generaldirektor und damit direkter Nachfolger von George Page wurde jedoch nicht Sohn Fred, sondern Bruder David, der jahrzehntelang Georges rechte Hand gewesen war. David Page, eher der Techniker als der Kaufmann, übernahm die Gesamtleitung der Firma – und übernahm sich damit selber. David, gewohnt, im Schatten seines Bruders zu stehen, verheddete sich an verschiedenen Orten. In Dixon bekam er dermassen Streit mit seinem Neffen Fred, dass er diesen unsanft aus dem Büro spedierte. Im Verwaltungsrat witterten einstige Gegner nach dem Tod des «Generals» Morgenluft und opponierten nun offen gegen den neuen Chef. David ertrug das schlecht und bekam gesundheitliche Probleme, so dass er innert eines Jahres demissionierte.

Der Verwaltungsrat sah ein, dass die Aufgaben des Generaldirektors nicht von einer Person ausgefüllt werden konnten. Deshalb setzte er an die Stelle des Generaldirektors eine dreiköpfige Generaldirektion, bestehend aus Adolf Gretener, Alois Bossard-Schwerzmann und Fred Page.

Arme Witwen

Als Adelheid Page im Jahr 1899 zur Witwe wurde, brauchte sie sich in finanzieller Hinsicht keine Sorgen zu machen, konnten sie und ihr Sohn Fred doch auf ein ansehnliches Vermögen zurückgreifen. In dieser Hinsicht stellte die Industriellengattin eher eine Ausnahme dar.

Der plötzliche Tod eines erwerbstätigen Familienmitglieds bedeutete damals für einen Grossteil der Bevölkerung Armut. Bis weit ins 20. Jahrhundert hinein kam noch keine staatlich geregelte Sozialversicherung in existenzgefährdenden Notsituationen zum Tragen. Die Alters- und Hinterlassenenversicherung (AHV) trat erst nach dem Zweiten Weltkrieg in Kraft. Zu Beginn vermochte diese Versicherung aber im Bedarfsfall nur einen Bruchteil des Lebensunterhaltes abzudecken.

Witwen waren deshalb in der Schweiz oft von der nicht einheitlich geregelten Fürsorge abhängig oder aber von ihrer Verwandtschaft. Besonders hart betroffen waren sie, wenn sie ihren Mann in einer Zeit verloren, in der die Kinder noch klein waren und sie deshalb nur zeitweise einer (unqualifizierten) Erwerbsarbeit nachgehen konnten. Glücklicher waren hier Frauen, die schon vor dem Tod des Ehemanns in einen Familienbetrieb eingebunden waren, den sie weiterführen konnten. Eine Wiederverheiratung kam bei Witwen viel weniger oft vor als bei Witwern.

Die rechtliche Situation für Witwen war vor dem Inkrafttreten des Zivilgesetzbuches im Jahr 1912 je nach Kanton unterschiedlich. Sie unterschied sich auch von derjenigen von verwitweten Männern. In allen Kantonen lag die Ausübung der elterlichen Gewalt bei den verwitweten Vätern. Die Mehrheit der Kantone, unter ihnen auch Zug, unterstellte die Kinder einer verwitweten Mutter hingegen einem Vormund. Die güterrechtliche Regelung im Kanton war komplex. Mit der Verheiratung wurde das Vermögen von Mann und Frau vereinigt: Der Ehemann galt fortan als Vormund über das gesamte Vermögen. Bei der Auflösung der Ehe durch Tod oder Scheidung stand der Frau zunächst nur der Anteil zu, den sie in die Ehe gebracht hatte. Die Erbschaft über den Rest des Vermögens wurde je nach den erbberechtigten Beteiligten geregelt. Fest steht aber, dass eine verwitwete Frau am besten fuhr, wenn ihr Ehemann zu Lebzeiten testamentarisch für sie vorgesorgt hatte.

IX. Die 36. Überfahrt

Damit wahrte Adelheid Page ihren Einfluss, schliesslich war sie nun die grösste Einzelaktionärin, hatte aber als Frau nicht die Möglichkeit, im Verwaltungsrat oder in der Generaldirektion Einsitz zu nehmen, also taten es ihr genehme Personen: Alois Bossard, ihr Schwager, und Fred Page teilten ihre Meinung in Sachen Fortführung der Anglo-Swiss. Interessant ist, dass Adelheid, Fred Page und Alois Bossard die baldige Fusion der Anglo-Swiss mit der Nestlé ansteuerten, obwohl George dies schroff abgelehnt und Nestlé neben seiner «Milkmaid» noch mit Billigmarken wie «Wilhelm Tell» und «Star Brand» bekämpft hatte. Die

---

...IS, FRIDAY APRIL 21, 1899.

Again United
or.

April 21.—The
ust ex-United
icted for using
state of Penn-
verdict this

day Governor
Quay United
until the meet-
are and elec-

lington.

21.—A train

DIXON'S GREAT LOSS.

Death of George H. Page—A Remarkable Man—Thoughtful Business Ability.

Death did a cruel thing yesterday in taking from us our good friend, George H. Page, who died in Cham, Switzerland, where he was on business connected with one of the factories of the Anglo-Swiss Condensed Milk Company; he having been many years the founder and General Manager of that company. He died late yesterday evening of lung fever and heart trouble. Mr. Page was the son of one of the respected settlers of Palmyra, John H. Page, who came from New Hampshire in the fall of 1834. The deceased was

Rel

SWEET

A carlo
choic
Early

Pure se

Erben emanzipierten sich. Gleich nach Georges Tod hatten im Mai 1899 erste Fusionsverhandlungen stattgefunden, doch hatten die Anglo-Aktionäre den ersten Fusionsvertrag im September 1899 abgelehnt. Damit hatte die Gruppe um Adolf Gretener obsiegt. Vorläufig wenigstens. Denn die Fusionswilligen um Adelheid, Fred Page und Alois Bossard blieben dran.

Zunächst fällten Generaldirektion und Verwaltungsrat einen wichtigen strategischen Entscheid. Um die Braut heiratsfähiger zu machen, beschloss man den Verkauf des US-Geschäftes. Wer war dazu berufener als der mit den US-Verhältnissen bestens vertraute Fred Page? Die erste Massnahme war die Absetzung von William B. Page. Dieser hatte in Cham als Verwalter der «Langrüti» falliert, hatte dann 1888 die Leitung der Fabrik in Dixon-Illinois übernommen – jetzt fehlten ihm seine Brüder als Schutz, so dass ihn der Verwaltungsrat im Februar 1901 beschuldigte, unkorrekt gehandelt zu haben und für die grossen Verluste verantwortlich zu sein. Er wurde entlassen.

Den Schlussstrich unter das Amerika-Geschäft der Anglo-Swiss zog Fred Page, in Begleitung seiner Mutter Adelheid; sie beendeten damit das Abenteuer, das ihr George mit dermassen viel Engagement und Durchsetzungsvermögen realisiert hatte. Gemeinsam reisten sie 1901 und 1902 in die USA, um die Fabriken und Betriebe in Middletown, Dixon, Burnside, Monroe, Goshen, Sterling, Walton, New York, Brooklyn und Chicago verkaufsfertig zu machen. Schliesslich verkauften sie die Fabriken und Büros an die Milchfabrik Borden – damit schloss sich der Kreis, denn bei Borden hatte George Page einst das Handwerk der Milchkondensation gelernt. Der Ertrag des Verkaufs wurde mit 1 982 733 Franken ausgewiesen, der heutige Geldwert wäre knapp 30 Millionen Franken.

George Ham Page galt in seinem Heimatort Dixon als Berühmtheit: Er bekam ein Ehrenbegräbnis, und die lokalen Zeitungen berichteten verschiedentlich darüber.

NESTLÉ, NEUIGKEITEN UND NATIONALBILDHAUER

Mit dem hohen Verkaufserlös wurde die Anglo-Swiss noch attraktiver für eine Fusion. Tatsächlich kam nach dieser Bereinigung die Idee der Vereinigung von Anglo-Swiss und Nestlé wieder auf den Tisch: Beide Firmen hatten neun Fabriken im Nahrungsmittelbereich, zusammen war man schlagkräftiger denn je. 1905 war es so weit. Die Aktionärsversammlung der Anglo-Swiss stimmte mit wenigen Gegenstimmen zu, schliesslich wurde gleichzeitig eine Verdoppelung der Dividende be-

schlossen. Auch der Verwaltungsrat und die Generaldirektion liessen sich die Zäsur in der Firmengeschichte vergolden: 15 Prozent oder 1,1 Millionen Franken (heute 16,5 Mio.) liessen sie sich auszahlen.
Adelheid Page blieb bei der neuen Gesellschaft mit dem etwas umständlichen Namen «Nestlé and Anglo-Swiss Condensed Milk Company» Grossaktionärin. Weil sie als Frau an der Aktionärsversammlung nicht teilnehmen konnte, schickte sie ihren Sohn und den Familienintimus Astère Ketterer: Wenn die Generalversammlung beim heutigen Neudorf stattfand, rannte Ketterer jeweils zwischen GV und ihrem Wohnsitz, dem Schloss St. Andreas, hin und her, um die letzten Neuigkeiten mitzuteilen und um Abstimmungsweisungen einzuholen.
Auch wenn mit der Fusion George Pages Lebenswerk in einer neuen Firma aufgegangen war, blieb der «General» unvergessen. Dafür hatten aktive Aktionäre und Adelheid Page gesorgt. Bereits 1899, bei der Trauerrede in Cham, hatte Verwaltungsrat Schumacher-Kopp davon gesprochen, eine «Ehrensäule, auf der das Bild des Verewigten als hehres Beispiel von Kraft, Energie und Rechtssinn uns entgegenleuchtet» zu errichten. An der Generalversammlung der Anglo-Swiss vom 7. April 1900 stellte Aktionär Haas-Fleury aus Luzern den Antrag, ein Denkmal für George Page zu errichten: Page habe für 500 Millionen Franken Produkte der Anglo-Swiss verkauft, insgesamt 1000 Millionen Büchsen! Dies erfordere eine angemessene Ehrung.
Der Verwaltungsrat der Anglo-Swiss stieg darauf ein: Man stellte sich eine Bronzebüste in anderthalbfacher Lebensgrösse vor, die auf einen Sockel mit Gedenktafel zu stehen gekommen wäre. Dazu sprach der Verwaltungsrat 60 000 Franken. Fünf Künstler wurden zu einem kleinen Wettbewerb eingeladen: Aloys Brandenberg aus Zug in Rom, Richard Kissling aus Zürich, Eugenio Belossio aus Mailand, Hugo Siegwart in Luzern und Auguste von Niederhäusern aus Bern – die damalige Elite der Schweizer Bildhauerkunst! Die Ausschreibung dirigierten Fred und Adelheid Page zum Teil aus der Ferne. Fred formulierte Wettbewerbsbedingungen, als er im Hotel Bristol in New York weilte; Adelheid lieferte von ihrem Aufenthalt auf dem «Horbach» ein prägnanteres Foto ihres Gatten nach.
Die Entwürfe der Bildhauer wurden von einer Gruppe begutachtet: von Adelheid Page, von ihrer Nichte Frida Haab-Sidler und deren Gatten Otto Haab sowie von VR-Präsident Adolf Gretener. Kissling und Brandenberg kamen in die zweite Runde, doch Gretener stellte im

Bitte recht freundlich
Adelheid Pages Bedürfnis, sich und ihre Familie der Nachwelt auf Porträts, gar in einer Skulptur zu erhalten, war, so darf ungeniert festgestellt werden, äusserst ausgeprägt. In welchem historischen Kontext steht nun aber ein solcher Hang zur Selbstdarstellung?
Der Umstand, sich von einem Künstler oder einer Künstlerin porträtieren zu lassen, kann als eine der unzähligen symbolischen Handlungen des aufstrebenden Bürgertums interpretiert werden, um «dazuzugehören». Denn um «dazuzugehören», genügte Geld allein nicht. Vielmehr verhalfen Rituale sowie Regeln im alltäglichen Leben dazu, sich abzugrenzen. Attribute der Bürgerlichkeit waren unter anderem eine hohe Wertschätzung von Bildung, Kunst und Kultur ganz allgemein.
Mit dem Aufkommen und der zunehmend starken Verbreitung der Fotographie in den 1860er-Jahren schien der abgrenzende Charakter des Portrats indes ins Wanken zu geraten. Im Fotostudio, ausgestattet mit Hut oder Stock, mit der entsprechenden Kulisse im Hintergrund, konnte sich fortan auch ein einfacher Arbeiter für wenig Geld abbilden lassen. In den 1860er-Jahren existierte bereits in jeder grösseren Stadt ein Fotoatelier. Das erste Zuger Fotostudio, ebenfalls auf Porträts spezialisiert, führte Katharina Weiss (1834–1911) ab 1870 an der Bahnhofstrasse.
Doch stellte die Porträtfotographie zunächst keine ernsthafte Konkurrenz zur Porträtmalerei dar. Vielmehr trat die Porträtmalerei damals in eine neue künstlerische Phase ein. Die Malerei konnte, so waren zumindest einige zeitgenössische Maler überzeugt, das Innenleben des Dargestellten besser zum Ausdruck bringen als die Fotographie, der zunächst jeder künstlerische Wert abgesprochen wurde.
Mit der bildenden Kunst als Art der Selbstdarstellung verhielt es sich nochmals anders. Skulpturen wurden gerade im 19. Jahrhundert ja vielfach für den öffentlichen Raum, für Plätze, geschaffen. Sie demonstrierten Geld, (männliche) Macht oder eine nationale Identität. Dies gilt insbesondere für die Werke von Richard Kissling wie das Escher- oder Tell-Denkmal. Es ist daher sicher kein Zufall, dass gerade Kissling den Auftrag für das Page-Denkmal erhielt, um so einen weiteren Wirtschaftsbaron der Schweiz in Stein zu meisseln.

Nachhinein den Antrag, doch auch noch Siegwart zu berücksichtigen. Ohne Erfolg. Adelheid und ihre Verwandten setzten sich durch, «nach Überwindung bedeutender Meinungsverschiedenheiten» bekam Richard Kissling den Auftrag, er war der berühmteste der Bildhauer und offerierte mit 28 000 Franken moderat.

Richard Kissling (1848–1919) hatte das Tell-Denkmal in Altdorf geschaffen, das Alfred-Escher-Denkmal auf dem Bahnhofplatz in Zürich, die Gottfried-Keller-Büste in Zürich – und gestaltete nun das Denkmal von George Ham Page in Cham. Kissling war damals 55-jährig und ein bekannter und etablierter Künstler, er wurde sogar «Nationalbildhauer» genannt. Er trug einen ebenso krausen Vollbart wie George Ham Page.

Trotz der äusserlichen Nähe zum Sujet schuf Kissling eine eher verhaltene Büste. Ansonsten waren Kisslings Männerfiguren kraftstrotzend, tatendurstig und entschlossen blickend. Kissling hatte beim Tell-Denkmal die Vorgaben der Auftraggeber genau umgesetzt und war deshalb von Kunstkollegen geächtet, von Auftraggebern dagegen geschätzt worden.

Inwiefern Adelheid Page dem Bildhauer Vorgaben gemacht hat, ist nicht überliefert. Immerhin wurden die vom Verwaltungsrat definierten Vorgaben missachtet. Die Büste Pages ist aus Marmor statt aus Bronze, der Sockel mit der Inschrift ist aus Tessiner Kalkstein und misst zwei Meter fünfundsechzig. George Ham Pages Marmorbüste auf der viereckigen Säule zeigt einen zwar entschlossenen, aber dennoch freundlichen Blick. Weil die Büste auf dem hohen Sockel steht, ist sie auf Augenhöhe des Publikums nur schwer wahrnehmbar. In den Sockel eingemeisselt ist eine würdigende Inschrift in Englisch, welche Pages Scharfsinn und Unternehmungsgeist lobt: «Sein edelster Zug war sein absolut unbestechlicher und gediegener Charakter, welcher ihm niemals erlaubte, vom Rechte, wie er es sah, abzuweichen.»

Wo das Denkmal zu stehen komme, war nicht von vornherein klar. In Frage kamen die öffentlichen Plätze beim Schulhaus und beim Gemeindehaus. Im Verwaltungsrat wurde darüber gesprochen, Adolf Gretener dazu: «Was nun die Frage anbelangt, ob die Einwohnergemeinde Cham anzufragen sei, ob sie geneigt wäre, eine Stelle auf dem Schulhausplatze in Cham zur Plazierung des Monumentes zu überlassen, so hat diese Frage ihre zwei Seiten. Ich halte dafür, dass es nicht an uns sei den Einwohnerrat anzufragen, ob er, respective die Einwohnergemeinde Cham einen solchen Platz eventuell zur Verfügung stellen wolle, sondern es

Der Bildhauer Richard Kissling

1848 in Wolfwil SO geboren
1855 Umzug nach Olten
1863 Bildhauerlehre
1870 Als Bildhauer in Rom
1873 Mitglied des «Deutschen Künstlervereins»
1875 Heirat mit Johanna Jenny Eich
1876 Scheidung
1882 Rückkehr in die Schweiz nach Zürich
1883 Auftrag für Alfred-Escher-Denkmal
1889 Einweihung Alfred-Escher-Denkmal in Zürich
1895 Einweihung Tell-Denkmal in Altdorf
1895–1904 Denkmal für Joachim von Watt (Vadian) in St. Gallen
1900–1903 Denkmal für Benedikt Fontana in Chur
1903–1907 Figurengruppe «Zeitgeist» für den Bahnhof Luzern
1905 Ehrendoktor der Universität Zürich
1907–1912 Denkmal für José Rizal in Manila
1910 Siegreicher Entwurf für das Nationaldenkmal in Schwyz (nicht ausgeführt)
1919 Tod in Zürich

wäre nach meiner Ansicht Sache der Einwohnergemeinde Cham selber ein solches Anerbieten zu machen, ohne erst darum befragt zu werden.» Die Gemeinde Cham kümmerte sich nicht um das Denkmal. So kam es, dass die monumentale Büste George Pages 1903 im Park des Verwaltungsgebäudes der Anglo-Swiss aufgestellt wurde. Der Mann, dem nachgesagt wurde, standhaft wie eine Eiche gewesen zu sein, kam damit neben den riesenhaften Baum, genannt Sequoia, Wellingtonia oder Mammutbaum. Der Baum ist, seinem Namen gemäss, auf einen Umfang von 6,60 Meter und auf eine Höhe von rund 38 Meter angewachsen; das einst mächtige Denkmal steht etwas versteckt und fast geduckt daneben.

George Pages und Wilhelm Tells Büste hatten den gleichen Urheber: Bildhauer Richard Kissling, der eine Vorliebe hatte für Denkmäler mit starken Männern.

X. Adeliger Wohnsitz

...ham, Heizungsornament Schloss St. Andreas

X. *Adeliger Wohnsitz*

ADELHEID PAGE WIRD SCHLOSSHERRIN: DEN WEITEN WEG BIS ZU DIESEM GESAMTKUNSTWERK BESCHREITET SIE WIE GEWOHNT MIT BEHARRLICHKEIT UND ERFOLG.

Zeitungen um 1903 verwenden wenig Adjektive. So auch die in Zug erscheinenden Blätter. Die Berichterstattung ist nüchtern, lokale Nachrichten werden zu jener Zeit so trocken geschrieben wie Aufsätze in Schülerheften.

Da lässt es aufhorchen, wenn die «Zuger Nachrichten» von einer «hochdramatischen Scene» schreiben. Es war am Morgen des 1. Juli 1903 auf dem Platz vor dem Schloss St. Andreas. Adelheid Page, damals knapp 50-jährige Witwe, war dort mit ihrem Sohn Fred und ihrem Schwager Alois Bossard. Ebenfalls anwesend waren der Polizeidirektor des Kantons Zug und Anwälte der Gegenpartei. Als das Schlosstor geöffnet wurde, versuchte Alois Bossard sofort lauthals und mit Gewalt einzudringen. Doch Polizeidirektor Josef Andermatt hinderte ihn daran. Nun war die Stimmung erst recht aufgeladen. Bossard drohte, den Polizeidirektor des Hausfriedensbruches und des Missbrauchs der Amtsgewalt einzuklagen. Silvan Stadlin, Stadtpräsident von Zug, und Xaver Schiffmann-Hotz, Gemeinderat in Baar und wie Stadlin Rechtsvertreter der Gegenpartei, versuchten zu schlichten und ihren liberalen Parteikollegen Bossard zu beruhigen – doch ohne Erfolg. Bossard redete sich ins Feuer. Mit erhobener Hand wollte er auf Schiffmann-Hotz los. Dieser aber erwartete den wütenden Bossard bereits in «Gefechtstellung», doch Adelheid Page und Polizeidirektor Andermatt bremsten ihn. Als dann auch noch der Postbote auf den Schlosshof und durch die Schlosspforte trat, um einen Brief abzugeben, zog dieser die ungebremste Wut Bossards auf sich. Bossard brauste auf den nichts ahnenden Postboten los und warf diesem vor, das Schloss ohne Zustimmung der Eigentümerin zu betreten!

Die Zeugenberichte des weiteren Verlaufs weichen voneinander ab. Die einen behaupten, Bossard habe den Postbeamten verprügelt. Die anderen berichten, der Briefbote sei kopfschüttelnd von dannen gezogen. Dazu muss man wissen, dass Bossard nicht ein flegelhafter Schlägertyp war, sondern 62-jährig und immerhin Generaldirektor des Weltkonzerns Anglo-Swiss und Vizepräsident des Zuger Kantonsrates.

Die «hochdramatische Scene» zeigt: Der Kampf ums Schloss war von grossen Emotionen begleitet. Derart grosse Gefühle sind nur aus der jahrzehntelangen Geschichte zu verstehen, welche die Pages mit dem Schloss verband.

Adelheid Page, rund 50-jährige Witwe: Trotz Widrigkeiten erwarb sie das Schloss in Cham.

Lange begehrt und schliesslich doch noch erworben: St. Andreas in Cham, hier auf einer historischen Postkarte, mit Bootshaus und Türmchen am Wasser, mit Schloss, Kapelle und Haus Maienrain im Hintergrund.

STROHMANN, SCHWAGER UND SCHIFFSHÜTTE

Kurz nach ihrer Heirat mit George Page soll Adelheid Page-Schwerzmann, so ist es in der Familie überliefert, gesagt haben, dass ihr das «Schlössli» einmal gehören werde. Gemeint war damit das auf einer Landnase am See liegende Schloss St. Andreas in Cham.

In der Tat sind bereits für das darauf folgende Jahr 1876 erste handfeste Bestrebungen in diese Richtung aus den Akten ablesbar. George Page kaufte mit seinem Bruder David zwei Landparzellen westlich des Schlosses: das Turmhaus, das Storchenhaus und eine Schiffshütte mit Sust – heute ist das Gelände der Häuser Bestandteil des Schlossparkes. Offenbar fiel es Adelheid Page mit Mann und Schwager nicht leicht, diese Liegenschaften zu erwerben. Jedenfalls kauften zuerst Strohmänner die Liegenschaften, welche vertraglich vereinbart hatten, diese an die Pages weiterzuverkaufen. Einer der beiden Strohmänner war kein Geringerer als Jakob Hildebrand, der damals Gemeinderat in Cham, Kirchenratspräsident Cham-Hünenberg, Kantonsratspräsident, Regierungsrat, Ständerat in Bern und Landwirt in Cham-Bibersee war. Im Regierungsrat gab er 1875 wegen «überhäuften Geschäften» das Präsidium der Militärkommission ab, doch für die Gebrüder Page fungierte der Vielbeschäftigte als Strohmann. 1905 wurde nochmals die gleiche Methode angewendet, als es um den Kauf des «Maienrains» ging. Der damalige Besitzer weigerte sich, an Adelheid Page zu verkaufen. So sprang mit Clemens Iten wiederum ein Mann der Zuger Elite in die Lücke: Iten war Anwalt in Zug und Nationalrat, später sogar Nationalratspräsident. Offenbar waren solche undurchsichtigen Manöver für die Käufe von Land und Liegenschaften nötig: Die aus Amerika stammenden Pages hatten im damals kleinen Cham offensichtlich nicht nur Freunde – und sie scheuten keinen Aufwand, um dem Schloss näher zu kommen. Dabei nahmen sie namhafte Vertreter der Zuger Elite zu Hilfe.

Mit den ersten Parzellen im Westen war es noch nicht getan: Die Pages kreisten das Schloss weiter ein. 1886 kaufte man das Land zwischen Schlosshof und Zugerstrasse, so dass sich der Wunsch nach dem Besitz des Schlosses einen weiteren Schritt seiner Erfüllung näherte.

Man kann sich fragen, warum Adelheid und George Page auf den Besitz des Schlosses fixiert waren. Eine konkrete Antwort ist nicht überliefert. Doch war es damals durchaus verbreitet, dass neureiche Industrielle alte Schlösser kauften (siehe S. 149). Damit umgaben sie sich mit dem Hauch des Historischen und gelangten in die Nähe der altreichen Adeligen. Schlösser waren einst Königen und Fürsten vorbehalten gewesen – nun wurden diese von den Königen und Fürsten der Industrie gekauft und zu prunkvollen, aber komfortablen Wohnsitzen umgebaut. Gerade auf Adelheid, die als Halbwaise in vergleichsweise einfachen Verhältnissen an der Neugasse in Zug ihre Kindheit verbracht hatte, und auf George Page, der unter noch einfacheren Verhältnissen in einer Blockhütte aufgewachsen war, muss ein Schloss mit mittelalterlicher Burgenvergangenheit einen besonderen Reiz ausgeübt haben.

Bis zum Erwerb des Schlosses St. Andreas war es für die Pages ein weiter Weg. Durch die vielen Auslandaufenthalte gerieten Cham und das Schloss St. Andreas etwas aus dem Fokus. Dafür wurde das Thema 1899 nach dem Tod von George Page erneut aktuell. Adelheid Page wollte wieder in Cham wohnen. Der Besitzer des Schlosses war Arnold Landtwing, der selber nicht im heruntergekommenen Schloss wohnte, sondern es vermietet hatte. Der Mieter war Heinrich Viktor von Segesser-Crivelli, Architekt aus Luzern, der unter anderem die Kapelle des Schlosses Meggenhorn erbaut hatte. Von Segesser hatte 1894 mit Landtwing einen Mietvertrag

Die Industriellen kaufen Schlösser

Adelheid Page war beileibe nicht die Einzige, welche sich mit dem in der Industrie schnell erworbenen Vermögen ein Schloss kaufte. Zunächst hatten die Industriepioniere bei den Fabriken gewohnt. Sie setzten sich durch die Architektur ihrer Industriellenvillen und Herrenhäuser von den Fabriken und den Arbeiterhäusern ab, hatten aber durch die Nähe zum industriellen Geschehen ständig die Kontrolle und den Überblick.

Durch die Weiterentwicklung der Industrien konnte man es sich leisten, nicht mehr bei der Fabrik zu wohnen – und sich stattdessen mit Schlössern dem Altadel und dessen Habitus anzunähern.

So kaufte Edouard Hofer-Grosjean, erfolgreicher Textilindustrieller im Elsass, 1868 den barocken Landsitz Meggenhorn und baute darauf ein historisierendes Schlösslein. In Buonas am Zugersee erbaute 1873–75 Karl August von Gonzenbach-Escher, Direktor der Escher-Wyss, das Schloss Neu-Buonas im Stil der englischen Tudor-Gotik. Das Schloss Wart bei Neftenbach ging 1889 in die Hand von Max Sulzer über.

Ein weiterer berühmter Industrieller und gleich doppelter Schlossbesitzer war der Erfinder des Odol-Mundwassers, Karl August Lingner. Der Dresdner tauschte 1906 in seiner Heimatstadt seine Villa in der Leubnitzer-Strasse gegen die Villa Stockhausen ein. Dieses Schlösschen war in Anlehnung an das Schloss Albrechtsberg gebaut worden. Ein Kuraufenthalt im Engadin hatte Lingner bereits sechs Jahre zuvor auf das Schloss Tarasp aufmerksam gemacht. Die Burganlage aus dem 11. Jahrhundert befand sich damals in einem sehr schlechten Zustand. Der Fabrikant erwarb sie für 20 000 Franken und nahm eine Gesamtrenovation vor. Da das Schloss seit 1829 in Privatbesitz war und viele Besitzerwechsel über sich hatte ergehen lassen müssen, war viel des ursprünglichen Schlossinventars verschwunden. Deshalb musste aus Bündner Patrizierhäusern und aus dem benachbarten Tirol Mobiliar zugekauft werden. Auch das Umland erhielt ein neues Gesicht. Lingner liess den Schlosspark mit über 1000 Bäumen bepflanzen. Noch bevor er aber in das Schloss einziehen konnte, starb er 1916 im Alter von 55 Jahren. Einer seiner Wünsche, nämlich von Kaiser Wilhelm II. geadelt zu werden, war trotz der standesgemässen Ausstaffierung nicht in Erfüllung gegangen.

bis 1909 abgeschlossen. Als dann aber Adelheid und Fred Page Arnold Landtwing 190 000 Franken für das zerfallene Schloss boten, griff dieser trotz des langfristigen Mietvertrages zu, schliesslich galt das Angebot als Liebhaberpreis. Am 27. Dezember 1902 wurde der Handel besiegelt: Am 1. Juli 1903 sollte das Schloss geräumt und zugänglich sein. Der lang gehegte Traum Adelheid Pages schien Wirklichkeit geworden zu sein. Doch vorerst berief sich die Witwe von Segesser-Crivelli – ihr Gatte war 1900 verstorben – auf ihren Mietvertrag bis 1909. Adelheid Page dagegen pochte auf den rechtsgültigen Kaufvertrag: Zwei Rechtsauffassungen standen einander gegenüber. In den Jahren 1903 und 1904 wurden das Kantons- und das Obergericht mit Klagen, Gegenklagen und Beschwerden eingedeckt, Gutachten und Obergutachten erstellt, und zweimal musste sogar das Bundesgericht den letztinstanzlichen Entscheid fäl-

Rechtshändel behinderten die Erfüllung des Traumes: Schliesslich bekam Adelheid Page von den Gerichten Recht und das Schloss.

len. Für Adelheid Page warf sich ihr Schwager Alois Bossard in den Kampf – sogar in der Familie war Bossards Prozessierfreudigkeit legendär. Vor diesem Hintergrund der Klagen und Gegenklagen kam es zu der unschönen «Scene» auf dem Schlossplatz mit den Handgreiflichkeiten und Wortgefechten. Auch wenn Adelheid Page ihren leicht erregbaren Schwager als ihren Rechtsvertreter vorschickte, hielt sie sich in ihren Briefen keineswegs zurück. So schrieb sie 1903, dass Frau von Segesser «ohne Übertreibung als wahnsinnig qualifiziert werden» dürfe. Nachdem die Witwe von Segesser nur befristeten Aufschub des Mietverhältnisses erhielt, klagte sie ihren Vermieter Arnold Landtwing ein und verlangte von ihm Schadenersatz von 60 000 Franken. In letzter Instanz sprach das Bundesgericht der Witwe einen Schadenersatz von 25 000 Franken zu.

GEBURTSTAG, GARTENARCHITEKT UND GOLFLÖCHER

Am 20. August 1903 konnte Adelheid Page erstmals als Besitzerin das Schloss betreten. Ein feierlicher Moment, in doppelter Hinsicht. Zum einen hatte sie endlich das Schloss erworben, worauf sie seit 1875 hingearbeitet hatte. Zum anderen konnte sie an diesem Tag ihren 50. Geburtstag feiern: Aus der einstigen Gewerblertochter Heidi Schwerzmann von der Neugasse in Zug war Schlossherrin Adelheid Page geworden!

Der Stolz auf diesen Aufstieg machte sich auf Schritt und Tritt beim nächsten Grossprojekt bemerkbar, bei der Renovation, Restaurierung und beim Umbau des Schlosses.

Das Schloss, wie es von der altehrwürdigen Familie Landtwing übernommen wurde, war dem Zerfall nahe, nur noch die obersten Geschosse waren bewohnbar. Die Landtwings, früher in fremden Diensten zu Macht, Geld und Ansehen gekommen, waren im Verlauf des 19. Jahrhunderts verarmt – die Reisläuferei war seit 1798 kein Geschäft mehr und seit 1848 verboten. Dementsprechend waren, einmal mehr, die gestaltende Hand und die tatkräftige Beherztheit einer Adelheid Page am richtigen Platz, auch weil sie mit ihrem Sohn Fred, der Architektur studiert hatte, einen ausgewiesenen Fachmann zur Seite hatte.

Als Architekten holten sie sich den jungen Dagobert Keiser, den Sohn von Adele Keiser-Henggeler, einer Freundin von Adelheid Page aus den Jugendjahren in Zug. Nach Studienjahren in renommierten Büros in Zürich, Aarau und Karlsruhe hatte er mit seinem Vater die Villette in der Nähe des Schlosses St. Andreas umgebaut und dann 1906 das väterliche

X. Adeliger Wohnsitz

Garten und Park wurden komplett umgestaltet: Gartenarchitekt Otto Froebel schuf eine poetische Parkambiance, die zum Sitzen und Sinnieren anregte.

Architekturbüro übernommen. Als sich Adelheid Page 1903 an die Planung des Umbaus machte, waren ihre beiden Fachberater 24-jährig (Dagobert Keiser) und 26-jährig (Fred Page).
Im Schloss selber wurde ein «Baubureau» eingerichtet, quasi die Planungs-, Umbau- und Bauzentrale des grossen Vorhabens, aus dem heruntergekommenen Schloss ein Prunkstück zu machen. Die meisten Pläne und Korrespondenzen stammen von Dagobert Keiser; aber auch Fred Page und sogar Adelheid Page griffen selber zum Zeichenstift, um den Umbau nicht nur mit Ideen, sondern ganz handfest zu prägen. Teile des Schlosses konnten restauriert werden, der Süd- und Westtrakt dagegen mussten bis auf die Grundmauern niedergerissen und neu erbaut werden. Vor allem die Südseite, welche den phänomenalen Blick auf den Zugersee mit dem Alpenpanorama freigibt, wurde neu gestaltet und dadurch aufgewertet. Für den Umbau zogen die Pages die besten Fachleute bei: Steinmetzmeister, Bildhauer, dekorative Künstler, Modelleure und Möbelhersteller aus Strassburg, München und Zürich – einzig der Kunstschlosser und der Hafner kamen aus der Umgebung, nämlich aus Zug. Der Hafnermeister Josef Keiser war damals eine Berühmtheit: Er staffierte zahlreiche Bürgervillen im In- und Ausland mit seinen historisierenden Kachelöfen aus. Adelheid Page kümmerte sich selber um diesen Auftrag. Sie wählte das Ofenmodell und die Kachelformen der Füllungen aus und lieferte die Vorlagen für die zu bemalenden Kacheln. Der intensive Schriftwechsel zwischen Adelheid Page und Josef Keiser bezeugt die engagierte Auseinandersetzung auch mit diesen Details.
Überhaupt ist anzunehmen, dass Adelheid Page beim Umbau präsenter war, als es die Akten vermuten lassen. Fred Page war während der Zeit des Umbaus häufig auf Geschäftsreisen im Ausland – Adelheid Page dagegen war auf dem Platz, um mit Architekt Keiser die Entscheidungen für die unzähligen Details zu fällen. Sie war es, welche die Einteilung der Räume, die Stile und die Möblierung bestimmte.
Aus Schilderungen der Familie ist bekannt, dass sich Adelheid Page auch nicht scheute, Arbeiter auf der Baustelle zurechtzuweisen. Sie soll manchen Handwerker gelehrt haben, exakt zu arbeiten und den Hammer richtig in die Hand zu nehmen ...
Auch die Umgebung des Schlosses wurde von Grund auf neu geformt. Der bekannte Gartenarchitekt Otto Froebel gestaltete den Park um in einen Bereich mit Terrasse und Blumenbeeten sowie in einen Bereich als Landschaftsgarten. Zudem wurde am Seeufer der Hafen ausgegraben, neu

Konnte seine eben erworbenen Kenntnisse als Architekt anwenden: Adelheids Sohn Fred, damals 26-jährig, half beim Umbau des Schlosses.

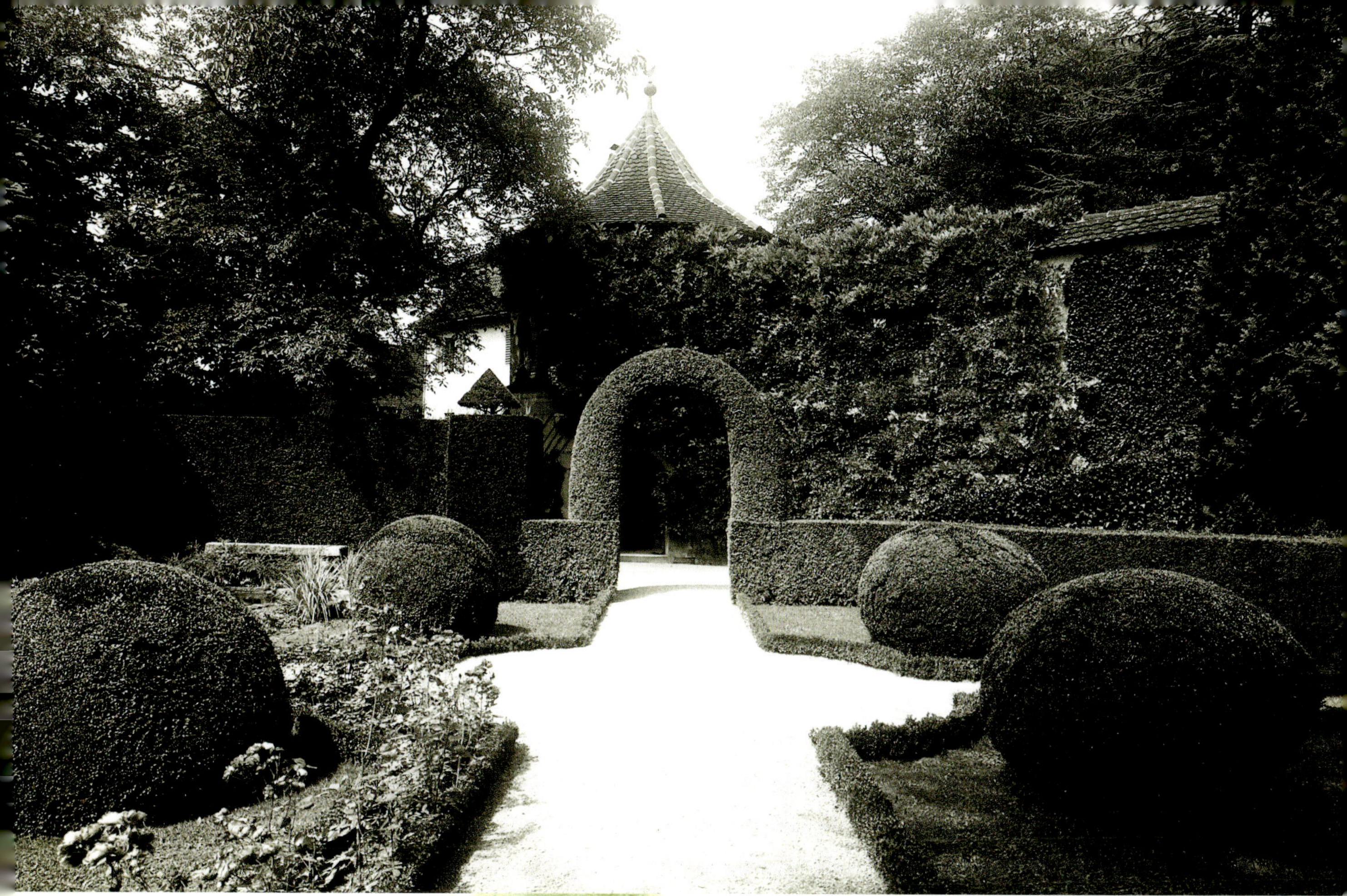
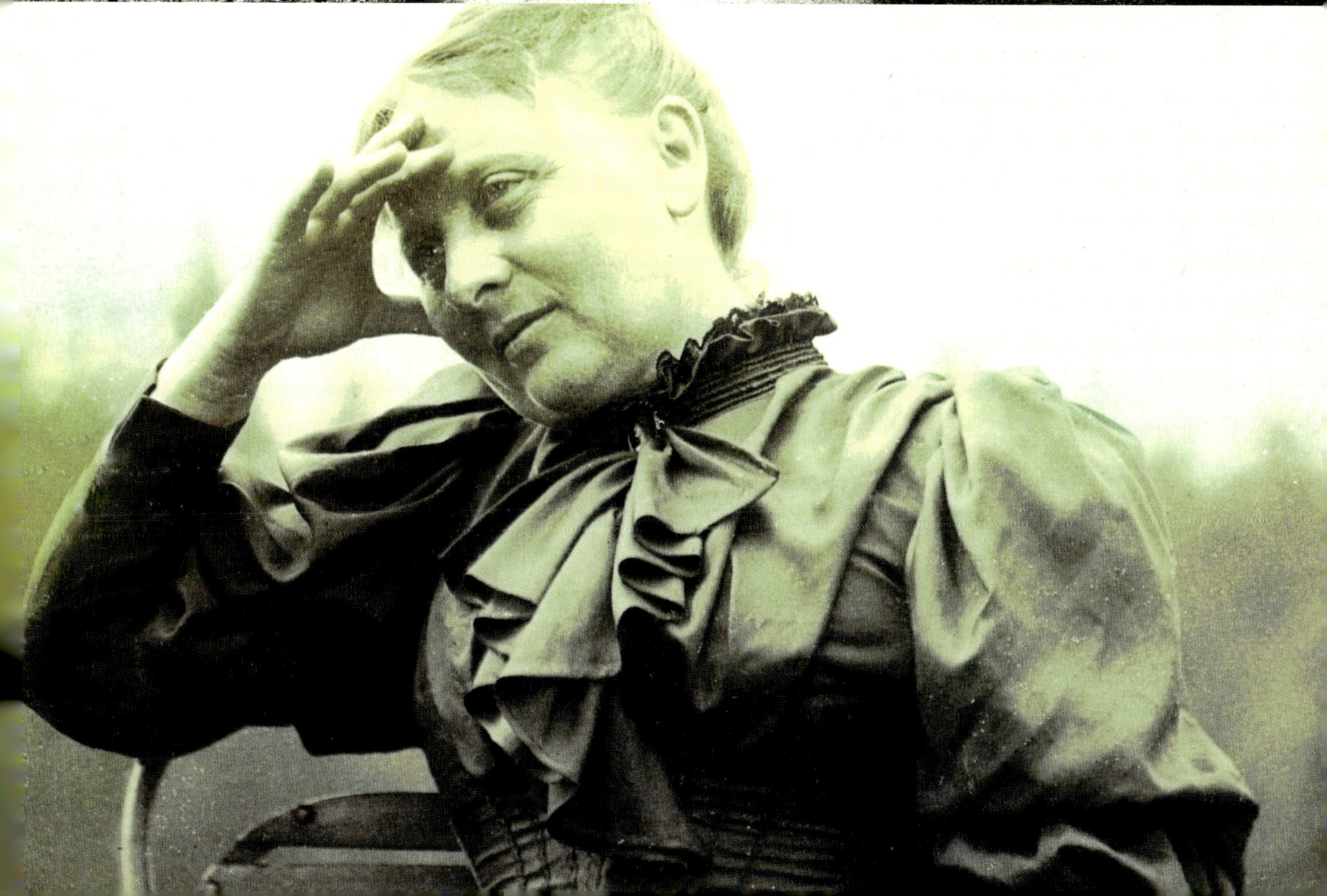

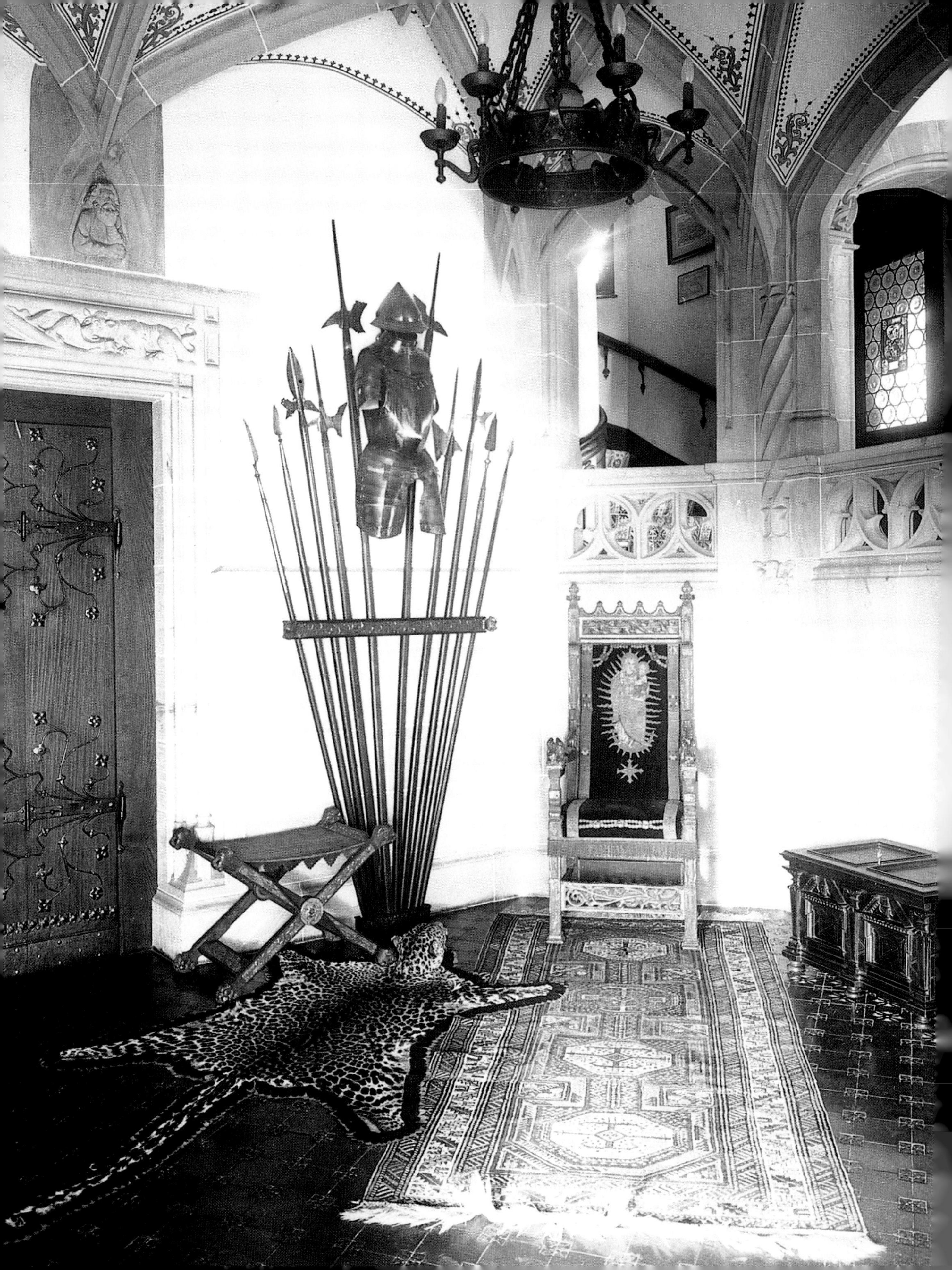

Fünf Jahre dauerte der Umbau der Burg in ein historistisches Schloss: Gemäss den damals populären Grundsätzen wurden die verschiedenen Baustile bunt gemischt.

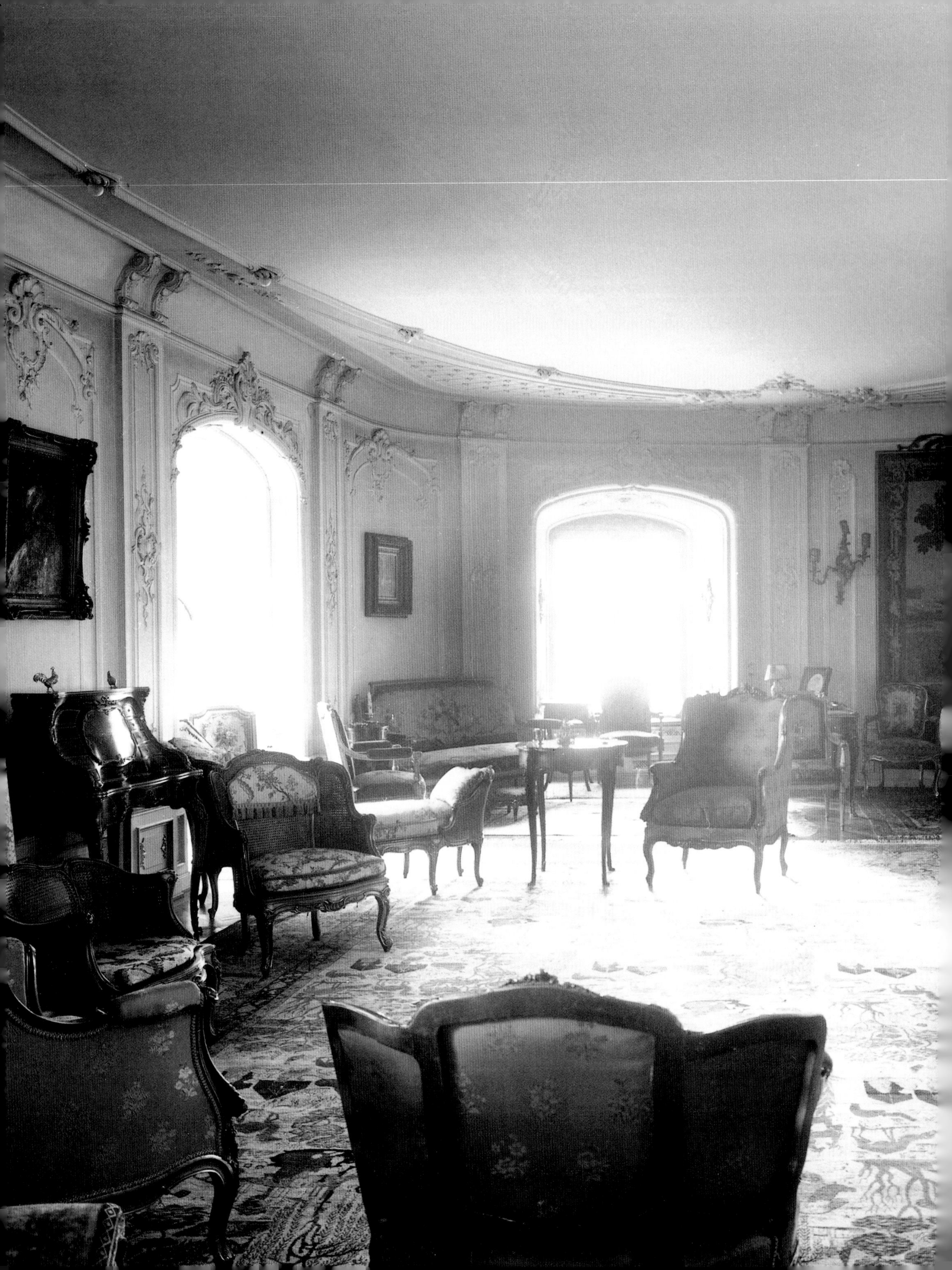

Jeder Raum bekam durch den Umbau ein anderes Gepräge: Im zweiten Stock befand sich der Salon im Stil von Louis XV. (links), im Parterre der neugotische Saal für den Empfang von Gästen (unten).

X. Adeliger Wohnsitz

Sogar das Bootshaus wurde etwas Spezielles: Es bekam einen weithin sichtbaren Turm, das «Castellino», hier fotografiert über die malerische Schilflandschaft.

gefasst und um ein Bootshaus und ein Badehaus in Form eines mittelalterlichen Turms erweitert, des sogenannten «Castellino». Schliesslich sorgten der Tennisplatz und der Rasen mit den Golflöchern dafür, dass man sich den damals noch sehr exotischen Sportarten englischer Herkunft widmen konnte.

Der Umbau des Schlosses dauerte über fünf Jahre lang – getragen vom «vornehm sicheren Geschmack», wie der Bauherrin von der «Schweizerischen Bauzeitung» 1909 attestiert wurde. Die Stile wurden zwar wild gemischt: Gotische Rundbögen trafen auf Renaissance-Wandtäfer, barocker Stuck auf klassizistische Möbel, das im Louis-XVI.-Stil gehaltene Schlafzimmer auf Régence-Gestaltung des Vorraumes. Adelheid Page hatte zahlreiche Vorbildbauten besucht: So zitiert die Balkendecke im Speisesaal jene des Klosters St. Georgien in Stein am Rhein, das Adelheid Page zusammen mit dem Familienintimus Astère Ketterer 1906 besuchte. Das gotische Zimmer lehnt sich an das Gastzimmer der ehemaligen Fraumünsterabtei in Zürich an. Der Wandbrunnen imitiert denjenigen der Marienkirche in Florenz, und das Baldachinbett im Louis-XIV.-Schlafzimmer erinnert an das Bett von Marie-Antoinette im Petit Trianon in Versailles: Adelheid Page wollte schlafen wie einst die französische Königin.

ELEKTRIZITÄT, ENGEL UND EWIGKEIT

Die bewusste Anlehnung an kunsthistorisch bedeutsame Bauten wurde noch erweitert, indem die Bauherren selber in Holz und Stein gehauen wurden – und sich damit unsterblich machten. Auf den Fensterbrüstungen sind zierliche, circa ein Meter grosse Holzfiguren angebracht, die in den Schlosshof hinunterblicken: Sie tragen unverkennbar die Gesichtszüge von Adelheid Page, Fred Page, Lisina Page und Astère Ketterer. Auf dem Kaminfries in der Eingangshalle und im Speisesaal über dem Eingangsportal sind nochmals Fred und Lisina Page in Stein gehauen und in Holz geschnitzt. Überdies sind an verschiedenen Stellen die Familienwappen der Page und Schwerzmann angebracht.

Wie es bei Kirchenbauten üblich ist, wurde in die Kupferkugel des Schlossturmes ein Dokument von Adelheid und Fred Page versiegelt, welches die Umbaugeschichte dieser «Stätte des Glücks» auf mehreren A4-Seiten beschreibt: «So zu neuem Blühen wieder gegeben, so erworben, ausgedacht, ausgeführt, geschmückt, bepflanzt, gesäht für die Zukunft, hoffentlich zur Freude aller Kunstliebenden, zum Genusse aller Freunde und Geliebten und auch zur Zierde[...]» Adelheid Page hatte sich ihren

Idyll am Wasser: Im eigenen Hafen beim «Castellino» wuchsen Seerosen – und eröffnete sich ein phänomenaler Ausblick auf den See und die Berge.

Vor Beendigung des Schlossumbaus bereits als standesgemässe Bühne genutzt: Fred und Lisina Page-Martinelli feierten ihre Hochzeit mit internationalen Gästen.

Hochzeit im noch nicht fertigen Schloss

Der Schlossumbau war noch nicht vollendet, und doch fand dort bereits die Hochzeit von Fred Page und Lisina Martinelli statt. An diesem 17. Januar 1906 wurde der Festgesellschaft mit Gästen aus Zug und Florenz ein dreizehngängiges Menu serviert, welches die Internationalität der Feiernden unterstrich: Neben «Hors-d'œuvres Belle of New York», «Turban de Filets de Sole Admiral Jones» und «Sorbet Neige de Florence» wurde «Faisan de San Gimignano» serviert, ergänzt um Musik von Wagner, Mozart, Mendelsohn, Gounod, Mascagni, Verdi und Souza.

Lisina Martinelli entstammte einer florentinischen Familie. Eine Zeitlang war sie Hofdame von Margueritta di Savoya gewesen, der Königin von Italien. Später wurde sie von ihr empfangen, was in der Familie fotographisch dokumentiert wurde. So sorgte Lisina Page-Martinelli für die höfische Adelung der jungen Schlossbesitzer.

Adelheid Page überliess das Wohnen im Schloss dem frisch vermählten Ehepaar. Sie zog in den 1905 erworbenen «Maienrain», den sie standesgemäss ausbaute und um einen Zwischenbau erweiterte. Ebenso wurde zwischen Kapelle und «Maienrain» ein Wandelgang erstellt, die sogenannte «Kapuzinerhalle», welche einen Durchgang trockenen Fusses zum Schloss ermöglichte.

Malerischer Zugang: Die Allee zum Schloss setzt das historische Gebäude in Szene, welches Adelheid Page mit viel Liebe zum Detail restaurieren liess.

*Sie blicken auf den Innenhof:
Die geschnitzten Figuren zeigen (von links) Astere Ketterer,
Adelheid Page, Fred und Lisina Page.*

Im Festsaal des
Schlosses: An der
Decke hängt das so-
genannte «Leuchter-
weibchen» mit dem
Familienwappen,
an der Wand das
Porträt von
Adelheid Page.

Wunsch erfüllt und ein bleibendes Denkmal geschaffen. Dabei geschah etwas Unerwartetes: Kaum war der Umbau fertig, überliess sie das Wohnen im Schloss dem jungen Ehepaar Fred und Lisina Page-Martinelli – sie zog stattdessen in die ebenfalls neu umgebaute Liegenschaft «Maienrain». Insgesamt liess Adelheid Page den Umbau der Schlossliegenschaften 1,6 Millionen Franken kosten: Das entspricht einem heutigen Geldwert von rund 16 Millionen!

Zur Zeit des Umbaus, muss man beifügen, waren Adelheid und Fred Page die Reichsten im Kanton Zug. Mit einem versteuerten Vermögen von 2,4 Millionen Franken hoben sie sich deutlich von Grossbürgern, vermögenden Bauern, anderen Industriellen und erst recht von den vielen gewöhnlichen Bürgerinnen und Bürgern ab.

Die schier unbegrenzten finanziellen Möglichkeiten zeigten sich auch bei der technischen Ausstattung des Schlosses. Nur das Beste war fein genug. Modernität sollte sich mit dem historischen Gemäuer paaren, keine leichte Aufgabe, die jedoch dank dem grossen Budget verwirklicht werden konnte. So wurden im ganzen Schloss Warmwasser und Zentralheizung installiert, dazu überall elektrisches Licht – und alle Leitungen wurden versenkt. Dies notabene zu einer Zeit, als in Cham noch kein öffentliches Stromnetz existierte. Erst der dringende Wunsch der Pages, Elektrizität im Schloss zur Verfügung zu haben, veranlasste die Wasserwerke Zug, eine Stromleitung von Zug nach Cham zu ziehen und in Cham eine Umformstation zu erstellen. Selbstverständlich verfügte das Schloss auch über einen der ersten Direktanschlüsse des Telefons, und ebenso hatte Adelheid Page eines der ersten Autos von Cham, ihr Auto trug die kantonale Nummer «4».

Im Dorf Cham nahm man die Aufwendigkeit des Umbaus des Schlosses St. Andreas und des Lebensstils von Adelheid Page durchaus wahr. Als ein Mädchen im Religionsunterricht vom Kaplan gefragt wurde, welches die vornehmsten Geschöpfe Gottes seien, antwortete es ganz selbstverständlich: «die Engel und die Pages».

Freudvolle Kindheit: Adelheids Enkel George und Monica wuchsen im Schloss auf und durften im Park Eselreiten.

XI. Glück mit Folgen

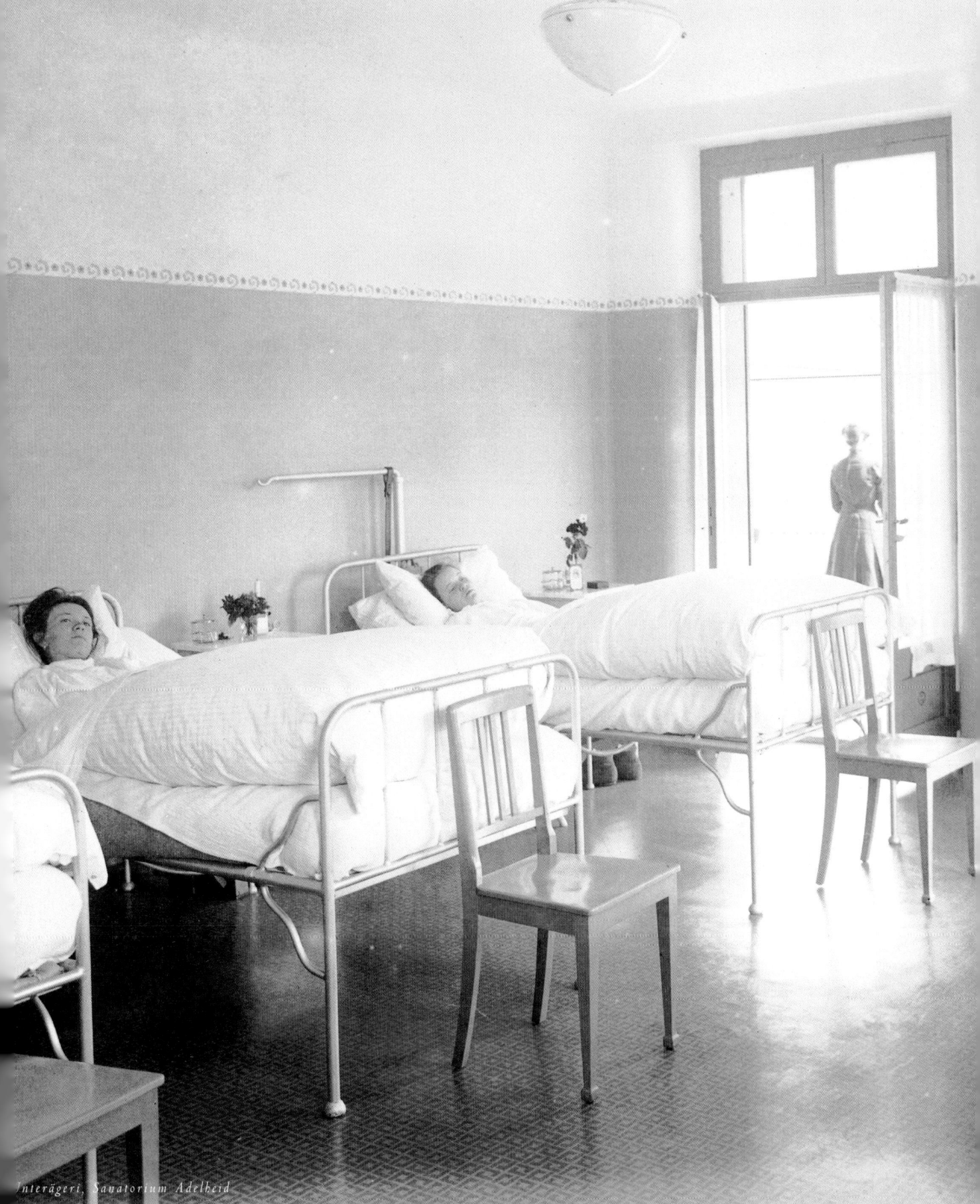

Interägeri, Sanatorium Adelheid

XI. Glück mit Folgen

ADELHEID PAGE SIEHT SICH MIT DEM EIGENEN TOD KONFRONTIERT UND BESCHLIESST, SICH ÖFFENTLICH FÜR DAS WOHL DER MITMENSCHEN EINZUSETZEN. INNERHALB VON DREI JAHREN PLANT, BAUT, ERÖFFNET UND VERSCHENKT SIE DAS SANATORIUM ADELHEID FÜR LUNGENKRANKE IN UNTERÄGERI.

Am Samstag, dem 3. Juli 1909, ist Adelheid Page in ihrem Haus «Maienrain» im Schlossgelände in Cham und krümmt sich vor Schmerzen. Trotzdem holt sie aus ihrem Sekretär in der Stube ihren Füllfederhalter und ein Blatt Papier und beginnt zu schreiben. Es soll ihr Testament werden. Darin hält sie fest, dass eine grössere Summe ihres Vermögens zur Gründung einer Heilstätte für Tuberkulosekranke bestimmt sei.

In einem Brief an ihren Arzt Fritz Imbach, dem eine solche Heilstätte sehr am Herzen liegt, teilt sie dies ebenfalls mit. Falls sie aber – wider Erwarten – mit dem Leben davonkommen solle, fügt sie bei, wolle sie so bald als möglich eigenhändig ein Sanatorium für Lungenkranke errichten lassen!

Erst nachdem diese beiden wichtigen Dokumente unter Dach und Fach sind, lässt sich die 56-jährige Adelheid Page von ihrem Chauffeur Wendelin Stuber ins Bürgerspital nach Zug bringen. Nachdem man eine Blinddarmentzündung festgestellt hat, wird Frau Page umgehend vom dortigen Chefarzt Dr. Fritz Imbach operiert.

Obwohl die Operation damals nicht ohne Komplikationen verlief, überlebte Adelheid Page-Schwerzmann, und sie begann, noch während ihres Aufenthalts im Krankenhaus, mit der Planung ihres Sanatoriums. Anschauungsmaterial hatte sie von ihrem Spitalbett aus ja genug – und innere Bilder dieser Krankheit. Bestimmt hatte sie bei der Planung ihrer Tuberkuloseheimstätte unter anderem ihre treue Näherin «Theresli» Müller vor Augen, der wegen ihrer Tuberkulose schon mit elf Jahren ein Bein amputiert werden musste. Eine von Adelheid Page geförderte und bewunderte Frau, die Schriftstellerin Isabelle Kaiser, litt seit 13 Jahren ebenfalls an Lungentuberkulose. Aber auch die vielen Opfer der weit verbreiteten «Brustkrankheit» und ihre Familien hatte Adelheid Page vor dem inneren Auge, als sie voller Energie ihr neustes Werk in Angriff nahm. Zwar wurde die Rekonvaleszente nach ihrer Blinddarmoperation von ihrem Arzt vorerst nach Wiesbaden in die Kur geschickt. Dort logierte sie standesgemäss im Hotel Kaiserhof und badete im hauseigenen «Augusta-Victoria-Bad». Einer Freundin schrieb sie von dort: «Die letzten Monate

Nach der Krankheit mit Elan: Adelheid Page war nur mit dem Besten zufrieden.

kommen mir jetzt wie ein böser, böser Traum vor, sie rücken aber schon etwas von mir weg und ich fange an wieder ein bisschen aufzuleben.» Abends gehe sie bereits wieder aus, schrieb sie, sie unternehme wieder Spazierfahrten durch die farbenreichen Wälder, doch sie schlafe immer noch schlecht und habe Schmerzen beim Treppensteigen. Die erlebten Schrecken angesichts des nahen Sterbens hatten zwar deutlich an Brisanz verloren, aber trotzdem hielt sie an ihrem Entschluss fest, das versprochene Sanatorium zu gründen.

TUBERKULOSE, TOD UND TÜRMCHEN

Adelheid Page hatte bekanntlich einen einfachen Geschmack: Sie war immer mit dem Besten zufrieden. Das galt auch für ihr Lungensanatorium, punkto Lage genauso wie bezüglich Baustil und was die Einrichtung betraf. Denn Adelheid Page hatte sich mit ihrem Sanatorium eine riesige und wichtige Aufgabe gestellt: Die «Lungenschwindsucht», «Brustkrankheit» oder «Tuberkulose» war Anfang des 20. Jahrhunderts zur Volkskrankheit Nummer eins geworden. In der Schweiz waren innerhalb von 20 Jahren über 123 000 Menschen daran gestorben. Die Krankheit betraf alle: Arm und Reich, Jung und Alt. Allerdings deutete alles darauf hin, dass Menschen, die in geschlossenen, staubigen, muffigen und lichtarmen Räumen arbeiteten, besonders gefährdet waren.

1899 war in Berlin anlässlich eines Fachkongresses die Tuberkulose als die in allen europäischen Ländern gefährlichste Krankheit genannt worden. In Zug engagierte sich besonders der Arzt Josef Hürlimann in Sachen Lungentuberkulose. An der Jahresversammlung der Gemeinnützigen Gesellschaft des Kantons Zug hielt er 1900 einen aufrüttelnden Vortrag zu diesem Thema, war er in dieser Sache doch als Besitzer eines Kindersanatoriums am Ägerisee besonders engagiert.

Obwohl die Gefährlichkeit der Tuberkulose längst erkannt war, haperte es noch mit der Umsetzung der Massnahmen zu ihrer Eindämmung und Bekämpfung. Zwar waren diesbezüglich seit längerem Bestrebungen im Gange. Schon 1894 hatte sich die Gesellschaft der Schweizer Ärzte dieser Krankheit angenommen. 1903 war die Schweizer Lungenliga gegründet worden. In Zug gab es die Gemeinnützige Gesellschaft des Kantons Zug (GGZ). Diese hatte sich von Anfang an mit der Tuberkulose beschäftigt. Die GGZ bestand bereits seit 1884, als sich 16 liberal und optimistisch eingestellte Zuger Bürger zusammengeschlossen hatten, um – als

Unter der Bauleitung von Adelheid Page und den Architekten Keiser und Bracher. Das fertige Sanatorium schenkte Adelheid Page der Gemeinnützigen Gesellschaft des Kantons Zug.

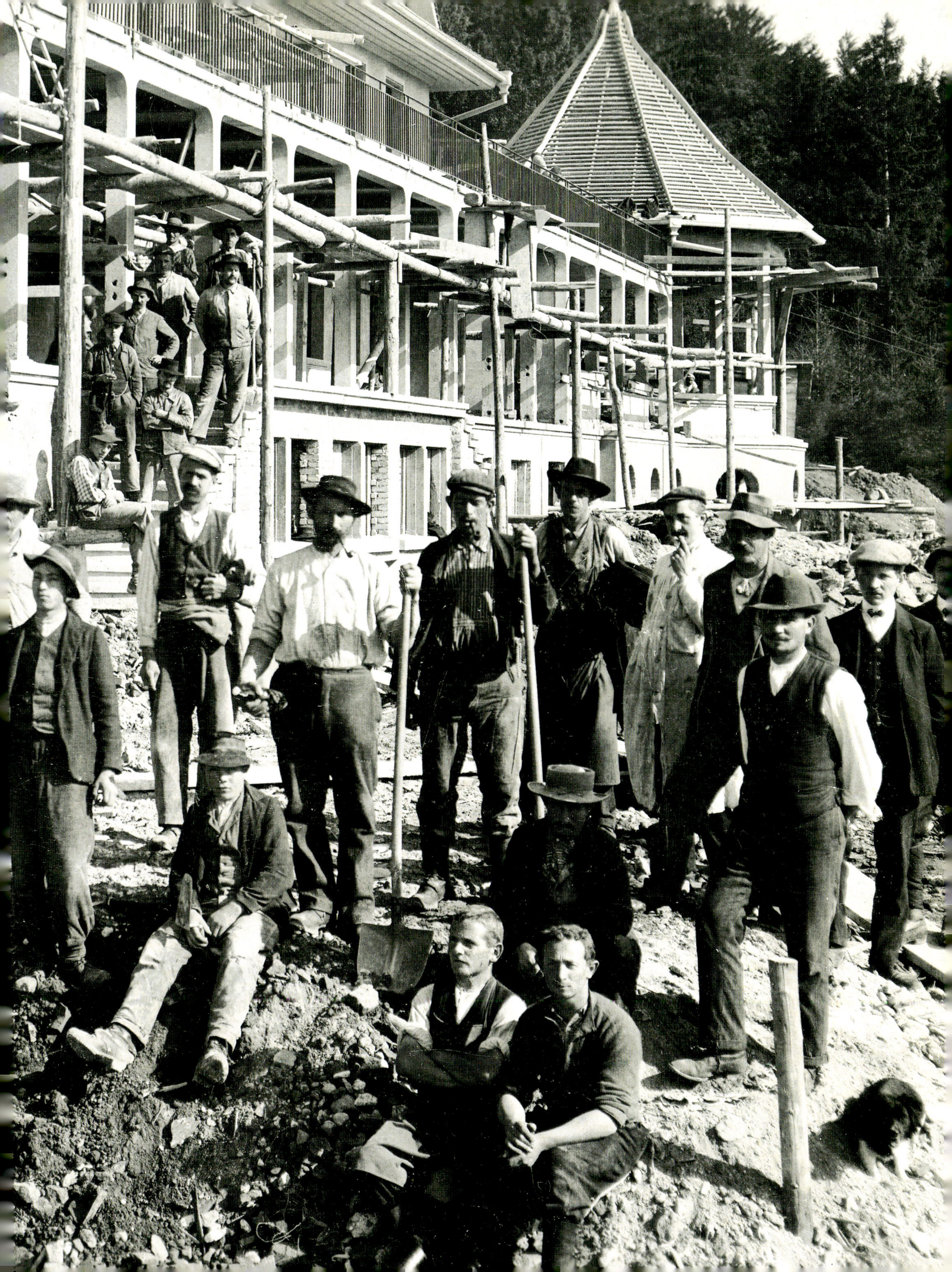

Ergänzung zur kirchlichen Fürsorge – die Mittel aufzutreiben, um sozial schwächer Gestellte zu unterstützen. Die GGZ war eine Männergesellschaft, bis sich Adelheid Page 1905 als Pionierin mit 5000 Franken quasi einkaufte und das erste weibliche Mitglied wurde. Ursprünglich sah die GGZ ihre Aufgaben vor allem im gesellschaftlichen Bereich, zum Beispiel in der Unterstützung im Bildungswesen und unbemittelter Kranker. Früh gingen ihre Bestrebungen dahin, schwere Krankheiten zu bekämpfen, allen voran die grassierende Tuberkulose.

Als Folge all dieser Bemühungen und der mit ihnen verbundenen Aufklärungsarbeit waren an verschiedenen Orten in der Schweiz Heilstätten errichtet worden. So in Leysin durch die Waadt, in Davos durch Basel-Stadt, in Braunwald durch Glarus, in Heiligenschwendi durch Bern, in Malvilliers durch Neuenburg und in Wald durch Zürich – und am Erliberg in Unterägeri durch Zürcher Ärzte. Aber noch immer war um 1900 in der Schweiz jeder achte Todesfall auf Tuberkulose zurückzuführen – in Zug soll es sogar jeder siebte gewesen sein! Da hatte ein Sanatorium, wie Adelheid Page es plante, für die Volksgesundheit eine enorme Bedeutung! Und eine möglichst schnelle Umsetzung der grossen Pläne konnte viel Leid verhindern. Die Lungenschwindsucht verbreitete sich nämlich durch direkte Ansteckung. Ein wesentlicher Beitrag zur Eindämmung dieses «Feindes der Menschen» bestand deshalb in der konsequenten Isolierung der Patienten. Zwar fanden unheilbar Kranke vorübergehende Aufnahme im Bürgerspital von Zug, aber für die heilbaren und leichteren Fälle war dies nicht der richtige Ort, vor allem wegen des häufigen Nebels in den Herbst- und Wintermonaten. Um wieder gesund werden zu können, brauchten die Patienten frische Luft und viel Sonne. So sehr es auch eilte, Adelheid Page plante ihr Vorhaben aufs sorgfältigste. Und doch zügig. Bereits im Spätherbst 1909 war die Sache so weit gediehen, dass Adelheid Page das dafür notwendige Land erworben hatte: Es lag in Unterägeri, an sonniger Lage am Hang, auf 850 Meter über Meer und 150 Meter über dem für seine Schönheit bekannten Ägerisee, und es bot eine prachtvolle Aussicht auf die Voralpen und die Alpen. Die tolle Lage war das eine, die Architektur das andere. Bevor Adelheid Page aber dem Zuger Architektenteam Keiser & Bracher, welches schon ihr Schloss umgebaut hatte, konkrete Aufträge erteilen konnte, unternahm sie zusammen mit ihrem Freund und Berater Fritz Imbach Reisen im In- und Ausland. Dabei besuchte und studierte sie zahlreiche Heilstätten und Sanatorien und sprach mit den bekanntesten Spezialärzten.

Daneben verschlang sie – für Adelheid Page war das wohl selbstverständlich – Fachliteratur zu den Themen «Tuberkulose», «Krankenpflege» und «Sanatorien». Das Haus sollte zwar äusserst praktisch gebaut werden, aber trotzdem gediegen wirken. Es sollte bezüglich medizinischer Zweckdienlichkeit keine Wünsche offen lassen, aber dennoch nicht wie ein Spital aussehen. Adelheid Pages Sinn fürs Praktische paarte sich wieder einmal mit ihrem vielgepriesenen Kunstsinn. Die Bauarbeiten wurden im Frühjahr 1910 durch Anlegen einer Zufahrtsstrasse und einer eigenen Wasserversorgung in Angriff genommen. Im Herbst begannen die Grab- und Sprengarbeiten. Die Grundsteinlegung wurde auf ausdrücklichen Wunsch von Adelheid Page nicht gefeiert. Stattdessen wünschte sie, dass ihr Lebenslauf, Angaben zur Bestimmung der Anstalt, der Name des Architekten und die Namen der Arbeiter in den Grundstein eingelegt würden. Der Bau, der zwischen 1910 und 1912 schliesslich entstand, verpackte modernste technische Einrichtung in einer historisierenden Hülle mit Türmchen, ähnlich einem in die Länge gestreckten Schloss.

KRANKENZIMMER, KORBFLECHTER UND KAMPFANSAGE

Am 18. Mai 1912 konnte Adelheid Page-Schwerzmann ihr Werk betriebsfertig übergeben. In grösster Bescheidenheit überreichte Fred Pages Tochter und Adelheid Pages Enkelin Monica den Schlüssel des Sanatoriums der Gemeinnützigen Gesellschaft des Kantons Zug. Das war in der Tat ein grosses Geschenk, welches Frau Page da machte. Es fanden sich zahlreiche Gäste ein, um das Sanatorium, welches schweizweit als beispielhaft erachtet wurde, zu bewundern. Denn das Haus liess punkto Wohnlichkeit, Zweckdienlichkeit und Gemütlichkeit keine Wünsche offen. In der Tageszeitung war gar von «Chic» die Rede. Fachmänner seien geradezu «entzückt» über die Einrichtungen des Sanatoriums, schrieben die «Zuger Nachrichten». Das Haus war grosszügig, gediegen und hell, hatte aber nichts von der Nüchternheit eines Spitals. Und ebenso wenig vom Glanz eines Hotels, wie die GGZ anfangs befürchtet hatte, als sie die ambitiösen Pläne sah. Etwa 32 stationäre erwachsene Patienten konnte die Genesungsstätte anfangs aufnehmen und etwa zehn Kinder. In einem Zimmer standen maximal sieben Betten. Im Erdgeschoss lag die Kinderabteilung, die eine direkte Verbindung hatte zur geheizten, lichtdurchfluteten Liegehalle. Alle Fenster

Adelheid Page wollte den Teufelskreis von Armut und Krankheit durchbrechen: Dazu brauchten die Patientinnen und Patienten Bewegung und Beschäftigung.

Tb – die «Krankheit der Armen»

Die Tuberkulose entwickelte sich im vorletzten Jahrhundert von der romantisierten «Schwindsucht» zur «Krankheit der Armen». Sie war in der Schweiz um die Wende vom 19. zum 20. Jahrhundert eine der häufigsten Todesursachen und fand ihre Opfer in den überfüllten, schmutzigen Wohnungen der Unterschicht, in den Schulräumen oder engen Arbeitsstätten der Handwerker und Arbeiterinnen.

Tuberkulose, kurz «Tb» genannt, ist eine chronische Infektionskrankheit mit kompliziertem und wechselvollem Verlauf. Sie kann an verschiedenen Organen auftreten, am häufigsten befällt sie aber die Lunge. Eine Ansteckung erfolgt meist auf dem Luftweg von Mensch zu Mensch (Tröpfchen- und Staubinfektion).

Obwohl die aufstrebenden Bakteriologen gegen Ende des 19. Jahrhunderts daran waren, verschiedenste Krankheitserreger zu finden, zu benennen, zu isolieren und zu reproduzieren, konnten sie wenig Wirksames zu einer Therapie beisteuern. Als effektivste Form der Krankheitsbekämpfung galt deshalb die Prophylaxe. Mittels umfassender Aufklärung wurde die Bevölkerung mit den alltäglichen Regeln der Hygiene vertraut gemacht. Hausfrauen wurden dazu angehalten, ihre Wohnung regelmässig zu lüften. Um den Hausstaub zu binden, sollten sie die Fussböden täglich feucht reinigen. Spucknäpfe sollten der schlechten Angewohnheit entgegenwirken, überall auf den Boden zu spucken. Und schliesslich erhielten arme und unterernährte Kinder in den Schulen jeweils mittags einen Teller Suppe, um ihren Körper gegen die eindringenden Tuberkelbakterien zu stärken.

Im Krankheitsfall galt ein Aufenthalt in einer Höhenklinik als eine der vielversprechendsten Therapieformen. Doch während sich die einen den Aufenthalt in einem Davoser Luxus-Sanatorium leisten konnten, gerieten andere durch die Krankheit in grosse finanzielle Schwierigkeiten. Für sie wurden deshalb seit den 1890er-Jahren sogenannte «Volkssanatorien» erstellt, die einen ermässigten oder kostenlosen Aufenthalt ermöglichten. Eines davon war das Sanatorium Adelheid.

konnten geöffnet werden, war doch nicht nur Sonne, sondern auch ausreichend frische Luft, konsumiert vom Bett aus, Teil der Therapie. Aus ärztlicher Sicht vollkommen war das zentral gelegene Sprechzimmer im Erdgeschoss, welches direkt verbunden war mit dem Laboratorium, der Apotheke, dem Röntgenzimmer und dem Operationssaal, die alle im Untergeschoss lagen. Damit das Esszimmer eine angemessene Höhe erhielt, war sein Boden um einen Meter in die Erde versenkt. Daraus, und weil eine bewegliche Glaswand gegen den Aufenthaltsraum der Frauen weggeschoben werden konnte, ergab sich eine Art Bühne, welche bei besonderen Anlässen, etwa an Weihnachten, gute Dienste leistete. Später dann, als Adelheid Page 1914 dem Haus ein Klavier schenkte, konnte auf diesem an Veranstaltungen gespielt werden und auf der Bühne fanden Musikdarbietungen, Rezitationsabende und Vorträge statt.

Das damals einzige Mittel gegen die Tuberkulose: das stundenlange Liegen auf den Sonnenterrassen.

Auch farblich kam das Innere des Sanatoriums ansprechend daher. Der Berner Maler Otto Haberer, von Adelheid Page bestimmt nach sorgfältiger Prüfung ausgewählt, gestaltete für die Patienten und das Personal farbenfrohe Räume. Die eigene Anstaltskapelle, die unter dem Kinder-Glaspavillon lag, war der «Schweizerischen Bauzeitung» eine ausführliche Beschreibung wert. Weniger ausführlich sprach die vom «Adelheid» rundum begeisterte «Bauzeitung» von den Baukosten. Details und Zahlen schienen ihr unangebracht. Es wäre im vorliegenden «aussergewöhnlichen Falle der Finanzierung nicht nur indiskret, es hätte überhaupt keinen Vergleichswert». Es sage ja genug, dass die «kunstliebende Stifterin» die Einrichtung des bis unters Dach zweckmässig ausgebauten Sanatoriums bis ins kleinste Detail «mit peinlicher Gewissenhaftigkeit und grosser Opferfreudigkeit selbst besorgt und überwacht hat».

Neben dem körperlichen sollte auch für das geistige Wohl gesorgt werden: Dazu dienten die Betreuung durch Ordensschwestern und die hauseigene Kapelle.

Die Baukosten beliefen sich auf sage und schreibe eine Million Franken, die Adelheid Page aus dem eigenen Sack bezahlte. Um aber auch die Betriebskosten für dieses teure Geschenk schon im Voraus einigermassen sicherzustellen, war weitere private Initiative gefragt. An einer ausserordentlichen Versammlung der GGZ orientierte deshalb Dr. Fritz Imbach über die Notwendigkeit einer langfristigen Gewährleistung der Betriebskosten. Auf einen Appell zur Gründung einer Frauenliga, die sich den Kampf gegen die Tuberkulose aufs Banner schrieb, reagierten prompt 84 Zuger Frauen, schlossen sich zusammen und machten sich an die Beschaffung der finanziellen Mittel für die Betriebskosten des Sanatoriums. 1911 organisierte die Frauenliga einen dreitägigen Bazar, mit dem sie fast 25 000 Franken zusammenbrachte.

Küche und Speisesaal mit bester Ausstattung: Die Gemeinnützige Gesellschaft warnte Adelheid Page vor einer allzu luxuriösen Bauweise.

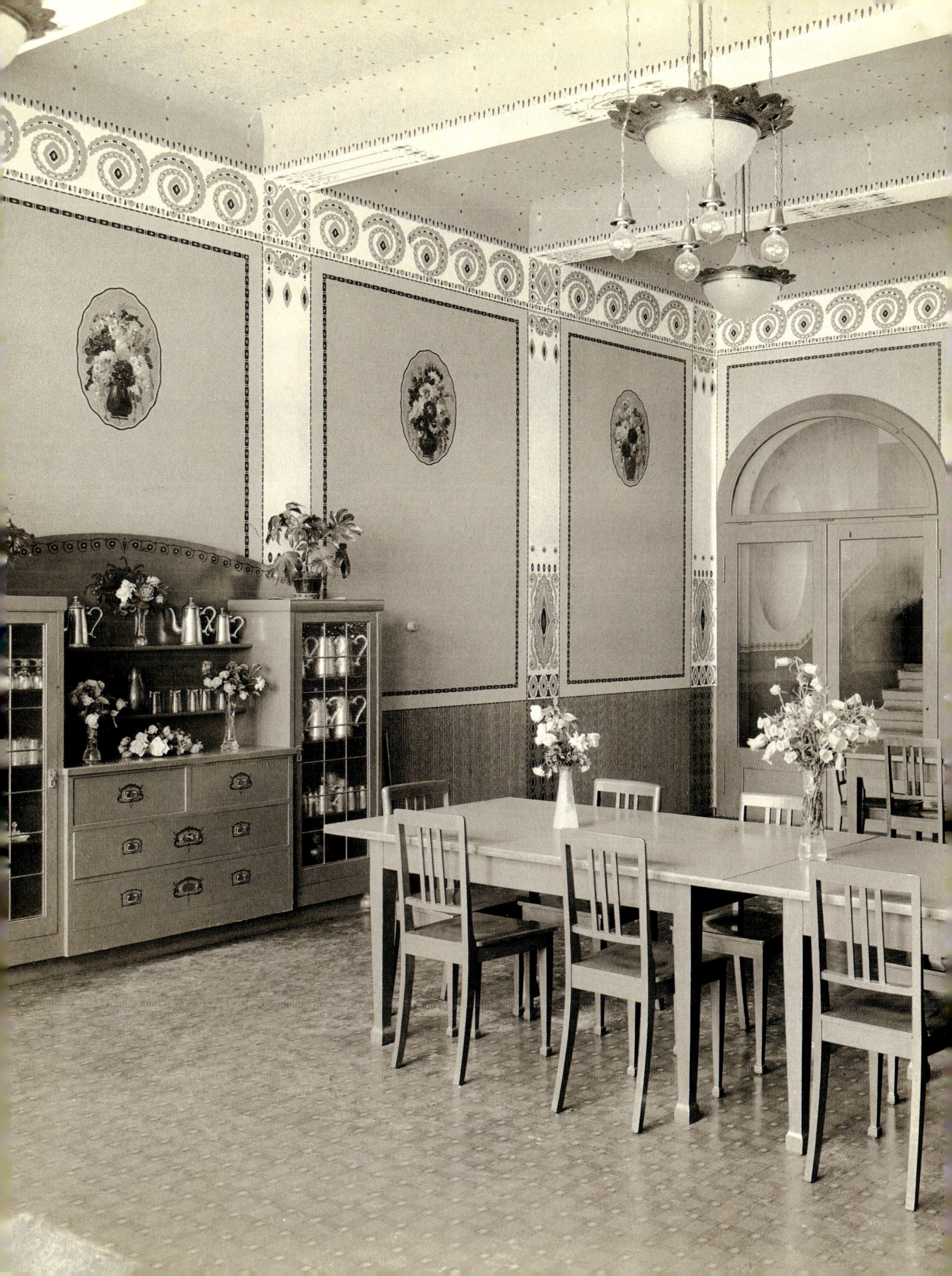

XI. Glück mit Folgen

Obwohl das Geld auch am 18. Mai 1912 durchaus ein Thema war, legte die Eröffnungsansprache der Bauherrin und Gründerin wenig Gewicht aufs Geld. Adelheid Page appellierte zwar an den «gesunden Menschenverstand» und die «Opferwilligkeit» des Zugervolkes, die beide notwendig seien, um diese Stätte heilbringend zu erhalten. Ihre Aufgabe sei nun zu Ende, sprach Generaldirektorin Page. Schliesslich hatte ihr Schwager Alois Bossard bereits vor einem Jahr «gesunden Menschenverstand» bewiesen und eine Summe von 10 000 Franken an die Betriebskosten beigesteuert. Die Anglo-Swiss hatte sich für einen jährlichen Zustupf von 1000 Franken verpflichtet. Dennoch konnte sich Adelheid Page wohl gut vorstellen, dass ihre Aufgabe vielleicht doch nicht ganz abgeschlossen war. Schliesslich war es ein erklärtes Ziel, dass auch finanziell schlecht gestellte Patienten im «Adelheid» genesen könnten. Auch deshalb war ja schon im Vorfeld auf möglichst niedrige Betriebskosten geachtet worden. Die begüterten Patienten sollten die Kosten für die Unbemittelten mittragen. Als Pflegepersonal hatte man zuerst die Schwestern des Klosters Menzingen angefragt und an ungefähr sechs Frauen gedacht. Die Ordensschwestern des Heiligen Kreuzes in Cham verlangten dann aber nur halb soviel Lohn, nämlich 250 Franken pro Schwester und Jahr.

Adelheid Page kümmerte sich um viele Details: und auch um deren Finanzierung.

Sanatorium „Adelheid". Unter-Aegeri.

Der Gestaltungswille Adelheid Pages zum reibungslosen und beispielhaften Betrieb des Hauses war riesig. Selbst die Beschäftigung der Kranken überliess sie nicht dem Zufall. Sie engagierte später extra einen Korbflechter-Lehrer aus Oberfranken, den sie selbstredend auch bezahlte, um den Kranken erstens eine anregende Beschäftigung zu verschaffen, damit sie nicht zu Faulenzern würden, und zweitens als mögliche spätere Einnahmequelle der Patienten nach ihrer Genesung.

Adelheid Page lag also nicht nur die Symptombehandlung am Herzen, sondern auch die Ursachenbekämpfung. Weil sie nämlich die Armut als Hauptursache für Tuberkulose ausgemacht hatte, wollte sie durch ihr präventives Beschäftigungsprogramm dem Teufelskreis «Armut – Krankheit – Armut» den Kampf ansagen.

Kunstvoll gefertigte Auszeichnung für ihr ausserordentliches Engagement: Adelheid Page wurde zum Ehrenmitglied der Gemeinnützigen Gesellschaft ernannt.

MINIMALTARIF, MIKROSKOP UND MÄRCHENHAFTES

Am 24. Mai 1912 trat der erste Patient ein. Und danach folgten so viele, dass 1914 die Bettenzahl auf 56 erhöht werden musste, 1927 auf 73 und 1962 auf 95. Und so wie Adelheid Page schon kurz vor der Eröffnung nochmals schnell 3000 Franken in den Betriebsfonds gesteckt hatte, so ging es auch weiter. Von nun an war Adelheid Page mit Leib und Seele, mit Rat und Tat, mit Vorschlägen und Portemonnaie in ihrem Sanatorium präsent. Schon vor der Fertigstellung des Hauses hatte sie sich bereit erklärt, selber für eine geeignete Unterkunft des Anstaltsarztes zu sorgen, falls sein Haus bei Amtsantritt noch nicht bezugsbereit sei. Den Gärtner konnte der Betriebsfonds noch bezahlen, den Heizer bezahlte Adelheid Page selber, ebenso 1913 den Korbflechter-Lehrer für die Patienten. Und dann das Essen bei der Eröffnungsfeier, welches im «Seefeld» stattfand – man darf raten, wer es bezahlte ... Adelheid Page sass sowohl in der elfköpfigen Sanatoriumskommission als auch im Betriebsausschuss. Somit wurde der stellvertretende Arzt von ihr mitgewählt. Er hiess Dr. Bossard und wohnte unten in Zug. Für die Fahrt nach Ägeri und zurück stellte ihm Adelheid Page ihr eigenes Auto zur Verfügung. Und selbst das Inventar der Klinik war Sache der Chefin. «Mit Sorgfalt», so steht es im Sitzungsprotokoll, habe Frau Page für die GGZ ein detailliertes Inventar erstellt. Im Mai 1913 – der leitende Arzt Dr. Knoll war inzwischen entlassen worden, weil ihm seine Lehr- und Laboratoriumstätigkeit wichtiger zu sein schien als die Kranken – kümmerte sich Adelheid Page nicht nur um einen geeigneten Nachfolger für Knoll, sondern sie übernahm wieder einmal sämtliche Reparatur- und Anschaffungskosten und kümmerte sich auch noch um die Probleme in der Kläranlage: Das «Adelheid» musste sich als ortsfremde Anstalt mutmasslich mit feindlichen «Anschlägen» von Anstössern herumschlagen. 1914 wurde die Kindertaxe um die Hälfte reduziert, der Minimaltarif pro Tag und Kind betrug nun noch einen Franken. Im Gegenzug kaufte Adelheid Page dem Sanatorium aber eigenhändig ein Mikroskop, sie gab Geld aus für ein Gutachten über die maschinellen Einrichtungen durch einen Ingenieur und schoss auch noch Geld für eine therapeutische «Höhensonne» ein. Der Erste Weltkrieg hatte die materielle Notlage der weniger Bemittelten noch verschärft. Manche Familie war in arger finanzieller Bedrängnis durch den langen Militärdienst ihres Ernährers. Im Jahr 1915 beschaffte Adelheid Page dennoch oder erst recht unentwegt das Taggeld für unbemittelte Patienten, oder sie bezahlte es kurzerhand selber. Sie ertrug nämlich kriegsbedingte Misserfolge der Anglo-Swiss und das Dümpeln ihrer eigenen Aktien «mit stoischer Ruhe», wie ihr Arzt und guter Freund Fritz Imbach notierte. Adelheid Page hatte sich einer guten Sache verschrieben, und davon konnte sie nun nichts und niemand mehr abbringen. Nachdem Knolls Nachfolger Dr. Hüssy schon wieder demissioniert hatte, liess Adelheid Page auf eigene Rechnung eine Dachlukarne in der Arztwohnung einbauen, damit auch der Arzt sonnenbaden konnte, was stolze 3500 Franken kostete.

1916 blieb Adelheid Page erstmals einer Kommissionssitzung fern – aus Krankheitsgründen. Aber auch in absentia stellte sie Saatkartoffeln in Aussicht und hatte wieder Geld vermittelt. Im Dezember mussten zwar aus finanzieller Notlage heraus die Zwischenverpflegungen im Sanatorium gestrichen werden, aber die schwer zu beschaffenden Kohlen für die Heizung versprach Adelheid Page trotzdem zu besorgen.

Das «Adelheid» hatte im Jahr 1916 total 121 Verpflegte zu verzeichnen, darunter auch viele Kinder. Es arbeiteten dort ein Arzt, elf Schwestern, ein Heizer, ein Gärtner und ein Hausbursche. Die Krankheit hatte nichts von ihrem Schrecken eingebüsst. Die Kinder wurden regelmässig unterrichtet, damit sie später zuhause wieder zur Schule gehen konnten. Denn Adelheid Page lagen die Kinder schon lange am Herzen, nicht nur die akut tuberkulösen, sondern auch die allgemein rekonvaleszenten und erholungsbedürftigen. Wen wundert's, dass sie seit längerem nach einem geeigneten Objekt Ausschau hielt, um die Heilungschancen der vielen jungen Patienten und Patientinnen zu verbessern und ein Ferienheim

Unterhalb des Sanatoriun das Kinderheim «Heimeli», ebenfalls von Adelheid Page finanziert und liebevoll eingerichte

Als kleines Dankeschön zum 25-Jahr-Jubiläum des Sanatoriums 1937 errichtet: der Adelheid-Page-Brunnen vor der Höhenklinik, erstellt vom Bildhauer Andreas Kögler.

für arme Kinder einzurichten. 1914 war die Liegenschaft «Heimeli» unterhalb des «Adelheid» bereits für 70 000 Franken zum Verkauf ausgeschrieben gewesen und zuerst als Ergänzung zum bereits bestehenden Sanatorium ins Auge gefasst worden. Im September 1916 lag der Preis noch bei 55 000 Franken, was die Kommission bewog, die Liegenschaft wenigstens zu besichtigen. Aufgrund vermuteter hoher Ausbau-, Unterhalts- und Betriebskosten wollte die Kommission aber vom Kauf absehen. Adelheid Page hingegen wollte sich ihre hehren Ziele und grossen Pläne möglichst nicht von materiellen Grenzen durchkreuzen lassen. Sie war überzeugt, dass den vielen rachitischen und blutarmen Kindern eine Erholungsanstalt zu möglichst tiefen Kosten zur Verfügung stehen sollte. Es braucht nicht viel Phantasie, um die Fortsetzung des wahren «Heimeli»-Märchens zu erraten: Adelheid Pages tatkräftige Hand griff 1918 entschlossen ein, kaufte das Areal samt umbaufähigem Gebäude und schenkte es der Gemeinnützigen Gesellschaft. Doch damit nicht genug: Sie baute das Haus für die Bedürfnisse als Kinderheim vollständig um und richtete es aufs sorgfältigste ein, vom Keller bis unters Dach. Dr. Bracher aus Bern, der bei der Eröffnung des Kinderheimes «Heimeli» zugegen war, schrieb begeistert: «Es war der Geist menschenfreundl. mütterlicher Fürsorge, der in der ganzen Einrichtung des Hauses sich kundtat [...] Wie heimelig und zweckmässig ist doch das ganze Haus eingerichtet.» Die Wände seien abwaschbar dunkelbraun lackiert, die Böden mit Linoleum belegt. Im Entrée stehe das Schuhregal bereit, wo in nummerierten Fächern die Schuhe, in Reih und Glied gestellt, ihr Plätzchen hatten. Hygiene und Ordnung nahm dieser Besucher als die sichtbaren Grundprinzipien des «Heimeli» wahr; überdies war auch das Büro der Oberin aufs vollkommenste eingerichtet und via Haustelefon direkt mit dem «Adelheid» verbunden. Im Esszimmer standen Tische und Tischchen, «Stühle und Stühlchen, für jede Kindergrösse berechnet; das reinste Schneewittchenstübchen». Behaglich sah er die zwölf Kinder, die am Eröffnungstag erwartet wurden (kurz darauf waren es bereits 31), vor seinem inneren Auge ihre nahrhafte Milch aus den blumigen Henkeltassen schlürfen oder mit geröteten Wangen ihre Suppe aus den Heimberger-Tellern löffeln. Dass Adelheid Page selber noch zwei zusätzliche Betten finanziert hatte, sah er natürlich nicht. Was ihr wohl nichts ausmachte, schliesslich war für sie die Wohltätigkeit etwas Selbstverständliches: «Was ich tue, ist nichts anderes als die Erfüllung meiner Pflicht gegen die Mitmenschen», sagte sie.

Märchenhaft kam den Kindern im «Heimeli» wahrscheinlich Weihnachten vor. Eigenhändig überraschte Adelheid Page da jeweils jedes einzelne Kind mit einem Geschenk und sorgte damit zweifellos für glänzende Kinderaugen.

Ob man sich nun an «Tischlein, deck dich» mit dem Goldesel, an «Schneewittchen» mit der Wiedererweckung der jungen Frau oder an «Frau Holle» mit der Goldmarie erinnert fühlt, so zauber- und märchenhaft sich Adelheid Pages ungeheure Wohltätigkeit auch ausnimmt, sie selber hielt es schlecht aus, wenn sie sah, wie langsam der Kampf gegen die Tuberkulose geführt werden musste und wie wenig ihr grosser Einsatz, zumal im Sanatorium Adelheid, fruchtete. Die häufigen Besuche in Ägeri beelendeten sie und schlugen ihr kräftig aufs Gemüt. Fritz Imbach sprach sogar von einer «Gemütsdepression». Adelheid Page war es gewohnt, mit ihrer inneren und äusseren Tatkraft Berge zu versetzen, sie hatte Unmengen von Energie und Geld in ihre Anstalt gesteckt, hatte immer wieder ungeheuer tatkräftig und auch schnell gehandelt. Kein Wunder, dass sie das Bedürfnis hatte, sichtbare Erfolge ihrer Arbeit zu sehen. Aber erst 1950 konnten endlich spürbare Erfolge in der Bekämpfung der Tuberkulose verzeichnet werden.

Wenn auch der Kampf gegen diese Krankheit länger dauerte als ihr Leben: Adelheid Page hat mit ihren Mitteln alles versucht, der Tuberkulose etwas entgegenzusetzen.

XII. Konsequent bis zum Ende

ADELHEID PAGE WILL IN IHREN LETZTEN JAHREN NOCH MEHR GUTES TUN. DAS IST ALLERDINGS AUFGRUND DES SCHRUMPFENDEN VERMÖGENS UND KÖRPERLICHER BESCHWERDEN NUR BESCHRÄNKT MÖGLICH.

Die Frau sitzt im Lehnstuhl. Das Kinn stützt sie auf dem linken Arm ab. Ihr Blick ist nachdenklich, er wandert in die Weite. Das lange Kleid reicht bis auf den Boden. Die Frau trägt keinen Schmuck, einzig die gefälteten Manschetten am Ende der Ärmel verraten etwas von ihrem modischen Habitus.

So zeichnete Meinrad Iten Adelheid Page am 6. April 1916. Iten war einer der begabtesten Porträtisten der damaligen Schweizer Kunst. Adelheid Page wusste viel über Malerei und Kunst und hätte sich wohl gern von einer internationalen Koryphäe zeichnen lassen, doch es tobte der Erste Weltkrieg, und alle ausländischen Künstler waren ausser Lande. Also engagierte sie Meinrad Iten aus Unterägeri, der seine Ausbildung in Deutschland genossen hatte. Adelheid Page wusste sicher um seine feinsinnigen Charakterisierungen und Interpretationen der gezeichneten Charaktere und erhoffte sich ein entsprechendes Bild. Mit ihrem Wissen und ihrem Kunstverstand überliess sie das Arrangement ihres Porträts kaum dem Zufall oder dem Künstler. So lohnt es sich, diese Rötelzeichnung noch etwas genauer unter die Lupe zu nehmen.

Der etwas forschende Blick früherer Jahre ist ebenso gewichen wie die Spannung im Körper. Sie wirkt eher ermattet als tatendurstig. Das gütige Lächeln ist nicht mehr zu sehen und auch das einstmals herrisch hervorgestellte Kinn ist zurückgetreten.

Adelheid Page war zum Zeitpunkt der Erstellung des Bildes knapp 63-jährig, und vieles hatte sich geändert. In Verdun verendeten Tausende von deutschen und französischen Männern im Granatenhagel der Schützengräben – die Brutalität und Sinnlosigkeit des Ersten Weltkrieges erschütterte ganz Europa. Zeppeline flogen Angriffe auf England, die russische Offensive an der deutschen Ostfront war nach Verlusten von 140 000 Mann ins Stocken geraten, die deutschen und französischen Meldungen über den Kriegsverlauf widersprachen sich.

Auf dem Bild von Adelheid Page ist davon nichts zu erkennen, doch sie interessierte sich für den Kriegsverlauf, sie informierte sich und diskutierte mit den vielen Besucherinnen und Besuchern, die zu ihr in das Haus am Maienrain kamen, die Weltgeschichte. Noble Gäste, zum Beispiel

Adelheid Page kümmerte sich viel um ihre Enkel Monica und George: Schwiegertochter Lisina war an Krebs gestorben.

Der bekannte Porträtist Meinrad Iten zeichnete Adelheid Page 1916: als reife, abgeklärte und stolze Frau.

König Carol von Rumänien, waren auf dem Schloss, spanische Fürsten und Verwandte des spanischen Königs, aber auch italienische Verwandte ihrer Schwiegertochter Lisina. Zum Spezialcocktail des Schlosses, genannt «Zuger Schwänzli», bestehend aus je einem Drittel Orangensaft, Zitronensaft und Zuger Kirsch, redete man über die täglich verbreiteten Greuel des Weltkriegs.

Adelheid Page litt nicht nur an der Welt, sondern auch an einer sehr schmerzhaften Gesichtsnervenentzündung. Zudem beeinträchtigte sie eine Gelenkveränderung in den Beinen, die beim Sitzen nicht schmerzte, sie aber beim Gehen behinderte. Vielleicht waren es diese Zunahme an körperlichen Gebrechen und die Angst vor einem plötzlichen Tod, die dazu führten, dass sie sich nochmals porträtieren liess? Immerhin war ihr Vater Karl Kaspar Schwerzmann im Alter von 57 Jahren gestorben, und sie selber war nun genau in dem Alter, in dem ihr Mann George Page gestorben war.

Zu diesem Zeitpunkt hatte sie viel erreicht. War viel gereist, hatte viel gesehen. Hatte das Lebenswerk ihres Mannes, die Anglo-Swiss Condensed Milk Company, auf eine tragfähige und zukunftsträchtige Basis gestellt. Hatte wichtige Leute kennen gelernt und war selber weitherum geachtet: von Königen, Kunstschaffenden und Politikern. Hatte das Schloss ihrem Geschmack entsprechend umgebaut. Hatte für die Tuberkulose-Kranken das Sanatorium Adelheid gebaut, das Kinderheim Heimeli war in Planung. Und täglich erhielt sie einen Stapel Bettelbriefe, aus dem In- und Ausland.

KUNST, KLOSTERFRAU UND KLASSENKAMPF

Wildfremde Personen schrieben ihr, weil sie auf ihren Zuspruch und auch auf einen Zustupf hofften. Sie war eine national bekannte Wohltäterin. Genau, wie sie war, las sie alle Schreiben und beantwortete sie. Wirklich Bedürftige fanden bei ihr ein offenes Ohr. Ihre Spenden waren nie abhängig von der politischen Einstellung oder vom religiösen Bekenntnis: Sie unterstützte ebenso die fromme Klosterfrau wie den Klassenkampf predigenden Literaten, sie zahlte an die Renovation der Kapelle in Oberwil ebenso wie an die Berufsschule in Zug. Sie ging mit dem Geld dermassen verschwenderisch um, dass sie scherzte, einst deswegen unter Vormundschaft gestellt zu werden. Das geschah natürlich nie. So spendete sie weiter: Nach der Eröffnung und Übergabe des Kinderheims «Heimeli» äufnete sie den «Page Fonds», welcher den Betrieb ihrer Anstalten auf Jahre hinaus sicherstellen sollte. Darin legte sie Aktien «Chamer Milch» ein, wie sie die Nestlé-Aktien nannte: 500 Stück für das Sanatorium, 100 für die Kinderheilstätte und 50 für die Tuberkulosenfürsorge — mit einem damaligen Wert von rund 410 000 Franken. Die Dividenden sollten den Betrieb finanziell entlasten.

Neben der Sozialfürsorge war ihr die Kunst ein besonderes Anliegen, das im Alter eher noch zunahm. Neben ihrem Haus Maienrain hatte sie 1907 auf dem Schlossgelände das ehemalige Schwesternhaus in ein Kunstatelier umbauen lassen; das Haus steht unverändert dort, und die grossen rundbogigen Fenster brachten viel Licht auf die Leinwand. Zum einen hatte Adelheid Page selber hinter diesen Scheiben gemalt, zum anderen lud sie Künstlerinnen und Künstler zu sich ein, die dann dort in Ruhe arbeiten konnten.

Nun war sie in einem Alter, da sie nicht mehr selber malte. Dafür war sie ihren kunstschaffenden Gästen eine gute Gesprächspartnerin. Sie hatte grosses Verständnis für viele Arten von Kunst, war sehr bewandert in der Kunst- und Kulturgeschichte und freute sich am Wirken der Kunstschaffenden, vor allem der Malerinnen und Schriftstellerinnen, mit denen sie freundschaftlich verbunden war. Verschiedene Kunstschaffende äusserten sich überrascht, wie schnell Adelheid Page Kunstwerke erfassen konnte und richtig einschätzte.

Zu ihren Gästen aus der Sparte Kunst zählte beispielsweise Isabelle Kaiser, eine extravagante Schriftstellerin aus Zug, die in Genf aufgewachsen war und nun in Beckenried wohnte. Kaiser trug stets weisse,

Cham, den 3ten Mai 1910

Liebe Frau Doctor,

Ich dachte beim Lesen beigelegten Ausschnittes an Ihre Wand gegen Dr. Hen.
Ich hoffe es gehe Ihren Kindern wieder gut und auch, dass Sie sich wieder [...]

Kärtchen von Adelheid Page mit dem Logo ihres Hauses am Maienrain: Sie spendete, wo sie konnte, auch wenn die Bedürftigen anderer Gesinnung waren.

Tue Gutes

Das soziale Engagement, das Frauen gegen Ende des 19. Jahrhunderts auf freiwilliger Basis zeigten, hat den Weg zu verschiedenen sozialen Berufen geebnet. In dieser Zeit, als der Sozialstaat erst im Entstehen begriffen war, kümmerten sich neben den kommunalen Armenbehörden die Kirche und die Mitglieder wohltätiger Vereinigungen um hilfsbedürftige Mitmenschen. Vielerorts wurden dafür Frauenkomitees und -vereine eingespannt.

So verteilte in Zug beispielsweise der «Frauenhülfsverein» bereits seit 1832 Lebensmittel, Kleidungsstücke und Brennmaterial an Bedürftige.

Daneben engagierten sich Frauen auch für eine bessere Mädchenbildung und Ausbildung. Auf gesamtschweizerischer Ebene wurde dieses Postulat ab 1888 vom «Schweizerischen Gemeinnützigen Frauenverein» vertreten. Frauen wurden aber auch aktiv bei Fragen der öffentlichen Moral sowie der Volksgesundheit, etwa wenn es um die Bekämpfung von Prostitution und Geschlechtskrankheiten ging. Bei der Gemeinnützigkeit und Fürsorge fanden bürgerliche Frauen eine für sie sinnstiftende Tätigkeit. Dieses Engagement stellte für viele Frauen, die selber nicht im Erwerbsleben standen, einen Schritt in die Öffentlichkeit dar. Nichtsdestotrotz hatten diese Frauen jedoch kaum je Zutritt zu den Gremien, in welchen die politischen und ökonomischen Entscheide fielen.

Frauen betätigten sich nicht nur in Tausenden von Stunden unbezahlter gemeinnütziger Arbeit, sie traten darüber hinaus als Gönnerinnen auf. So auch Adelheid Page. Sie blieb ihrer sozialen Gesinnung bis über den Tod hinaus treu. Adelheid Page bedachte den katholisch ausgerichteten «Frauenhilfsverein Zug» ebenso wie den «Protestantischen Frauenverein» und den «Christlich-sozialen Arbeiterinnenverein» in Cham mit Firmenaktien. Auch die Volksgesundheit blieb ihr in ihrem Testament ein Anliegen, durften sich doch die «Frauenliga zur Bekämpfung der Tuberkulose im Kanton Zug» sowie die «Stiftung Adelheid» auch zu ihren Begünstigten zählen.

XII. Konsequent bis zum Ende

wallende Kleider mit offenen Ärmeln, das Haar offen und blumengeschmückt, war ungeheuer feinfühlig und romantisch, wenn nicht gar sentimental. Ihre Literatur war ebenso schwärmerisch wie schwülstig. So verwundert es nicht, dass sie ihre Förderin und Freundin Adelheid Page als «königliche Seele» verehrte. Isabelle Kaiser, die auf Französisch und auf Deutsch schrieb, bezeichnete ihr Verhältnis zum Schreiben auch als unheilbare Krankheit: «Ich bin eine Einsame und werde einsam bleiben, weil ich den Beruf der Schriftstellerin als eine Würde empfinde, die manches Opfer bedingt und ungeteilte Hingabe erfordert.» Immerhin konnte sie sich mit Adelheid Page austauschen.

Nüchterner erscheint die Beziehung von Adelheid Page mit Maria Ulrich, einer Schriftstellerin aus Oberarth, die ihre Erlebnisse und Erfahrungen als Arbeiterin in einer Textilfabrik literarisch verarbeitete. Auch sie war mit Adelheid Page befreundet und schrieb nach deren Tod zwei überschwängliche Nachrufe. Darin kommt unter anderem zum Ausdruck, dass die beiden intensiv über literarische Positionen diskutiert haben müssen: «Eine Phantasie, die ohne künstlerische Selbstbeherrschung üppig aus den Zeilen schoss, vermochte Frau Pages klaren Verstand nicht zu befriedigen.»

Atelierhaus auf dem Schlossgelände: Hier beherbergte Adelheid Page Kunstschaffende und Kunst – früher hatte sie hier selber gemalt.

MÖBEL, METHODEN UND MADONNA

Ausdruck von Adelheid Pages vielseitigem Kunstgeschmack war der Kontakt zu sehr verschiedenartigen Kunstschaffenden. Während Maria Ulrich reportartige Literatur verfasste, hatten Isabelle Kaiser wie auch Adelheid Pages Lieblingsmaler, Johann Michael Bossard, in ihren Werken einen geradezu überbordenden Ideenreichtum. Bossards Bilder verehrte Adelheid Page sogar so sehr, dass sie dafür das Atelierhaus räumen liess. Ab 1915 hing dort nur noch ein einziges Bild, das ihr sehr viel bedeutete: Es trug den Titel «Madonna mit Wächtern», war ein Ölbild mit Dimensionen von 165 auf 235 cm! Es ist kein frohes Bild, geschaffen in bedrohlicher Zeit, kurz bevor Bossard freiwillig an die Kriegsfront zog. In der Mitte ragt die Madonna empor, rechts und links beschützt von Wächtern; sie hält schützend das Christuskind in ihren Armen, welches durch helles Goldlicht angestrahlt wird. Ohne anmassende psychologische Deutungen vornehmen zu wollen, kann man sich gut vorstellen, dass sich Adelheid Page ein Stück weit in diesem Bild gespiegelt sah: sie als die starke Frau, welche das Schwache in ihren Schutz nimmt und sich

Im Alter war Adelheid Page gehbehindert: Das Foto von 1925 zeigt sie im Schlosspark mit Chauffeur Wendelin Stuber (links) und Privatsekretär Astère Ketterer.

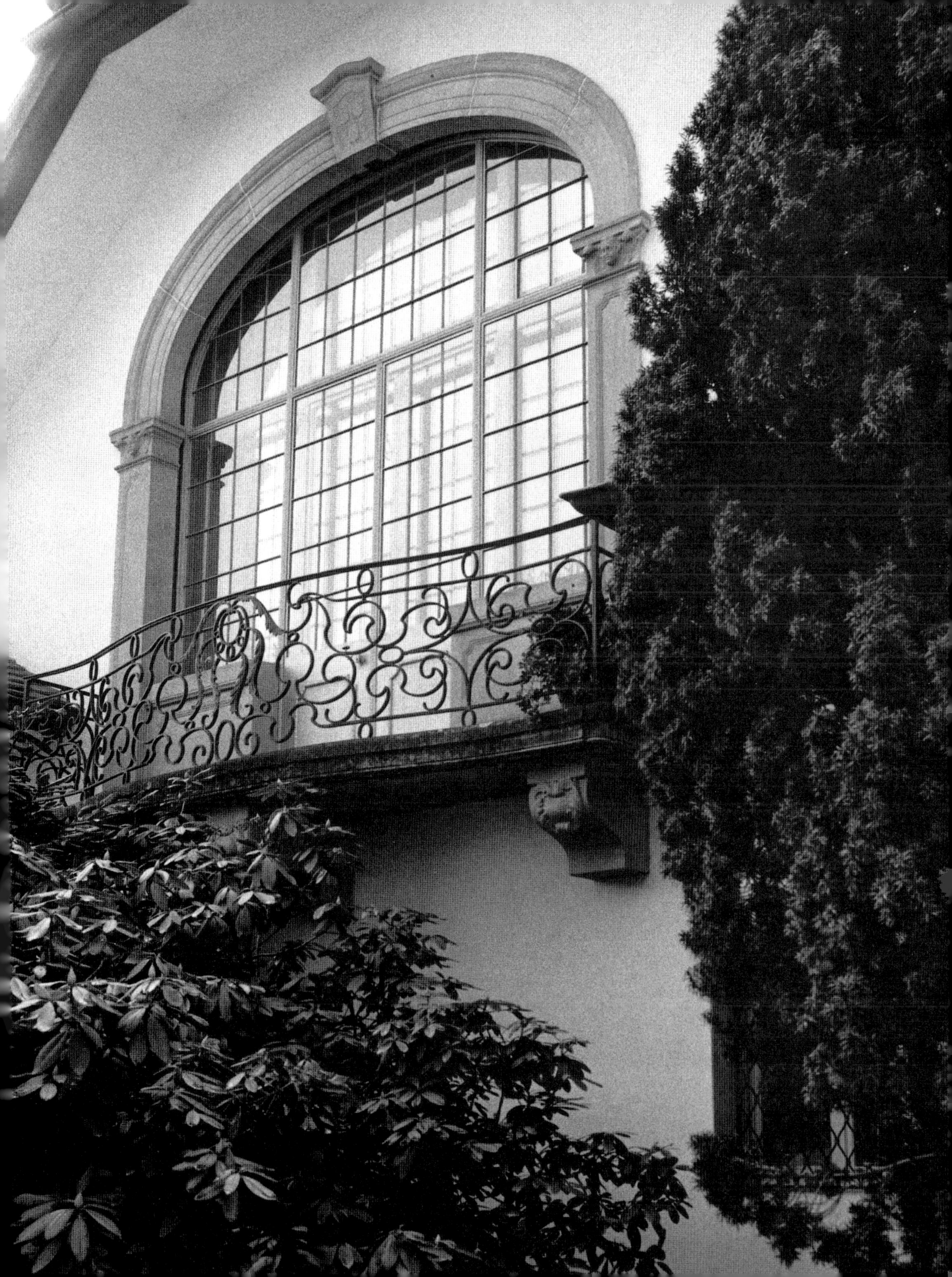

Liebe nur, das ganze Wesen,
Von himmlischer Menschlichkeit,
Als Beglückerin auserlesen...
  Adelheid!

Die Schönheit, auf Ihren Spuren,
Ist stets zu blühen bereit,
Durchstreift sie unsre Fluren...
  Adelheid!

Sie wandelt, wenn Stürme toben
In strahlender Helligkeit,
Von ewiger Jugend umwoben...
  Adelheid!

  Adelheid!
Und wie die Quellen verschenken
Die Flut in Ewigkeit,
Ist geben ihr einz'ges Denken...
  Adelheid!

Es hebt, im Vorüberwallen,
Die Falte von ihrem Kleid
Ein Engel ihr zu gefallen
  Adelheid!

Denn, ihr Geheiss ist Güte,
Und Segen ihr Geleit,
Dass Gott sie uns behüte
  Adelheid!

Und Liebe spriesst, und Treu'
In sel'ger Verborgenheit
Wo sie auch schreiten möge
  Adelheid!

Isabelle Kaiser

Weihnachten 1912!
Ermitage von Beckenried

Enge Beziehung zur extravaganten Schriftstellerin Isabelle Kaiser: Diese nannte Adelheid Page eine «königliche Seele».

Das Lieblingsbild von Adelheid Page, für das sie das Atelierhaus räumen liess: Es stammte von Johann Michael Bossard und heisst «Madonna mit Wächtern».

dabei von kräftigen Wächtern assistieren lässt. Adelheid Page zog in Gesprächen und Beziehungen das Einfache und Klare vor – Bossards expressionistischer Stil verkörperte sozusagen die Gegenwelt, nämlich die detailreiche und farbenstarke Vielfalt, den verdichteten Ausdruck der Bilder, die nach tiefen Wahrheiten suchende Gestaltungskraft. Sie suchte wie Bossard in der Kunst nach dem ewig Gültigen, nach dem Wahren und Echten, nach tiefgründiger Sinnhaftigkeit.

Aufgrund dieser verwandten Kunstauffassung strebten Page und Bossard einem grossen Kunstprojekt zu. Bossard wollte seit 1911 ein «Gesamtkunstwerk» erschaffen. So gedieh der Plan, auf einer bewaldeten Kuppe am Zugersee einen «Kunsttempel» zu errichten und in Bossard'scher Manier auszustatten. Adelheid Page hätte das Grundstück, den Bau und das Künstlerhonorar finanziert. Doch als das Projekt Anfang der 1920er-Jahre Gestalt annahm, schmolz das Vermögen von Adelheid Page dahin. Sie hatte ihr Geld in Nestlé-Aktien angelegt und diese bei Bedarf verkauft und von den Dividenden gelebt. Nun aber realisierte die Nestlé erstmals in ihrer Geschichte einen Verlust, und zwar gleich von 93 Millionen Franken, Dividenden fielen bis 1925 keine an. Der Kunsttempel blieb ein Projekt, das Johann Michael Bossard schliesslich ohne Adelheid Page an wenig prominenter Lage in der Lüneburger Heide in Norddeutschland verwirklichte.

Den erheblichen Verlust ihrer Einkünfte und ihres Vermögens ertrug Adelheid Page mit grosser Gelassenheit. Mehr schmerzte sie dagegen, dass ihre Spendetätigkeit dadurch eingeschränkt wurde. Sie konnte nicht mehr grenzenlos als Wohltäterin Gutes tun.

Doch auch diese neue Rahmenbedingung bremste Adelheid Page nur wenig: Sie verlegte sich auf andere Methoden des Schenkens. In Cham engagierte sie sich für die Schaffung einer Lesestube. Zuerst hatte sie das Mobiliar mit Tischen, Stühlen und Schränken bezahlt. Nun aber, da ihr Geld nicht mehr so reichlich floss, machte sie Naturalgaben. Sie schenkte den Chamern zu Weihnachten 1920 300 Bücher aus ihrer Privatbibliothek, dies wohl auch deshalb, weil ihre Sehkraft stark nachgelassen hatte. Für Adelheid Page, die so gerne las – zu dieser Zeit vor allem philosophische Werke – und für die das genaue Sehen und Wahrnehmen eine besondere Bedeutung hatte, war dies eine schwer zu ertragende Einschränkung. Mit der Einrichtung der Chamer Lesestube nutzte sie auch das, um etwas Gutes zu tun. Diese Einschränkung des Sehens war nicht die einzige, welche sie gegen Ende ihres Lebens gewärtigen musste. Die

XII. Konsequent bis zum Ende

Gelenkschwierigkeiten in den Beinen nahmen so sehr zu, dass sie kaum mehr gehen konnte und an den Lehnstuhl gefesselt war. Ihre Wohnung im «Maienrain» wies nicht weniger als vier Lehnstühle und Ohrensessel auf. So dürfte sie vom einen in den anderen Stuhl gehumpelt sein – und vor allem viel Besuch empfangen haben. Das etwas blockhaft wirkende Haus Maienrain gestaltete sie zum schmucken Kleinod um. Der Garten auf den Schlossplatz hin wurde mit akkurat geschnitzten Hecken und Büschen gestaltet, ebenso zeugte die ausgesuchte Inneneinrichtung von Adelheid Pages erlesenem Geschmack: geschwungene Sessel, formschöne Tische, stilvolle Lampen, teure Teppiche und an den Wänden goldumrahmte Spiegel, eine Pendule und kleinere Bilder. Das grösste Ölbild hing über der Kommode und zeigte ihren Vater Karl Kaspar Schwerzmann, den sie kaum gekannt hatte und wohl fast nur über dieses Bild wahrgenommen hatte. Die zwei Kerzen auf der Kommode, die kleinen Statuen und darüber das grosse Ölbild ihres Vaters gemahnen an die Anordnung eines Altars und zeigen die Bedeutung, welche sie ihrer Familie zumass. Denn durch ihren eingeschränkten Radius nahm die Bedeutung der Familie zu. Dies umso mehr, als ihre Schwiegertochter Lisina 1918 an Brustkrebs erkrankte. Zwei Jahre litt Lisina an der Krankheit, bis sie im Oktober 1920 im Alter von erst 43 Jahren verstarb. Adelheid Page nahm sich ihrer Enkelkinder Monica (*1907) und George (*1910) an, die fortan von den Hausbediensteten betreut und erzogen wurden, da Fred Page oft geschäftlich unterwegs war. In der Nestlé war er von seinem Posten als Generaldirektor sanft zur Seite geschoben worden und amtete nun als Generalsekretär des Verwaltungsrates. Dies bedeutete im Alltag, dass Fred Page nicht sehr häufig in Cham auf Schloss St. Andreas war, sondern am Nestlé-Hauptsitz in Vevey oder auf Reisen. Unterstützt wurden Adelheid Page und die Gouvernante von rund zehn Angestellten, welche das Schloss und den Park unterhielten.

Adelheid Page, die früher so gerne gereist war, war immobil geworden. Vieles war dadurch erschwert, zum Beispiel die jährlich notwendige Erneuerung ihrer amerikanischen Staatsbürgerschaft. Um davon enthoben zu sein, beantragte sie selber das Ehrenbürgerrecht von Cham – und verzichtete damit auf die amerikanische Staatsbürgerschaft. Ihr Mann George und ihr Schwager David Page hatten es 1886 abgelehnt, diese Ehre Chams anzunehmen, weil sie ihr amerikanisches Bürgerrecht keinesfalls aufgeben wollten. Adelheid Page, geborene Schwerzmann aus Zug, hatte damit keine Mühe und wurde 1921 Ehrenbürgerin von Cham – als erste

Die gesundheitlichen Beeinträchtigungen bremsten Adelheid Pages einstige Reiselust: Mehr und mehr war sie in ihrem Haus am Maienrain neben dem Schloss – in der Stube mit dem Porträt ihres Vaters.

Frau der Geschichte Chams. Dies geschah in aller Stille, weder die Zeitungen noch die Gemeindeprotokolle berichten etwas über eine Zeremonie. Jetzt, da Adelheid Page lange Tage in ihrem Haus am Maienrain verbrachte, ärgerten sie Dinge, die sie zuvor gar nicht bemerkt hatte, zum Beispiel der Schiesslärm der rund 500 Meter entfernten Schiessanlage Koller. 1922 beschwerte sie sich mit energischen Worten beim Einwohnerrat Cham darüber und verlangte sofortige Massnahmen.

GEBRECHEN, GEBIETERISCHES UND GRUFT

Die Gebrechen nahmen zu. Ende 1924 musste sich Adelheid Page einer schweren Operation unterziehen, von der sie sich nicht mehr richtig erholte. Zwei Briefe aus dem Jahre 1925 an ihre 18-jährige Enkelin Monica zeigen die rasche Schwächung der Patientin: Während sie im Mai noch bestimmt und klar schreibt, ist im Juli ihre Schrift sehr krakelig und von vielen Streichungen und Korrekturen durchsetzt.

Als nacheinander Gehirnblutungen und eine Lungenentzündung den bereits angeschlagenen Körper weiter schwächten, war dies zu viel. Der Kaplan, der ihr gegenüber auf dem Schlossgelände wohnte, wurde herbeigerufen, um die letzte Ölung vorzunehmen. Obwohl Adelheid Page

XII. Konsequent bis zum Ende

nun sehr schwach war, schickte sie den Geistlichen sofort aus dem Zimmer; sie war zwar katholisch erzogen worden, hatte aber einen Methodisten in einer anglikanischen Kirche geheiratet und sich stark vom Katholizismus distanziert. So hiess es auf ihrem Heimatschein etwas hilflos «Christ ohne nähere Bezeichnung». Der Kaplan liess sich jedoch nicht so einfach abwimmeln und beauftragte Adelheids Enkelin Monica, ihre «Granny» nochmals umzustimmen. Doch Adelheid Page blieb konsequent bis zum Ende. Zeit ihres Lebens hatte sie mit den Vertretern der katholischen Kirche nichts anfangen können, so wollte sie auch beim Sterben keinen bei sich haben. Am Abend des 15. September 1925 starb Adelheid Page in ihrem Haus am Maienrain.

Die Nachricht des Hinschieds verbreitete sich rasch. Im liberalen «Zuger Volksblatt» wurde sie als «wohl eine der grössten zugerischen und schweizerischen Wohltäterinnen» gelobt, für die «Neue Zürcher Zeitung» war sie ein «Vorbild eines Frauenlebens: als Mutter im Eigenheim, das in Harmonie und Schönheit ausgestattet war, ein einfaches Leben führend, reich im Erfassen von allem, was Schöpfung und Menschengeist hervorbrachten – als Frau am Platze des Mannes, der ihr zu früh entrissen wurde – und als Glied der menschlichen Gesellschaft hilfreich überall dort, wo Krankheit und Not sich ihr zeigten». Die katholisch-konservativen «Zuger Nachrichten» dagegen brachten nur eine kurze und nüchterne Mitteilung des Todes. Adelheid Page polarisierte über ihren Tod hinaus. Der Vorstand der Gemeinnützigen Gesellschaft intervenierte deswegen beim zuständigen Redaktor Philipp Etter, dem späteren Bundesrat. Aber dieser rechtfertigte sich mit der kleinen Notiz, für einen grösseren Artikel sähe er keine Veranlassung. Der Vorstand der GGZ drückte sein Bedauern über die «Taktlosigkeit» und «undankbare pietätlose Haltung» aus. Erst nach diesem liberal-konservativen Machtspiel druckten auch die «Zuger Nachrichten» einen umfassenden Nachruf, der auch die «reichsten Mittel» der Spenderin erwähnte.

Bei der Rubrik «Religion» des Heimatscheins wusste man in Cham nicht, welche Konfession bei Adelheid Page passte: So schrieb man «Christ ohne nähere Bezeichnung».

Von Freundin Georghine Imbach gezeichnet: Dieses Bild hing 1929 an der Frauen-Landi SAFFA.

Postumer Ruhm: Adelheid Page an der SAFFA

Dieses Porträt von Adelheid Page in ihren älteren Tagen konnten sich rund 800 000 Personen anlässlich ihres Besuchs der ersten Schweizerischen Ausstellung für Frauenarbeit von 1928 ansehen. Gezeichnet hatte es Georghine Imbach, die Frau des Arztes und Präsidenten der Gemeinnützigen Gesellschaft des Kantons Zug, Fritz Imbach. Zum Zeitpunkt der Ausstellung, die kurz SAFFA genannt wurde, war Adelheid Page bereits drei Jahre tot. Ihre Arbeit und ihr Leben haben jedoch über ihren Tod hinaus das Interesse der Ausstellerinnen auf sich gezogen. Die Initiative für die SAFFA ging vom «Bund Schweizerischer Frauenvereine», vom «Schweizerischen Frauengewerbeverband» sowie vom «Katholischen Frauenbund» aus. Wie im offiziellen Schlussbericht der Ausstellung zu lesen ist, bezweckte die SAFFA, «dem Schweizervolk – Mann und Frau – einen möglichst vollständigen Überblick über die Arbeit und die Bestrebungen der Schweizerfrauen von heute zu bieten und ihm damit einmal in konkreter Form die grosse Wandlung vor Augen zu führen, die die Frau als tätiges Glied im Wirtschaftskörper unserer Zeit in den letzten Jahren durchgemacht hat». Die Organisation und Durchführung lagen denn auch zum grössten Teil in Frauenhand. Präsidentin des kantonalen Zuger Komitees war Rosa Maria Lusser, die 1917 die Leitung der neugegründeten kantonalen Berufsberatungsstelle für Mädchen in Zug übernommen hatte.

Die SAFFA war in erster Linie eine gross angelegte Leistungsschau weiblicher Arbeit. Sie fand vom 26. August bis zum 30. September 1928 in Bern statt und war ein enormer Publikumserfolg. Als Ausstellungsgelände diente das «Viererfeld», wo 14 Jahre zuvor bereits die Landesausstellung stattgefunden hatte.

Die Ausstellung war in 14 Gruppen mit verschiedenen Pavillons unterteilt – unter anderem zu den Themen Hauswirtschaft, Landwirtschaft und Gartenbau, Gewerbe, Kunst, Industrie, Heimarbeit, Handel und Verwaltung, Hotelwesen, Wissenschaft, Erziehung, soziale Arbeit, Frauenbestrebungen (auch im Hinblick auf das damals noch fehlende Frauenstimmrecht), Gesundheits- und Krankenpflege, Sport und Turnen.

In welchem der Pavillons das Porträt von Adelheid Page dem Publikum präsentiert worden ist, lässt sich im Nachhinein nicht mehr rekonstruieren. Mit ihrem Engagement für die Bekämpfung der Tuberkulose, ihren künstlerischen Aktivitäten und ihrem unternehmerischen Wissen dürfte es auch den Ausstellungsmacherinnen schwer gefallen sein, sie nur einem der spezifischen Themenfelder zuzuordnen.

XII. Konsequent bis zum Ende

Nebst allem Lob über ihr wohltätiges Wirken verheimlichen die Nachrufe Adelheid Pages Schattenseiten nicht, so zum Beispiel auch ihr Arzt und Freund Fritz Imbach: Adelheid Page habe für viele «oft zurückhaltend und unnahbar» gewirkt. «Ihre imponierende Gestalt und ihre stramme Haltung hatten etwas Gebieterisches an sich, das manchmal auch in der Verfolgung der von ihr als richtig erachteten Ziele sich bemerkbar machte» – eine Frau, die sich durchzusetzen wusste. Das passte längst nicht allen zu jener Zeit.

Die Hinterbliebenen der Familie gingen ebenfalls ihren eigenen Weg. Fred Page hatte innert fünf Jahren seine zwei weiblichen Bezugspersonen verloren, seine Frau und seine Mutter. Ihnen zu Ehren baute er an die Schlosskapelle eine Familiengruft, welche nur vom Schlosspark her zugänglich ist. Dort wurden die sterblichen Überreste von Lisina Page-Martinelli und Adelheid Page-Schwerzmann beigesetzt. An der Wand hängt ein in Stein gemeisseltes Relief von Adelheid Page, angefertigt von Ida Schaer-Krause, einer der ersten Bildhauerinnen der Schweiz: Es zeigt Adelheids Gesicht von der Seite, ihr Blick geht selbstbewusst in die Weite. George Ham Page steht als kleine Büste daneben.

Adelheid Page im Alter: Sie blieb ihrer Linie treu, auch wenn sie damit gelegentlich aneckte.

Die Familiengruft im Schlosspark von St. Andreas: Hier ruhen ihre Überreste, stellvertretend dafür das Relief, welches sie von der Seite zeigt, Georges Büste steht daneben.

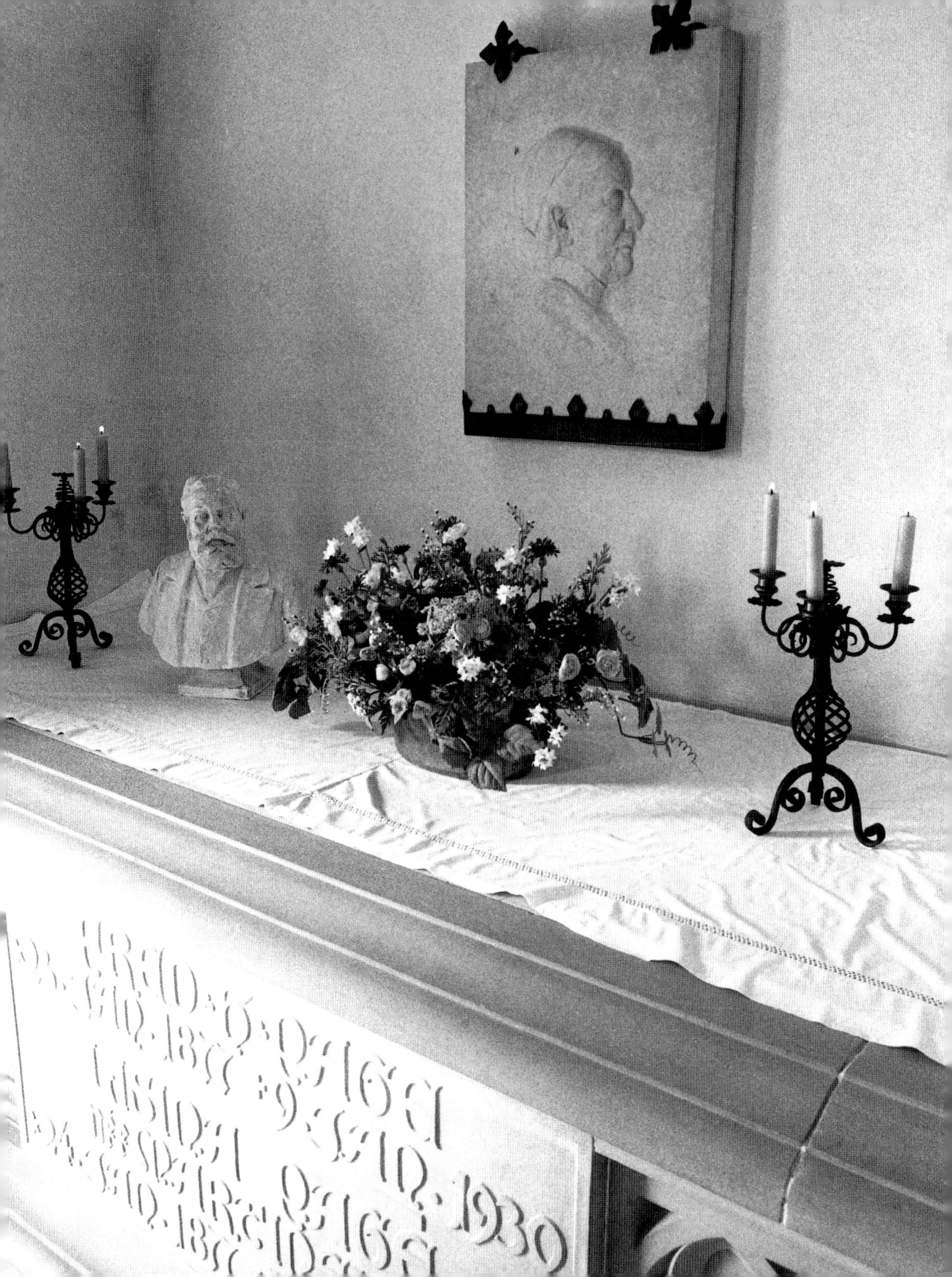

ANHANG

STAMMBAUM ADELHEID PAGE

Vater
Karl Kaspar Schwerzmann
22.11.1801–3.4.1858

∞ 12.11.1836
Mutter
Agathe Schwerzmann-Weiss
22.10.1816–24.12.1879

Adelheid Page-Schwerzmann
20.8.1853–15.9.1925

∞ 10.6.1875
Ehemann
George Ham Page
16.5.1836–20.4.1899

Sohn
Fred Harte Page
23.1.1877–9.1.1930

∞ 17.1.1906
Schwiegertochter
Lisina Page–Martinelli
24.1.1877–23.10.1920

Enkel
Monica
von Schulthess-Page,
23.4.1907–20.3.1995
George Hugh Page,
17.5.1910–29.9.2001,
genannt «Tony»

Friedericke Sidler-Schwerzmann
14.10.1841–23.1.1905

Karolina Stocklin-Schwerzmann
21.11.1843–26.8.1921

Katharina Agatha Josepha
Schwerzmann
10.5.1846–2.11.1846

Elisabeth Bossard–Schwerzmann
8.11.1848–27.1.1912

Josephine Krzymowsky–
Schwerzmann
6.8.1850–22.3.1872

ECKDATEN ADELHEID PAGE

Datum	Ereignis
1853	Geburt am 20. August in Zug, als Tochter von Karl Kaspar Schwerzmann und Agathe Schwerzmann-Weiss, wohnen an der Neugasse 12
1858	Tod des Vaters
1866	Mutter gibt Geschäft an der Neugasse auf, Umzug an die St. Oswaldsgasse 17
1869	Institut in der Westschweiz
1875	Heirat mit George Ham Page, wohnen im Ritterhaus in Cham
1876	Bezug des Kolonialstilhauses in Cham
1877	Geburt von Sohn Fred Page
1884	Kauf des Hofs Horbach auf dem Zugerberg
1890	Übersiedlung in die USA
1895	Übersiedlung nach Paris
1898	Rückkehr nach Cham
1899	Tod ihres Gatten George Ham Page, danach Reise in die USA
1902–1903	Kauf des Schlosses St. Andreas
1903–1907	Umbau des Schlosses St. Andreas
1908	Umzug in das Haus am Maienrain
1909	Operation am 3. Juli nach schwerer Blinddarmentzündung
1910–1912	Bau des Sanatoriums Adelheid
1912	Schlüsselübergabe am 18. Mai im Sanatorium Adelheid
1918	Kauf und Übergabe des Kinderheims «Heimeli»
1921	Ehrenbürgerrecht am 12. Juni in Cham
1925	Tod am 15. September nach einer schweren Operation, Kremation in Luzern
1937	Errichtung eines Denkmals für Adelheid Page vor dem Sanatorium in Unterägeri durch Andreas Kögler
1951	In Cham erhalten alle Strassen klare Benennungen. Der im Volksmund als «Schlossstrasse» bekannte Zubringer von der Zugerstrasse bis zum Schloss St. Andreas wird in «Adelheid-Page-Strasse» umbenannt.

Auch in Dixon, Illinois, ist eine Strasse nach ihr benannt: die «Adelheid Street» in der Nähe der ehemaligen Anglo-Swiss-Fabrik.

LITERATUR

Kapitel 1

GLAUSER, THOMAS; HOPPE, PETER; SCHELBERT, URSPETER; 12 Bevölkerungsporträts. Eine Auswertung der Volkszählung von 1850; Zug 1998.

G.,W.; Karl Kaspar Schwerzmann; Angaben über sein Leben; Privatarchiv Fritz Kamer; o. J.

HAAB, FRIDA; Mein Leben währte Jahre; unveröffentlichtes Typoskript; undatiert.

HAUSER, ALBERT; Das Neue kommt. Schweizer Alltag im 19. Jahrhundert; Zürich 1989.

IMBACH, ROBERT; Adelheid Page 1853–1925; in: Zuger Neujahrsblatt 1976.

IMBODEN, MONIKA; Stets zu Diensten; Zuger Hebammen zu Beginn des 20. Jahrhunderts; in: rechtschaffen; Beiträge zur Zuger Frauen- und Geschlechtergeschichte 1800–1930; Zug 2001.

JORIS, ELISABETH; WITZIG, HEIDI; Von der Bildung zur Ausbildung; in: Joris, Elisabeth; Witzig, Heidi (Hg.); Frauengeschichte(n). Dokumente aus zwei Jahrhunderten zur Situation der Frauen in der Schweiz; Zürich 1986.

KEISER, FRANZ; Ein Spaziergang durch die Vorstadt vor 70 Jahren; in: Zuger Volksblatt; 2.3./5.3./7.3./9.3.1928.

LABOUVIE, EVA; Andere Umstände; Eine Kulturgeschichte der Geburt; Köln, Weimar, Wien 1998.

MOROSOLI, RENATO; Eine Zuger Schul- und Bildungsgeschichte; in: Direktion für Bildung und Kultur des Kantons Zug (Hg.); ZG, ein Heimatbuch; Zug 1999.

NEUE ZUGER ZEITUNG; 27.8.1853.

OMLIN, SIBYLLE; Zuger Frauengeschichte(n); Zug o. J.

OMLIN, SIBYLLE; «… da eine Lehrerin in Zug etwas noch nie dagewesenes war». Josephine Stadlin und Clara Wyss – Zwei Wege zum Beruf der Lehrerin; in: rechtschaffen. Beiträge zur Zuger Frauen- und Geschlechtergeschichte 1800–1930; Zug 2001.

OMLIN, SIBYLLE; «Wohlan denn, meine Schwestern!» – Frauenrollen und Mädchenbildung; in: Regierungsrat des Kantons Zug (Hg.); 23 Lebensgeschichten; Zug 1998.

RUST-HÜRLIMANN, MARIA; Die Walchwiler Hebamme erzählt; Separatdruck aus «Heimatklängen»; Zug 1979.

SCHLUMBOHM, JÜRGEN ET AL.; Rituale der Geburt, eine Kulturgeschichte; München 1998.

STAATSARCHIV DES KANTONS ZUG; Datenbank der Volkszählung von 1850; Zug 1998.

STEINER, HERMANN; Von Hausgeburten und Storchentanten; in: Zuger Kalender 2001.

STEINER, HERMANN; Seltene Berufe und Menschen im Zugerland; Luzern 1984.

ZUGERISCHES KANTONSBLATT; 20.8.1853.

Kapitel 2

BLOSSER, URSI; GERSTER, FRANZISKA; Töchter der guten Gesellschaft; Zürich 1985.

FRITZSCHE, BRUNO; Stadt – Raum – Geschlecht; in: Imboden, Monika; Meister, Franziska; Kurz, Daniel (Hg.); Stadt – Raum – Geschlecht; Zürich 2000.

GENEALOGICAL CHARTS OF THE PRINCIPALS IN DER ANGLO-SWISS CONDENSED MILK COMPANY; Chapter V; John Ham Page; Ancestors an Descendants 1273–1900; o. J.

HAAB, FRIDA; Mein Leben währte Jahre; unveröffentlichtes Typoskript; undatiert.

IMBACH, GEORGHINE; Familie Page. Mitteilung von Frau Adelheid Page-Schwerzmann; Handschriftliche Notizen; Undat.

RITZMANN, HEINER (HG.); Historische Statistik der Schweiz; Zürich 1996.

STALDER, ARNOLD; Meggen, Geschichte, Kultur und Wirtschaft; Meggen 1966.

STEINER, HERMANN; Cham. Vom Städtli zur Stadt; Cham 1995.

TANNER, ALBERT; Arbeitsame Patrioten – wohlanständige Damen; Zürich 1995.

ZUGER NACHRICHTEN; 25.4.1899.

ZUGER VOLKSBLATT; 6.1., 13.1., 20.1., 30.1., 6.2.1875.

Kapitel 3

ANGLO-SWISS CONDENSED MILK COMPANY; Geschäftsberichte 1876–1905.

ANGLO-SWISS CONDENSED MILK CO; Erwiderung auf die Verdächtigungen des Herrn Freiherrn Hermann v. Liebig in Dinkelsbühl; Cham 1897.

EINTRAG ALOIS BOSSARD; Geschichtsfreund 67 (1912).

FISCHER, MANUEL; «Milchmädchen». Wachstum, Orientierungskrise und Innovationsfähigkeit der Anglo-Swiss Condensed Milk Co. 1866–1899; Lizentiatsarbeit Universität Zürich; Luzern 2000.

FISCHER, MANUEL; Kondensmilch. Vom Kindernährmittel zum vielseitigen Halbfabrikat der Nahrungsmittelindustrie, 1866-1900; in: Gilomen, Hans-Jörg et al. (Hg.); Innovationen; Zürich 2001.

HAAB, FRIDA; Mein Leben währte Jahre; unveröffentlichtes Typoskript; undatiert.

HEER, JEAN; Nestlé Hundertfünfundzwanzig Jahre von 1866 bis 1991; hg. v. Nestlé AG; Vevey 1991.

HISTORISCHES LEXIKON DER SCHWEIZ; Elektronische Ausgabe; Stichwörter Anglo-Swiss Condensed Milk Co. und Konservenindustrie; 14.11.2002.

KRAFT, ADOLF; Säuglingsheime und Milchküchen; in: Schweizerisches Zentralblatt für Staats- und Gemeinde-Verwaltung, 12.6., 10.7.1907.

SCHRÖTER, HARM G.; Aufstieg der Kleinen. Multinationale Unternehmen aus fünf kleinen Staaten vor 1914; Berlin 1991.

STEINER, HERMANN; 100 Jahre Nestlé; Zur Geschichte der ersten europäischen Kondensmilchfabrik in Cham; Zug 1966.

STEINER, HERMANN; Seltene Berufe und Menschen im

Zugerland; Luzern 1984.
STEINER, HERMANN; Cham. Vom Städtli zur Stadt; Cham 1995.
TANNER, JAKOB; Fabrikmahlzeit. Ernährungswissenschaft, Industriearbeit und Volksernährung in der Schweiz 1890–1950; Zürich 1999.

Kapitel 4

BELLWALD, WALTRAUD; Wohnen und Wohnkultur. Wandel von Produktion und Konsum in der Deutschschweiz; Zürich 1996.
DEBARRE-BLANCHARD, ANNE; ELEB-VIDAL, MONIQUE; Architectures de la vie privée XVIIe–XIXe siècles; Bruxelles 1989.
HAAB, FRIDA; Mein Leben währte Jahre; unveröffentlichtes Typoskript; undatiert.
HAFNER, THEODOR; Frau Adelheid Page; in: Zuger Neujahrsblatt 1935.
SALDERN, ADELHEID VON; Im Hause, zu Hause; in: Reulecke, Jürgen et al. (Hg.); Geschichte des Wohnens, Band 3, 1800–1918; Stuttgart 1997.
SCHULTHESS, FRITZ VON; Erinnerungen; V. Teil: Schloss St. Andreas; Cham 1986.
TANNER, ALBERT; Arbeitsame Patrioten – wohlanständige Damen; Zürich 1995.

Kapitel 5

ALTERMATT, URS (HG.); Die Schweizer Bundesräte. Ein biographisches Lexikon; Zürich, München 1991.
BAEDEKER, K.; Die Schweiz nebst den angrenzenden Teilen von Oberitalien, Savoyen und Tirol; Handbuch für Reisende; Leipzig 1899.
BLOSSER, URSI; GERSTER, FRANZISKA; Töchter der guten Gesellschaft; Zürich 1985.
BRILLI, ATTILIO; Reisen in Italien. Die Kulturgeschichte der klassischen Italienreise vom 16. bis 19. Jahrhundert; Köln 1989.
FRITZSCHE, BRUNO; Stadt – Raum – Geschlecht; in: Imboden, Monika; Meister, Franziska; Kurz, Daniel (Hg.); Stadt – Raum – Geschlecht; Zürich 2000.
FRITZSCHE, BRUNO ET AL.; Damals in der Schweiz; Zürich 1982.
HAAB, FRIDA; Mein Leben währte Jahre; unveröffentlichtes Typoskript; undatiert.
HISTORISCHES LEXIKON DER SCHWEIZ; Elektronische Ausgabe; Stichwort Emil Welti; 11.12.2002.
KOHLE, STROM UND SCHIENEN; Die Eisenbahn erobert die Schweiz; hg. v. Verkehrshaus der Schweiz; Zürich 1997.
ORSOUW, MICHAEL VAN; Sonne, Molke, Parfümwolke; Zug 1997.
SCHUMACHER, BEATRICE; Ferien. Interpretationen und Popularisierung eines Bedürfnisses; Wien 2002.
SCHWAGER, NICOLE; Fingerabdruck im Schweizerpass? Zur Geschichte einer Identifikationstechnik in der Schweiz, 1888–1926; Lizentiatsarbeit, Universität Zürich 2002.
TANNER, ALBERT; Arbeitsame Patrioten – wohlanständige Damen; Zürich 1995.
TISSOT, LAURENT; Naissance d'une industrie touristique; Les Anglais et la Suisse au XIXe siècle; Lausanne 2000.
WELTI, PETER; Das Weltbild von Bundesrat Emil Welti; in: Argovia 63; Aarau 1951.

Kapitel 6

CROCHET, BERNARD; Geschichte der Schiffahrt; Bielefeld 1995.
DIXON; A pictorial History by Lamb; 1987.
DUDSZUS, ALFRED ET AL.; Das grosse Buch der Schiffstypen; Augsburg 1995.
GALLATI, BARBARA DAYER; William Merritt Chase; New York 1995.
GIBLER, BOB; Swissville grew up around Condensed Milk Company; in: The Telegraph of Dixon; 7.10.1993.
HEER, JEAN; Nestlé Hundertfünfundzwanzig Jahre von 1866 bis 1991; hg. v. Nestlé AG; Vevey 1991.
H. G. REYNOLDS BUYS ADELHEID PARK NEAR CITY; in: The Telegraph of Dixon; 15.5.1922.
HORDER, DIRK; KNAUF, DIETHELM (HG.); Aufbruch in die Fremde: europäische Auswanderung nach Übersee; Bremen 1992.
LEE COUNTY HISTORICAL SOCIETY DIXON, ILLINOIS; Memories of Yesterday. Volume I; Dixon 1993.
MEISSNER, GÜNTER (HG.); Allgemeines Künstlerlexikon; München/Leipzig 1998.
MEYERS KONVERSATIONSLEXIKON; Leipzig/Wien 1906.
ORELLI, K. VON; Worte der Erinnerung an Fred H. Page; gesprochen bei Anlass seiner Kremation; Zürich, 13. Januar 1930.
PISANO, RONALD G.; A Leading Spirit in American Art – William Merritt Chase; Henry Art Gallery; Seattle 1983.
RAEITHEL, GERT; Geschichte der nordamerikanischen Kultur; Band 2: Vom Bürgerkrieg bis zum New Deal 1860–1930; Weinheim/Berlin 1988.
RITZMANN-BLICKENSTORFER, HEINER; Alternative Neue Welt; Die Ursachen der schweizerischen Überseeauswanderung im 19. und frühen 20. Jahrhundert. Zürich 1997.
SCHELBERT, LEO; Einführung in die schweizerische Auswanderungsgeschichte der Neuzeit; Zürich 1976.
SCHELBERT, LEO; RAPPOLT, HEDWIG; Alles ist ganz anders hier. Auswandererschicksale in Briefen aus zwei Jahrhunderten; Olten/Freiburg 1977.
STEINER, HERMANN; 100 Jahre Nestlé; Zur Geschichte der ersten europäischen Kondensmilchfabrik in Cham, Zug 1966.
STEINER, HERMANN; Cham. Vom Städtli zur Stadt; Cham 1995.
WONDERLAND OF ILLINOIS; The Hudson of the West Rock River.

Kapitel 7

BRUNNER, JOSEF; Die Kunst im Leben und Wirken von Adelheid Page; in: Zuger Neujahrsblatt 1976.
FRANCK, DIETER; Als das Jahrhundert jung war; Berlin 1997.
GROWE, BERND; Edgar Degas 1834 –1917; Köln 1991.

HAAB, FRIDA; Mein Leben währte Jahre; unveröffentlichtes Typoskript; undatiert.
HERRE, FRANZ; Jahrhundertwende 1900; Untergangsstimmung und Fortschrittsglauben; Stuttgart 1998.
HISTORISCHES LEXIKON DER SCHWEIZ; Elektronische Version; Stichwort «Belle Epoque»; 21.1.03.
LA TOUR EIFFEL; website www.tour-eiffel.fr; 23.01.03.
MULLER, JOSEPH-EMILE; Der Impressionismus; Paris 1984.
REWALD, JOHN; Geschichte des Impressionismus; Zürich 1957.
SCHREIBER, HERMANN; Die Belle Epoque Paris 1871–1900; München 1990.
ZUGER VOLKSBLATT; 27.6.1930.

Kapitel 8
ANGLO SWISS CONDENSED MILK CO; Circular an ihre Milchlieferanten; Cham, August 1884.
BAEDEKER, K.; Die Schweiz nebst den angrenzenden Teilen von Oberitalien, Savoyen und Tirol; Handbuch für Reisende; Leipzig 1899.
GRÜNENFELDER, JOSEF; Horbach-Geschichte – einige Blicke zurück in die Vergangenheit der heutigen Waldschule Horbach; Vortragsmanuskript; masch.-geschr.; o. O., o. D.
HAAB, FRIDA; Mein Leben währte Jahre; unveröffentlichtes Typoskript; undatiert.
IMBACH, ROBERT; Der Horbach; in: Schulblatt der Stadt Zug; Nr. 2; Dezember 1966.
NEUE ZUGER ZEITUNG; 11.5.1881, 3.8.1881, 29.9.1886, 2.10.1886, 6.10.1886.
ORSOUW, MICHAEL VAN; Sonne, Molke, Parfümwolke; Zug 1997.
SCHULTHESS, FRITZ VON; Erinnerungen; V. Teil: Schloss St. Andreas; Cham 1986.
STEINER, HERMANN; Seltene Berufe und Menschen im Zugerland; Luzern 1984.
STEINER, HERMANN; Cham. Vom Städtli zur Stadt; Cham 1995.
WILHELM, WALTER F.; Die Erweiterung des Ferienheims Horbach; in: Zuger Neujahrsblatt 1935.
WILHELM, WALTER F.; Waldschule und Ferienheim «Horbach» Zugerberg; in: Zuger Neujahrsblatt 1949.
WILHELMINA; Einsam und doch nicht allein; Autobiografie; Stuttgart 1961.
TANNER, ALBERT; Arbeitsame Patrioten – wohlanständige Damen; Zürich 1995.
ZUGER NACHRICHTEN; 2.10.1886, 14.5.1898, 59/1898, 52/1898.
ZUGER TAGBLATT; 30.4.1980.

Kapitel 9
ANGLO-SWISS CONDENSED MILK COMPANY; Geschäftsberichte 1876–1905.
ARCHIVES HISTORIQUES NESTLÉ SA; Bestände Cham/Vevey.
EVENING TELEGRAPH DIXON ILLINOIS; 20., 22.4., 8., 11., 13., 15.5.1899.
FREUND, GISÈLE; Photographie und Gesellschaft; Reinbek b. Hamburg 1986.
HAAB, FRIDA; Mein Leben währte Jahre; unveröffentlichtes Typoskript; undatiert.
HEBEISEN, ERIKA; Namenlose Nacktheiten und Heldendenkmäler; in: Imboden, Monika; Meister, Franziska; Kurz, Daniel (Hg.); Stadt – Raum – Geschlecht; Zürich 2000.
HEER, JEAN; Nestlé hundertfünfundzwanzig Jahre von 1866 bis 1991; Vevey 1991.
IMBACH, GEORGHINE; Familie Page. Mitteilung von Frau Adelheid Page-Schwerzmann. Handschriftliche Notizen. Undat.
HAGMAYER, CLAUDIA; Bis dass der Tod Euch scheidet; Witwen in der Schweiz um 1900; Zürich 1994.
HISTORISCHES LEXIKON DER SCHWEIZ; Elektronische Ausgabe; Stichwörter «Bildhauerei» und «Denkmal»; 2002.
IMBACH, ROBERT; Trauerrede für Adelheid Page; Zug 1925.
ITEN, KARL; «Aber den rechten Wilhelm haben wir ...»; Die Geschichte des Altdorfer Telldenkmals; Altdorf 1995.
JÄGER, JENS; Innovation und Diffusion der Photographie im 19. Jahrhundert; in: Jahrbuch für Wirtschaftsgeschichte 1 (1996).
JORIS, ELISABETH; WITZIG, HEIDI (Hg.); Frauengeschichte(n); Dokumente aus zwei Jahrhunderten zur Situation der Frauen in der Schweiz; Zürich 1986.
NEUE ZUGER ZEITUNG; 29.9.1886, 2.10.1886, 6.10.1886.
MUYSERS, CAROLA; Das bürgerliche Portrait im Wandel; Hildesheim 2001.
OMLIN, SIBYLLE; Zuger Frauengeschichte(n); hg. von der Frauenzentrale des Kantons Zug; Zug o. J.
RICHARD KISSLING 1848–1919; Leben und Werk; Katalog zur Ausstellung des Danioth-Rings, Kunst und Kulturverein Uri; Altdorf 1988.
SCHULTHESS, FRITZ VON; Erinnerungen; V. Teil: Schloss St. Andreas; Cham 1986.
STEINER, HERMANN; 100 Jahre Nestlé; Zur Geschichte der ersten europäischen Kondensmilchfabrik in Cham; Zug 1966.
STEINER, HERMANN; Seltene Berufe und Menschen im Zugerland; Luzern 1984.
STEINER, HERMANN; Cham. Vom Städtli zur Stadt; Cham 1995.
TANNER, ALBERT; Arbeitsame Patrioten – wohlanständige Damen; Zürich 1995.
ZUGER NACHRICHTEN; 25.4., 4.5., 12.9.1899, 7.2., 8., 13., 18.4.1905.
ZUGER VOLKSBLATT; 25., 27., 29.4., 4., 9., 11.5.1899

Kapitel 10
ARTHO, KARIN; St. Andreas in Cham. Der Neu-Ausbau des mittelalterlichen Schlosses 1903–1907; Lizentiatsarbeit Universität Freiburg; St. Gallenkappel 1994.

Baer, C. H.; Das Schloss St. Andreas bei Cham; mit Anmerkungen von Keiser, H. Al.; in: Zuger Neujahrsblatt 1910.
Burger, Olivier; 100 Männer und eine Frau; unveröffentlichte Lizentiatsarbeit; Cham 2000.
Fazun, Johann P.; Die Bilderbuchburg; www.schlosstarasp.ch/html./geschichte.html.
Glauser, Thomas; Der Adlige, der Söldner, die Wohltäterin; in: Zug erkunden; Bildessays und historische Beiträge zu 16 Zuger Schauplätzen; Zug 2002.
Haab, Frida; Mein Leben währte Jahre; unveröffentlichtes Typoskript; undatiert.
Schulthess, Fritz von; Erinnerungen; V. Teil: Schloss St. Andreas; Cham 1986.
Staatsarchiv des Kantons Zug; Familienarchiv von Schulthess (P 26).
Steiner, Hermann; Cham. Vom Städtli zur Stadt; Cham 1995.
Steuerregister des Kantons Zug 1906; Zug 1907.
Thiele, Siegfried; 100 Dresdner des Jahrhunderts. Hygiene-Genie mit Faible für Kunst und Dresden. Karl August Lingner; www.dnn-online.de/aktion/100dresdner/12306.html.
Zuger Nachrichten; 7.2., 6.8.1903, 14.7.1904.
Zuger Volksblatt; 5.2., 14.2., 28.7., 8.8.1903.

Kapitel 11
Das Sanatorium Adelheid in Unter-Aegeri, Kanton Zug; in: Schweizerische Bauzeitung, Bd. 62; 20.12.1913.
Gemeinnützige Gesellschaft des Kantons Zug (Hg.); Atmen heisst Leben; Zug 2002.
Gemeinnützige Gesellschaft des Kantons Zug; Protokolle der Heilstätten-Kommission, III. (1911) bis XII. (1930).
Gemeinnützige Gesellschaft des Kantons Zug, Protokolle des Vorstandes; 1905 bis 1926.
Gradmann, Christoph; Ein Fehlschlag und seine Folgen: Robert Kochs Tuberkulin und die Gründung des Instituts für Infektionskrankheiten in Berlin 1891; in: Gradmann, Christoph; Schlich, Thomas (Hg.); Strategien der Kausalität; Pfaffenweiler 1999.
Imbach, Robert; Fünfzig Jahre Sanatorium Adelheid; in: Zuger Neujahrsblatt 1964.
Imbach, Robert; 100 Jahre Gemeinnützige Gesellschaft des Kantons Zug. Ihre Geschichte als Spiegel der Zeitgeschichte; in: Zuger Neujahrsblatt 1984.
Mesmer, Beatrix; Reinheit und Reinlichkeit; in: Bernard, Nicolai; Reichen, Quirinius (Hg.); Gesellschaft und Gesellschaften; Bern 1982.
Neue Zürcher Zeitung; 20.5.1912.
Nünlist, Yvonne; Sonnenbad und Liegekur. Das Sanatorium Adelheid in Unterägeri; in: Zug Erkunden. Bildessays und historische Beiträge zu 16 Zuger Schauplätzen; Zug 2002.
Ritzmann, Iris; Hausordnung und Liegekur; Vom Volkssanatorium zur Spezialklinik: 100 Jahre Zürcher Höhenklinik Wald; Zürich 1998.
Sanatorium Adelheid; Jahresberichte 1912–1962.
Ulrich, Maria; Frau Adelheid Page; in: Schweizer Frauen der Tat 1831–1854; Zürich, Leipzig, Stuttgart 1929.
Weiss, Rudolf; Die Zugerischen Heilstätten im Ägerital, Sanatorium «Adelheid» und Kinder-Heilstätte «Heimeli»; in: Zuger Neujahrsblatt 1920.
Zuger Nachrichten; 23.5., 2.7.1912.

Kapitel 12
Brandenberg, Andreas; Frauenfleiss und «Stimmrechtsschnecke»; in: Zuger Presse, 24.5.2002.
Brunner, Josef; Der Porträtist Meinrad Iten 1867–1932; in: Zuger Neujahrsblatt 1972.
Fok, Olivier et al.; Johann Michael Bossard. Einführung in Leben und Werk; Wulf bei Lüneburg 1998.
Hafner, Theodor; Frau Adelheid Page; in: Zuger Neujahrsblatt 1935.
Imbach, Fritz; Nachruf auf Adelheid Page; handgeschriebenes Exemplar in Privatbesitz; 1925.
Imbach, Fritz; Frau Adelheid Page; in: Zuger Volksblatt; 18.9.1925.
Imbach, Fritz; Frau Adelheid Page; in: Zuger Neujahrsblatt 1926.
Mesmer, Beatrix; Ausgeklammert – Eingeklammert. Frauen und Frauenorganisationen in der Schweiz des 19. Jahrhunderts; Basel/Frankfurt a.M. 1988.
Neue Zürcher Zeitung; 19.9., 9.10., 27.12.1925.
Omlin, Sibylle; Zuger Frauengeschichte(n); hg. von der Frauenzentrale des Kantons Zug; Zug o. J.
Orelli, K. von; Worte der Erinnerung an Fred H. Page; gesprochen bei Anlass seiner Kremation; Zürich, 13. Januar 1930.
Ramsauer, Nadja; Verwahrlost. Kindswegnahmen und die Entstehung der Jugendfürsorge im schweizerischen Sozialstaat 1900–1945; Diss. Zürich 2000.
SAFFA; Schweiz. Ausstellung für Frauenarbeit, Haupt-Katalog; Bern 1928.
Schlussbericht der SAFFA; I. Schweizerische Ausstellung für Frauenarbeit Bern; 26.8–30.9.1928; Bern o. J.
I. Schweizerische Ausstellung für Frauenarbeit in Bern; Offizieller Ausstellungsführer; Bern 1928.
Stump, Doris; Isabelle Kaiser (1866–1925); in: Quarto; Zeitschrift des Schweizerischen Literaturarchivs; Oktober 1994.
Ulrich, Maria; Frau Adelheid Page; in: Frauenkalender 1927.
Ulrich, Maria; Frau Adelheid Page; in: Schweizer Frauen der Tat 1831–1854; Zürich, Leipzig, Stuttgart 1929.
Zuger Kunstgesellschaft/Kunsthaus Zug, Museum in der Burg; Johann Michael Bossard. Ein Leben für das Gesamtkunstwerk; Zug 1986.
Zuger Nachrichten; 28.9.1925, 14.8.1931.
Zuger Volksblatt; 18.9.1925, 21.9.1925.

PERSONEN- UND ORTSREGISTER

Ägeri: 34
Albis: 23
Altdorf: 141–142
Andermatt, Josef: 146
Antwerpen (B): 91
Anzenhuber, Xaver: 28
Arth: 80, 186
Aylesbury (GB): 46, 54
Baar: 34, 100, 146
Basel: 58, 75, 93, 100
Baumgartner, Hieronymus: 134
Baumgartner, Moritz: 134
Beckenried: 184
Belgien: 21
Bell, Alexander Graham: 106
Belossio, Eugenio: 140
Berlin (D): 167
Bern: 140, 147, 179, 193
Berne (USA): 102
Bernhardt, Sarah: 85, 104
Bernstadt (USA): 102
Biel: 101
Bill, Buffalo: 104
Böhmen: 21
Borden, Gail: 37, 50, 51, 139
Bossard, Alois: 49, 65, 70, 80, 106, 113, 132–134, 136, 138–139, 146, 151, 176
Bossard, Damian: 20
Bossard, Dr.: 177
Bossard, Emma: 68
Bossard, Familie: 72
Bossard, Johann Michael: 186, 188–189
Bossard-Schwerzmann, Elise: 12, 28–29, 32, 34, 49, 65, 70, 106, 113, 127, 132–134
Bracher, Dr.: 179
Bracher, Richard: 168–170
Brandenberg, Aloys: 140
Brandenberg, Familie: 16–17
Brandenberg, Fritz: 62
Brandt, Paul: 92
Braunwald: 170
Bremen (D): 91
Brooklyn (USA): 139
Brunnen: 76
Buonas: 149
Burnside (USA): 139
Carnot, Sadi: 104
Carol, König von Rumänien: 183
Cézanne, Paul: 110
Cham: 34, 37, 43–46, 49–57, 59–60, 63, 68, 73–76, 96, 98, 113–114, 121–122, 124–125, 131–135, 142, 144–164, 166, 176, 181, 183, 185, 187, 189, 190–192
Chase, William Merritt: 90, 99, 101
Chicago (USA): 36, 101, 139
Chippenham (GB): 54, 122
Chur: 143
Connecticut (USA): 46, 51
Davos: 170
Degas, Edgar: 104, 108–111, 113
Deutschland: 40, 53, 127, 182
Diez, Berte: 68, 114
Diez, Emilie: 68
Diez, Familie: 65, 113
Dixon (USA): 36–37, 54, 95–98, 101–102, 121, 133, 135–136, 138–139
Düdingen: 54
Edison, Thomas: 104, 106
Egnach: 54
Eich, Johanna Jenny: 143
Eiger: 80
Emma, Regentin der Niederlande: 116–119, 121
Engadin: 85
Engelberg: 80
England: 53, 68
Etter, Philipp: 192
Fassbind, Franziska: 20
Fellows, Samuel: 136
Fellows, Stephen: 136
Fierz-Landis, Carl: 46
Flamatt: 54
Florenz (I): 64, 74, 78, 79, 83, 86–88, 158, 160
Frankreich: 40, 90, 126, 127
Froebel, Friedrich: 59
Froebel, Otto: 152
Furkapass: 76–77
Genf: 184
George II., König von England: 99
Gonzenbach, Karl August von: 149
Goshen (USA): 139
Gossau: 54
Gramont-Caderousse, Duc de: 108
Grann, Henry: 46
Gretener, Adolf: 98, 136, 139–140, 142
Guggenbühl, Hotelier: 83, 84
Haab, Otto: 65, 70–71, 85, 88, 140
Haab-Sidler, Frida: 2–33, 62–65, 69–72, 74–76, 78–80, 82–85, 88, 109, 114, 126, 130, 140
Haas-Fleury: 140
Haas-Imbach, Anton: 46
Haberer, Otto: 173

Hagendorn: 34
Hals, Frans: 99
Hamar (N): 54
Hamburg (D): 53, 91
Haussmann, Baron Georges: 104
Heiligenschwendi: 170
Helvetia (USA): 102
Hergiswil: 23
Hildebrand, Jakob: 147
Hofer-Grosjean, Edouard: 149
Hofstetter, Louise: 62
Höllgrotten: 116
Hotz, Posthalter: 12
Huber, Familie: 17
Huguenin, Lisy: 64, 65
Hünenberg: 122
Hürlimann, Josef: 167
Hüssy, Dr.: 178
Illinois (USA): 37
Imbach, Fritz: 166, 170, 173, 178, 180, 193–194
Imbach, Georghine: 193
Imbach, Robert: 130
Indonesien: 121
Innsbruck (A): 116
Isola Bella (I): 87
Italien: 21, 40, 64, 68, 87, 90, 116, 127
Iten, Clemens: 148
Iten, Magnus: 100
Iten, Meinrad: 182–183
Jungfrau: 80
Kaiser, Isabelle: 166, 184, 186, 188–189
Keiser, Dagobert: 151–152, 168–170
Keiser, Familie: 12, 16–17
Keiser, Josef: 152
Keiser, Michel: 28
Keiser-Henggeler, Adele: 151
Keller, Gottfried: 30
Kemptthal: 58
Ketterer, Astère: 113, 140, 158–159, 162, 186
Kissling, Richard: 140–143
Knoll, Dr.: 177
Kögler, Andreas: 179
Kronprinz von Bayern: 21
Krzymowsky, Joseph: 28
Landtwing, Arnold: 148, 150–151
Landtwing, Familie: 17
Lausanne: 25, 101
Le Havre (F): 53, 91, 93–94
Lee County (USA): 36
Lenk: 68

Leysin: 170
Lindau (D): 54
Lingner, Karl August: 149
Liverpool (GB): 91
London (GB): 132
Loo (NL): 119
Lugano: 76
Lumière, Auguste: 107
Lumière, Louis: 107
Lusser, Rosa Maria: 193
Luthiger, Familie: 12, 16
Luthiger, Klara: 12–13, 16
Luzern: 26, 38–39, 46, 49, 75, 87, 101, 140, 143, 148
Lyon (F): 53
Mailand (I): 21, 87, 140
Malvilliers: 170
Manila: 143
Marconi, Guglielmo: 106
Marie-Antoinette: 158
Meggen: 38–39
Meggenhorn: 148–149
Meier, Familie: 17
Menteler, Barbara: 20
Menzingen: 176
Middletown (USA): 54, 95, 98, 139
Middlewich (GB): 54
Molukken: 121
Mönch: 80
Monet, Claude: 110
Monroe (USA): 54, 139
Mori, Samuel: 92
Morisot, Berthe: 110
Moskau (R): 53
Müller, Familie: 17
Müller, Theresli: 63, 166
München (D): 28, 99, 152
Neapel (I): 87
Neftenbach: 149
Nestlé, Henri: 55
Neu-Basel (USA): 102
Neuenburg: 58
New Berne (USA): 102
New Glarus (USA): 102
New Switzerland (USA): 102
New York (USA): 37, 50, 65, 89–90, 92, 94–95, 98–102, 111–112, 121, 132, 139–140, 160
Niederhäusern, Auguste von: 140
Oberwil-Zug: 125, 184
Oerlikon: 53
Offenbach, Jacques: 107

Olten: 142
Österreich: 40
Page, Catherine: 122, 124–125
Page, Charles: 37, 50–51
Page, David: 37, 42, 44–46, 136, 147, 190
Page, Familie: 76–77, 93, 148
Page, Frank Allan: 135
Page, Fred: 41–42, 55, 63–68, 74–76, 78–79, 82, 84–85, 88, 90, 94, 99, 102, 104, 106–107, 113–114, 121, 134–136, 138–140, 146, 150–151, 159–160, 162, 164, 171, 190, 194
Page, George jun.: 128–130, 164, 182, 190
Page, George Ham: 31–32, 34, 36, 37–40, 42, 44–46, 49–51, 53, 55, 58, 60, 63, 65, 68–70, 72, 76, 80, 90, 93–98, 101–102, 106–107, 111–113, 116, 121–122, 124–127, 131–133, 135–136, 138–140, 142, 144, 147–148, 183, 190, 194–195
Page, John: 36
Page, Julia Maria: 36
Page, William: 98, 122, 124–125, 133, 135, 139
Page-Martinelli, Lisina: 66, 68, 159–160, 162, 164, 182–183, 190, 194
Page-Schwerzmann, Adelheid: 11–21, 23–30, 32–34, 36–42, 44–46, 49, 53, 55, 59–60, 62–65, 68–76, 78–86, 88, 90, 93–94, 98–99, 101–102, 104, 106–114, 116, 118–122, 125–130, 132–142, 146–153, 158–160, 162–164, 166–171, 173–180, 182–195
Page-Stutz, Martha: 44, 135
Palmyra Township (USA): 37
Paris (F): 49, 64–65, 68, 70, 84–85, 102–114, 118, 132
Pegli (I): 83
Peyer, Balthasar: 34
Pilatus: 17, 80, 119
Pisa (I): 83, 88
Pissarro, Camille: 110
Polen: 94
Pontresina: 85
Porto Fino (I): 88
Prince of Wales: 104
Rapallo (I): 88
Renoir, Auguste: 110
Rigi: 17, 80–81
Robidas, Albert: 108
Rom (I): 83–85, 87, 140, 143
Rosati, Domenico: 113
Rotkreuz: 122
Rotterdam (NL): 91
Sage, J. C.: 136
Sandessund (N): 54
Santa Margeritha (I): 85
Savoya, Margueritta di: 68, 160
Schächental: 76

Schaer-Krause, Ida: 194
Schicker, Oswald: 100
Schiffmann-Hotz, Xaver: 146
Schulthess, Fritz von: 130
Schulthess-Page, Monica von: 128–130, 164, 171, 182, 190–192
Schumacher-Kopp: 134, 140
Schwerzmann, Agatha: 12, 16, 20–21, 23, 28, 32, 39, 70
Schwerzmann, Familie: 24, 28–29
Schwerzmann, Josephine: 12, 28
Schwerzmann, Karl Kaspar: 12–13, 20–21, 183, 190–191
Schwyz: 143
Segesser-Crivelli, Heinrich Viktor von: 148, 150
Segesser-Crivelli, Witwe von: 150–151
Sidler, Ernst: 32–33, 64–65, 126
Sidler, Familie: 29, 55, 72
Sidler, Franz: 28–29, 32–33, 62–63, 126
Sidler-Schwerzmann, Friedericke: 12, 23, 28, 32–33, 64, 69, 72, 74, 82
Siegwart, Hugo: 140, 142
Sihlbrugg: 23
Sihlwald: 23
Sisley, Alfred: 110
Soest (NL): 119
Speck, Familie: 17
Spyri, Johanna: 82
St. Frutuoso (I): 88
St. Gallen: 143
St. Gotthard: 33, 76, 116
Stadler, Johann: 26
Stadlin, Franz Michael: 134
Stadlin, Silvan: 146
Staverton (GB): 54
Sterling (USA): 139
Stocklin, Carl: 69–70
Stocklin, Familie: 72
Stocklin-Schwerzmann, Karolina: 12, 28, 69
Strassburg (F): 152
Stuber, Wendelin: 166, 186
Sulzer, Max: 149
Surinam: 121
Tarasp: 149
Tell City (USA): 102
Tessin: 80
Ulrich, Maria: 186
Ungarn: 94
Unterägeri: 100, 165–179, 182
USA: 53, 90–91, 93–96, 98, 101, 119, 121–122, 125–126, 148
Utinger, Färber: 24
Velazquez, Diego: 99

Venedig (I): 87, 99
Versailles (F): 158
Vevay (USA): 102
Vevey: 26, 106, 190
Viareggio (I): 88
Vierwaldstättersee: 17, 80, 119
Vitznau: 80
Walchwil: 34
Wald: 170
Walton (USA): 54, 139
Washington (USA): 37, 50
Weggis: 80
Weiss, Familie: 16–17
Weiss, Katharina: 141
Wells, H. G.: 108
Welti, Emil: 84–85
Wiesbaden (D): 166

Wild, Paul F.: 46, 98
Wilhelm II., Kaiser: 149
Wilhelmine, Prinzessin der Niederlande: 116–119, 121
Willem III., König der Niederlande: 118
Wilson, Woodrow: 94
Winterthur: 28, 64
Wissmann, Pfarrer: 134
Wolfwil: 143
Yverdon: 25
Zug: 11–26, 28–30, 23, 33–34, 49, 58, 60–63, 75–76, 116, 121–122, 125, 127, 140–141, 146, 160, 166–167, 170, 177, 184–185, 190, 193
Zugerberg: 55, 115–122, 125–127, 130, 132
Zugersee: 80, 118–119, 189
Zürich: 23, 25–26, 37, 46, 49–50, 75, 83, 85, 116, 124, 140, 142–143, 152, 158

BILDNACHWEIS

Ammann, Jost, Herrliberg: S. 63a, 70.
Amt für Denkmalpflege des Kantons Zug: S. 29, 73, 80, 135, 145, 151, 153a, 154–159, 176, 181.
Archiv Familie Page, Boston: 34 (unten), 40, 98b, 177.
Bibliothèque Littéraire Jacques Doucet, Paris: S. 108a.
Borner-Keller, Christof, Rütihof: S. 33, 46, 47a–c, 50, 51a–b, 52, 53, 65, 68, 90 (W. M. Chase), 101 (W. M. Chase), 118–119, 120, 123a–b, 126b, 128–129, 144, 161–163, 178a, 187, 195.
Corbis/Hulton Schweiz: S. 89, 93.
Fondation Herzog/Sammlung Herzog, Basel: S. 103 (Léon & Lévy), 106–107(Léon & Lévy).
Gemeindearchiv Cham: S. 192.
Gpsike; Nicolas; Die Oranier; München 1939: S. 117a.
Kamer, Fritz, Zug: S. 9, 66, 67, 185, 193, 194.
Kühn, Hansruedi, Zug: S. 8, 12, 32, 36b, 41, 63b.
Kunststätte Bossard, D-Jesteburg: S. 188b.
Lee County History Association: S. 95, 102, 138.
Musée d'Orsay: S. 108b, 109b.
Museum in der Burg, Zug: S. 13, 25.
Neue Zuger Zeitung: S. 22 (16.7.1864), 124 (6.10.1886).
Nestlé, Cham: S. 37, 59, 96–97.
Orsouw, Michael van: S. 36a, 38, 39, 61, 64, 76, 77b, 83, 85a–b, 87, 91, 105a–b, 110, 111b, 136, 143, 178b, 199.

Ortsarchiv/Gemeindebibliothek Cham: S. 31, 42, 48, 133, 147.
Sammlung Steiner, Hermann, Cham: S. 77a, 121, 146, 153b.
Sanatorium Adelheid; Jahresbericht: S. 173a (1915).
Scherer, Heiri; Zug: 109a.
Schloss St. Andreas, Cham: S. 20, 21, 26, 28, 33, 44, 55, 64, 69, 74, 78–79, 84, 86, 88, 115, 116, 127, 132b, 165, 168–169, 170–171, 172b, 174–175, 188a, 190, 191.
Schulthess, Fritz von; Erinnerungen; Cham 1986: S. 20, 21, 49, 152, 160a–b, 182.
Spillmann, Werner; Die gute alte Zeit in Zug; Zug 1988: S. 17.
Staatsarchiv des Kantons Zug: S. 150.
Stadt- und Kantonsbibliothek Zug: S. 11, 14–15, 18–19, 43, 45, 54, 56–57, 59, 75, 117c.
The Parrish Art Museum, New York: S. 99a.
The Saint Louis Art Museum: S. 99b.
Weber, Emil; 100 Jahre Bürgerspital Zug; Zug 1957: S. 126a.
Weber-Stuber, Marie, Seewen: 186.
Wilhelmine; Einsam und doch nicht allein; Amsterdam 1959: S. 117b.
Zentral- und Hochschulbibliothek Luzern: S. 81.
Zimmermann, Osy, Zug: S. 94.
Zuger Neujahrsblatt: S. 62 (1976, A.T. Hodgkiss), 104 (1935), 111a (1976), 112 (1976), 132a (1935), 167 (1976), 183 (1976).
Zuger Volksblatt: S. 34 (6./20.1./6.2.1875), 100 (25.9.1886).

WIR DANKEN FÜR IHRE UNTERSTÜTZUNG:

Jost Ammann, Stefan Barmettler, Dr. Hugo Bütler, Alex Claude,
Dr. Benno Furrer, Monika Gasser, Thomas Glauser, Thomas Gretener,
Stella Grobe, Dr. Josef Grünenfelder, Rainer E. Gut, Stefan Heggli,
Doris Hiddink, Dr. Heinz Horat, Nik Jenny, Dr. Fritz Kamer, Dr. Hansruedi
Kühn, Madeleine und Daniel Köppel, Dr. Hajo und Hilke Leutenegger,
Nestlé SA, Yvonne Nünlist, Adrienne Oltramare-von Schulthess, Sibylle
Pacher-Theinburg, Christoph Schmuki, Annemarie und Ernst Stadlin,
Paul Tschudi, Werner Ulrich.

Impressum

3. Auflage 2005

© 2003 Gemeinnützige Gesellschaft des Kantons Zug (GGZ).
Lauftexte, Recherchen: Michael van Orsouw, Judith Stadlin.
Kastentexte, Recherchen: Monika Imboden.
Redaktion: Michael van Orsouw.
Projektleitung GGZ: Beat Wicky.
Gestaltung: SchererKleiber CD, Heiri Scherer, Claudia Milz.
Lithos: Multicolor Print AG, Baar.
Druck: Freiburger Graphische Betriebe, D-Freiburg.

Vertrieb durch den Buchhandel:
Verlag Neue Zürcher Zeitung, Zürich.
ISBN 3-03823-145-2